압수수색

김용진 한상진 봉지욱

압수수색 개정증보판

초판 1쇄 발행 2024년 10월 7일
초판 6쇄 발행 2024년 11월 13일
개정판 1쇄 발행 2025년 4월 30일

저자 **김용진 한상진 봉지욱**
편집 **조연우**
데이터정리 **최윤원**
교정교열·본문디자인 **조연우**
인쇄 **(주)아트가인쇄**

펴낸이 **김동현** 펴낸곳 **도서출판 뉴스타파**
출판등록 2020년 8월 24일 제2020-000128호
주소 (04625) 서울시 중구 퇴계로 212-13 뉴스타파함께센터 2층
전화 02-6956-3665
이메일 yunoo@newstapa.org

ISBN 979-11-989332-2-5
이 책은 저작권법에 따라 보호받는 저작물이므로 무단 전재와 복제를 금합니다.

도서출판 뉴스타파는 뉴스타파함께재단이 만든 출판 브랜드입니다.
세상에 필요한 이야기를 나누는 책을 만듭니다.

목차

개정증보판을 내며　4

프롤로그　12

7년전쟁　18

공모　48

침탈　76

압색공화국　122

망상　144

디지털신공안 新公安　164

중대범죄자　186

출석　222

기소　250

드러나는 진실　276

진짜 국기문란　306

에필로그　334

특별부록　344

개정증보판을 내며

2024년 10월 <압수수색>을 출간할 때만 해도 바로 이듬해에 윤석열을 '전 대통령'이라 칭하는 개정판을 내게 될 줄은 꿈에도 몰랐다. 출간 직후 연 북토크에서 저자 중 한 명인 봉지욱 기자가 "저는 윤석열 대통령이 임기를 못 마칠 거라고 생각합니다"라는 예언을 해 큰 박수를 받은 적이 있긴 하다. 이 발언 장면은 개정판 출간에 앞서 2025년 4월 23일 개봉한 다큐멘터리 영화 <압수수색: 내란의 시작>에 그대로 담았다. 물론 당시에는 희망 사항에 가까웠다.

<압수수색> 개정판을 내기로 마음먹은 건 윤석열 '전 대통령'이 2024년 12월 3일 밤 갑자기 KBS에 나와 비상계엄을 선포해 전 세계를 충격에 빠트린 직후다. 국회의 윤석열 탄핵소추안 의결, 체포, 구속, 기소, 구속 취소, 석방, 그리고 헌법재판소의 8:0 주문.

"대통령 윤석열을 파면한다"

이 11자짜리 준엄한 선고는 한동안 한국인의 눈과 귀를 즐겁게 할 것이다. <압수수색> 초판을 내고 불과 6개월 사이에 이렇게 너무 많은 일이 일어났다. 하나하나가 한국 현대사에 획을 긋는 사건이다. 그리고 이 책 <압수수색>과 직간접 관련이 있다. 뒤집어 말하면 <압수수색> 초판에 추가하거나 보완해야 할 내용이 짧은 기간에 너무 많이 생겼다는 것이다.

우리는 12.3 내란과 윤석열, 김건희의 비리 부패 취재를 계속하면서 내란 사태를 2023년 9월 정치검찰의 뉴스타파 압수수색 등 비판언론 폭압과 떼어놓고 볼 수 없다는 생각에 이르렀다. 1987년 민주화 이후 이런 식으로 언론을 유린한 정권은 없었기 때문이다. 사실 그 이전 군부독재정권 때도 모든 국가기관을 총동원해 비판언론을 죽이고, 공영방송을 일제히 '입틀막'하기 위해 나선 사례는 찾아보기 힘들다. 이런 점에서 윤석열 정권의 뉴스타파 및 비판 공영언론 침탈은 표현의 자유와 국민 주권을 천명하고 보장한 헌법을 위반한 행위다. 따라서 2023년 9월 정치검찰을 필두로 시작된 파상 공세는 12.3 내란의 전조이자 서막이었다.

이에 따라 개정판에서는 초판에 3개 장을 더했다. 윤석열 정권과 뉴스타파 사이 오랜 싸움을 그린 뉴스타파와 윤석열 '7년전쟁'을 1장에 추가했다. 초판에는 윤석열 명예훼손 사건 공판을 2024년 9월 제1차 본재판까지 다뤘는데 이번 개정판에선 2025년 4월 4일 열린 9차 본재판까지의 전개 과정을 추가했다. 재판 쟁점이 좁혀지는 과정에서 2011년 대검 중수부의 부산저축은행 수사 당시 주임검사 윤석열의 수사무마 의혹이 구체적으로 드러나기 시작했다. 10장 '드러나는 진실'에 담았다. 김용진, 한상진 기자보다 한 달 늦게 기소된 봉지욱 기자는 기소 8개월 만인 2025년 3월 31일 공판준비기일이 진행됐다. 이 내용도 추가했다. 개정판의 핵심은 윤석열 내란의 동기를 분석한 장을 추가한 것이다.

우리는 윤석열이 계엄이라는 극단 선택을 한 '트리거'가 이른바 명태균 게이트라고 본다. 뉴스타파는 이 희대의 국정농단 사태를 집중 취재했고, 윤석열과 김건희는 막다른 골목에 몰렸다. 명태균 게이트 취재 과정과 결과를 11장 '진짜 국기문란'에 담았다.

<압수수색> 개정증보판은 이렇게 3개 장을 추가하고, 초판에 수록한 회의록 등 자료와 부록을 덜어냈다.

윤석열 파면 이후 조기 대선과 함께 우리 대한민국은 새로운 민주사회를 건설해야 할 과제에 직면했다. 이 역사적 시기에 이 책 초판 에필로그 한 대목을 되짚어본다.

이렇게 1년이 지나고, 이제 시간은 우리 편이다. 9월 24일 본재판이 시작됐고, 우리는 2022년 3월 6일 내보낸 윤석열 후보 검증 보도를 이번 재판을 통해 다시 이어나간다.
이 법정 싸움이 언제까지 계속될지는 알 수 없다. 그러나 자의반 타의반으로 절호의 기회를 잡은 건 분명하다. '윤석열 명예훼손' 사건 재판 즉 <뉴스타파 v. 윤석열> 케이스는 전 세계에 한국 탐사보도, 한국 사법 시스템, 그리고 한국이라는 나라에서 정의와 불의의 쟁투가 어떻게 귀결할지 보여주는 창이 되리라는 것도 분명하다. 그래서 이 에필로그는 우리가 다음에 쓸 새로운 장의 프롤로그이기도 하다.

정의와 불의의 쟁투, 그 1막은 윤석열 파면으로 마무리했다. 이제 검찰, 사법개혁, 언론개혁이라는 쉽게 넘기 힘든 산이 우리 앞에 버티고 있다. 이 책에 담은, 어쩌면 무모해 보이기도 한 세 기자의 분투기가 첩첩산중을 뚫고, 또 넘어가는 데 조금이라도 기여할 수 있다면 더할 나위 없겠다.

2025년 4월
김용진 한상진 봉지욱

들어가며

해외 탐사저널리즘 교본에 '부러진 다리 신드롬(Broken Leg Syndrome)'이라는 말이 나온다. 우리 가운데 누군가가 다리를 부러뜨리기 전까지는 얼마나 많은 사람이 다리를 절고 다니는지 알지도 못하고, 관심도 없다는 의미다. 탐사보도 기자의 자질을 말할 때 나오는 이 격언은 사회 현상을 당연하게 여기지 말고, 모든 감각을 동원해 열정을 가지고 탐색하라는 충고다.

부끄럽게도 우리는 2023년 9월 검찰 압수수색을 당하기 전까지 압수수색이라는 강제수사에 얼마나 문제가 많은지 별 관심도 없었고 알려고 노력하지도 않았다. 오히려 예전에 사건 기사를 쓸 때 검찰이나 경찰의 압수수색 집행을 너무 당연하게 받아들였고, 어떨 때는 검경의 선전부대로 나서기도 했다. 부끄럽다.

어느 날 갑자기 검사와 수사관과 포렌식 요원이 종이 몇 장 내밀고 사무실과 집안 곳곳을 우리보다 더 제 집처럼 뒤질 때 비로소 '현타'가 왔다. 휴대폰을 뺏기고 노트북을 털린 뒤 좁은 검찰 포렌식방에 앉아서 나도 모르던 내 휴대폰 안 정보 수십 수백만 건을 검사와 수사관과 나란히 앉아 같이 보는 일은 다시는 겪고 싶지 않은 끔찍한 경험이다. 그 일을 겪고 나서야 깨달았다. 검찰의 압수수색을 아무런 통제나 감시 없이 이대로 둬서는 안 된다는 것을.

압수수색으로 인한 인권침해, 개인정보 침해는 생각보다 너무 심각하다. 하지만 더 큰 문제는 압수수색이 검찰 권력을 작동하게 하는 힘의 원천이라는 점이다. 압수수색은 우리나라 검찰 권력을 점점 비대하게 만들었다. 이미 이상발육한 몸체에 뼈와 살과 지방을 끊임없이 공급했다. 어느 순간 정치 권력을 넘보는 지경이 됐고, 결국 최고 권력마저 거머쥐었다. 통제와 견제 없는 압수수색이 정치검찰이라는 괴물을 키웠다. 언론은 이들의 앞잡이 노릇을 했다. 이런 반성이 이 책을 쓰는 원동력이 됐다.

김용진, 한상진, 봉지욱, 우리 셋은 2023년 9월과 12월 압수수색을 당하고, 출국금지가 된 후 '압색출금동지회'를 결성했다. 이후 기소도 같이 됐는데 동지회 앞에 기소는 붙이지 않았다. 너무 길어지니까. 압색출금동지회는 어느 날, 책을 쓰기로 결의했다. 우리가 당한 압수수색은, 압수수색 문제를 똑바로 인식하고 검찰 권력을 더 집중해 파헤치라는 계시로 받아들이기로 했다. 재미없는 책은 쓰지 말자고 다짐했다. 흥미롭고 유쾌하게 이야기를 풀어내기로 했다. 괴물과 싸우려면 지치지 말아야 한다. 지난 1년을 싸웠고 앞으로 얼마나 더 싸워야 할지 모른다. 책 쓰기는 그 싸움을 신나게 하기 위한 우리 나름의 처방이기도 하다.

이 책 <압수수색>은 2023년 9월부터 2024년 9월까지 1년간 뉴스타파와 우리 셋이 겪은 일을 담아낸 르포르타주다. 많이 알려진 대로 뉴스타파는 2022

년 3월 6일, 20대 대선을 3일 앞두고 대장동 사업자 김만배 씨의 육성 녹음파일을 보도했다. 몇 가지 내용이 있었는데 2011년 대검 중수부 윤석열 주임검사가 부산저축은행 비리 수사를 무마한 의혹이 있다는 게 핵심 중 하나다.

그리고 1년 6개월 뒤인 2023년 9월 느닷없이 서울중앙지검이 우리 보도를 겨냥해 '대선개입 여론조작 특별수사팀'을 꾸리고 대대적인 수사에 나섰다. 검사만 10명 넘게 투입했다. 용산 대통령실 등 일각에서는 이 사건을 희대의 국기문란, 대선공작이라고 부르고 사형에 처할 국가반역이라고도 한다. 2024년 9월 본격 재판이 시작됐다. 공식 사건 명칭은 '윤석열 명예훼손' 사건(정통망법상 명예훼손)이다. 우리는 앞으로 이 사건을 <뉴스타파 v. 윤석열>로 부르려고 한다. 아마 <뉴스타파 v. 윤석열> 케이스는 앞으로 한국의 언론 자유, 표현의 자유와 관련해 큰 획을 긋는 사건으로 자리매김할 것이다. 또한 검찰의 존재 가치를 근본적으로 평가하는 계기가 될 것이다.

책 제목은 우리가 당한 압수수색과 그 이후 과정을 주로 다룬다는 측면에서 단순하고 직관적이게 '압수수색'으로 지었다. 그러나 또 다른 뜻도 있다. 우리가 저널리즘으로 윤석열과 정치검찰의 무도한 권력을 '압수수색'하겠다는 의미도 들어있다.

이 책 <압수수색>은 프롤로그와 에필로그를 빼고 모두 8장으로 구성했다.

독자 여러분께 미리 양해 말씀 드릴 게 있다. 각 장별로 1인칭 주인공 시점과 3인칭 관찰자 시점이 혼재해있다. 1인칭 시점은 2장 침탈, 5장 디지털신공안, 6장 중대범죄자, 7장 출석, 8장 기소 등이다. 1인칭 시점으로 서술한 장에서도 주인공이 김용진, 한상진, 봉지욱으로 나뉘는 부분이 있다. 별도 표시를 하지 않아도 주인공이 누군지는 읽어가면서 자연스럽게 파악이 가능할 거라 생각한다. 1장 공모, 3장 압색공화국, 4장 망상은 3인칭 관찰자 시점으로 썼다.

우리 필자 셋이 겪은 1년의 경험을 이 책과 함께 유쾌하게 즐기시기 바란다. 그리고 책이 나오기까지 이 지면에 일일이 거론하기 힘들 정도로 많은 사람의 도움을 받았다. 이 자리를 빌려서 감사의 말씀을 올린다. 그래도 특별히 거론하고 싶은 분이 있다. 이 책이 나올 수 있는 여건을 만들어 준 윤석열 김건희 부부, 국민의힘 전현직 의원, 방통위와 방심위 관계자, 그리고 검찰 '대선개입 여론조작 특별수사팀'이다. 여러분의 활약이 역설적으로 이 나라의 모순을 들춰냈다. 권력은 부패하고 절대 권력은 절대 부패한다는 교훈도 다시 일깨워줬다.

2024년 9월
김용진 한상진 봉지욱

프롤로그

프롤로그

2019년 7월 8일은, 만약 뉴스타파에 '역사'라는 게 남는다면, 그 역사에 영원히 새길 날이 될 것이다. 국회에서 윤석열 검찰총장 후보자 청문회가 열린 날, 뉴스타파 한상진 기자가 윤석열의 거짓말을 폭로했다. 돌이켜보면 그때가 저널리즘으로 윤석열을 공직에서 걸러낼 유일한 기회였다. 물론 그 당시에는 윤석열이 이 정도까지 형편없는 인물인 줄은 몰랐다. 그 이후 윤석열을 훨씬 더 치열하게 취재하고 검증하고 더 많이 보도해야 했다. 매일매일 후회가 밀려온다. 큰 죄를 지은 기분까지 든다.

▶ 2019년 7월 8일 윤석열 검찰총장 후보자 인사청문회 당시 뉴스타파 한상진 기자가 청문회장을 잠시 나온 윤석열 후보자를 상대로 인터뷰를 시도하고 있다. 윤석열 옆은 당시 윤석열 후보자를 보좌하던 서울중앙지검 3차장 한동훈이다.

그래도 그날 이후 뉴스타파는 윤석열이라는 권력자와, 지금은 그보다 훨씬 세다는 평가를 받기도 하는 김건희라는 권력자의 문제를 부단히 들춰내왔다. 김건희의 도이치모터스 주가조작 의혹 보도, 대장동 사건 보도, 2022년 3월 6일, 대선 전에 보도한 윤석열의 부산저축은행 수사 무마 의혹 보도가 그렇다.

그리고 그 부부의 문제를 부단하게 추적한 노력의 귀결은 2023년 9월 14일 뉴스타파 뉴스룸과 한상진, 봉지욱 기자 집 압수수색, 2023년 12월 6일 뉴스타파 김용진 대표 집 압수수색이다. 또 2024년 7~8월 김용진, 한상진, 봉지욱 3명에 대한 '윤석열 명예훼손' 기소다. 대통령 명예를 훼손했다고 형사 기소를 하는 사례는 민주주의 국가에서 찾아보기 힘들다. 하지만 한국에서는 가능하다. 정치검사 출신 대통령이 있고 그를 보위하는 정치검찰이 있으니까.

김용진, 한상진, 봉지욱 이 3명의 뉴스타파 기자를 기소한 곳은 대한민국 검찰 최정예 조직이라고 하는 서울중앙지검 반부패수사부다. 예전에는 특수부라고 불렸다. 여기에서 뉴스타파 기사를 수사하겠다고 2023년 9월 7일 꾸린 조직이 '대선개입 여론조작 사건 특별수사팀'이다. 즉 '서울중앙지검 반부패수사부 대선개입 여론조작 사건 특별수사팀'이 뉴스타파 기사를 수사하고, 취재 보도한 기자를 기소했다. 특별팀답게 이름도 매우 긴데, 간단하게 4자로 줄일 수도 있다. '정치검찰'이라고.

윤석열의 '정치검찰'은 왜 우리를 기소했을까. 그가 대선후보이던 시절 서울대학교를 찾아가 청년 간담회에서 한 발언이 떠오른다.

제가 검찰에 오래 있었지만 검찰의 이 정치적 중립성은 정말 중요합니다. 여러분들이 만약에 그 기소를 당해가지고 재판을 받으면서 몇 년 동안 재판을 받고 법정에서 상당히 법률적으로 숙련된 검사를 상대방으로 만나가지고 여러분이 몇 년을 재판을 받아서 결국 대법원에 가서 무죄를 받았다고 하더래도 여러분의 인생이 절단납니다. 그러니까 판사가 마지막에 무죄를 선고해서 여러분이 자유로와지는 것이 아니고, 여러분은 법을 모르고 살아왔는데 법적으로 엄청나게 특히 형사법에 대해서 엄청나게 숙련된 검사와 이 법정에서 마주쳐야 된다는 것 자체가 하나의 재앙입니다. 그래서 이 검찰의 기소라는 게 굉장히 무서운 겁니다.

이게 사실은 물론 뭐 음주운전해서 벌금 100만 원 그런 약식기소도 있고 뭐 하지만 그래서 이 함부로 기소하지 않고 또 기소해야 될 사항 사안을 봐주지 않고 하는 것은 정말 중요합니다. 그런데 인제 이것을 검찰의 중립성 또 어떤 소위 소추권의 남용을 헌법 원칙에 따라서 정당하게 행사할 수 있게 만드는 이런 것이 결국은 어떤 검찰 인사의 공정성이 확보되는 게 제일 중요합니다.

일단 기소가 되고 보니 "기소가 되면 인생이 절단난다"는 말이 확 와닿는다. 윤석열 정치검찰은 김용진 한상진 봉지욱 세 기자의 인생을 절단내기 위해 우리를 수사하고 기소했을까? 우리의 인생은 과연 어떻게 절단날 것인가. 검찰과 법원을 수시로 들락거리면서 이런 실존적 고민에 빠지다가 한편으론 기자로서 큰 기회를 잡았다는 짜릿함을 느낀다.

탐사보도 기자들은 가끔 잠입 취재나 위장 취재, '스팅 오퍼레이션Sting operation'을 한다. 정상 취재 방법으로 밝히기 힘든 일을 알아내기 위한 특수한 취재 기법이다. 경찰학교 내 인종차별을 파악하기 위해 경찰학교 시험 공부를 해서 합격한 뒤 입학을 하거나, 감옥 내 인권탄압을 밝혀내기 위해 범죄를 저지르고 진짜 감옥에 들어가서 취재를 수행하거나, 극우 파시스트 정치조직 내부에 잠입해 실태를 폭로한 사례 등이 실제 있다. 뉴스타파 기자도 국제 가짜 학회 실태를 폭로하기 위해 엉터리 논문을 작성해 해당 학회에 제출한 뒤, 학자로 위장해 학술대회에서 발표를 하는 잠입, 위장 취재를 했다.

정치검찰의 표적이 된 우리는 의도치 않게 압수수색도 당하고 기소도 됐다. 기자 신분으로 수많은 압수수색 현장을 다녀봤지만, 압수수색을 직접 한번 당해보는 것에 비할 바가 아님을 절실히 느꼈다. 검찰과 법원 취재도 많이 다녔지만, 피의자와 피고인이 돼서 체험하는 검찰 수사와 기소권 문제, 사법 시스템 현실은 표피적 취재 때와는 차원이 다르게 다가온다.

그래서 윤석열 정치검찰의 압수수색과 기소는 기자인 우리에게 하늘이 내린 복이나 마찬가지다. 실제 범죄를 저질러 취재를 수행하기에는 우리의 간이 너무 작고 준법 정신은 투철하다. 그런데 이런 기회를 주니 얼마나 좋은가.

이제 남은 건 이 천우신조의 기회를 최대한 이용해서 정치검찰의 제반 문제를 낱낱이 파헤치는 일이다. 윤석열(과 김건희)이란 거악에 오로지 저널리즘으로 맞서, 더욱 신명나게 싸워보려 한다.

01

7년전쟁

7년전쟁

2025년 4월 11일 오후 5시 윤석열 전 대통령이 서울 한남동 대통령 관저를 떠났다. 김건희 전 여사와 반려동물 11마리와 함께. 관저 무단 점거 7일 만의 퇴거다. 나라와 국민을 위한 새로운 길을 찾겠다는 입장문도 내놨다. 하지만 그런 일은 일어나지 않을 것임을 누구나 안다.

뉴스타파는 정치검찰의 총화인 윤석열과 꽤 긴 연을 맺어왔다. 처음에는 우연으로 나중에는 필연으로. 권력 감시를 최우선 사명으로 하는 탐사보도매체가, 최고 권력에 오르고자 했고 결국 오른 자를 감시하고 비판적으로 보도한 건 숙명이다. 윤석열 파면과 퇴거로, 그와 뉴스타파의 긴 인연(혹은 악연)은 이렇게 한 막을 내렸다.

물론 파이널 커튼은 아직 내려가지 않았다. 윤석열 내란 혐의 사건 재판이 남아있고, 뒤에 언급하겠지만 뉴스타파가 집요하게 파고 있는 명태균 게이트, 그리고 김건희 주가조작 사건 등은 뉴스타파와 윤석열(로 대표되는 정치검찰)의 인연이 숙명임을 보여준다.

국정원 댓글 사건

윤석열과의 조우는 2012년 대선 당시 국가정보원 사건으로 거슬러 올라간다. 뉴스타파는 2013년 3월 1일, 한국탐사저널리즘센터라는 이름으로 정규 언론사 조직을 갖추고 낸 첫 보도 프로그램에서 이른바 국정원 댓글 공작 의혹을 본격 제기했다. 이어서 보름 뒤인 3월 15일에는 국정원이 트위터에서 여론 조작 활동을 했다는 사실을 처음 폭로하고 관련 계정 65개를 찾아서 공개했다.

뉴스타파는 추가 취재를 해 국정원 연계 트위터 계정 600여 개가 게시한 글 20만여 건을 수집해 이 가운데 2만여 건의 '트윗'이 2012년 18대 대선과 관련이 있음을 확인해 보도했다. 특히 국정원 관련 수백 개 트위터 계정에서 '대장' 역할을 한 핵심 계정 10개를 추려내고, 이 가운데 'nudlenudle'이라는 이름의 계정이 국정원 심리정보국 직원이 만들어 운용한 것임을 밝혀냈다.

대한민국 최고 정보기관이 SNS상에서 댓글 공작을 벌였다는 사실은 우리 사회에 큰 충격을 줬다. 특히 뉴스타파 보도로 대선 국면에서 국정원 심리전 담당 조직이 여당 후보 박근혜를 지지하고, 야당 후보 문재인을 음해하는 글을 무더기로 올린 증거가 드러나자 여론은 들끓었다. 이 국면에서 검찰이 나섰다. 경찰 사건을 송치받아 검찰이 특별수사팀을 꾸렸다. 검찰은 이른바 국정원 대선개입의혹 사건 특별수사팀장에 윤석열 당시 여주지청장을 임명했다. 이렇게 뉴스타파와 윤석열의 인연이 시작됐다.

윤석열이 이끈 수사팀은 뉴스타파 보도가 모두 사실임을 재확인했다. 수사팀은 2013년 4월 30일 국정원을 압수수색하는 등 직진 수사로 큰 주목을 받았다. 또 뉴스타파가 확인한 것에 더해 국정원이 운용한 트위터 계정을 추가로 밝혀냈다. 수사팀은 뉴스타파 보도를 바탕으로 국정원이 운용한 트위터 계정 402개를 특정하고 원세훈 국정원장 등 관련자를 기소했다. 공소장 변경을 통해 국정원 계정이 올린 대선 개입 관련 트윗 5만여 개를 범죄 증거로 제시했다. 뉴스타파는 이 사건 재판 과정에서 특별수사팀 요청으로 국정원 대선개입 보도 내용에 대한 재판부의 사실조회에 응하기도 했다.

하지만 윤석열 팀장은 수사 과정에서 압수수색 영장 청구 및 공소장 변경 등과 관련해 검찰 결재 라인을 무시하는 행위 등으로 검찰 지휘부와 마찰을 빚고 결국 직무에서 배제됐다. 그리고 그해 10월 21일 국회 법제사법위원회의 서울고검 국정감사에 증인으로 나와 그 유명한 "사람에게 충성하지 않는다"라는 발언을 했다. 일약 전국구 스타로 떠오른 순간이었다. 뉴스타파와 윤석열의 첫 인연은 이처럼 국정원 국기문란 사건을 두고 언론기관과 수사기관의 모범적 공조에서 비롯했다.

거짓말

국정원 대선개입 사건 특별수사팀장으로 임명되기 약 4달 전인 2012년 12월 초, 윤석열 당시 서울중앙지검 특수1부장은 한 통의 전화를 받는다. 발신자는 주간동아 한상진 기자다. 윤우진 전 용산세무서장 사건과 관련해 변호사를 소개해준 적이 있냐는 질문이었다. 20분 넘는 통화에서 윤석열 부장은 자기가 "소개해준 적이 있다"고 '쿨'하게 말한다. 한상진 기자는 그날의 통화 후 3년쯤 뒤인 2015년 4월 동아일보를 떠나 뉴스타파에 합류한다. 그런 점에서 뉴스타파와 윤석열의 인연은 국정원 댓글 사건보다 몇 달 앞선 이른바 윤우진 사건 관련 전화 인터뷰에서 시작됐다고도 할 수 있다.

윤석열과 한상진의 전화 통화 이후 7년가량 지난 2019년 7월, 문재인 대통령은 윤석열 당시 서울중앙지방검찰청 검사장을 검찰총장 후보로 지명한다. 7월 8일 국회 인사청문회가 열렸다. 윤석열 청문회를 앞두고 가장 큰 쟁점 중 하나가 바로 윤우진 사건 때 윤 후보자가 변호사를 소개했는가 여부였다.

다음은 한상진 기자의 말이다.

인사청문회가 열리기 전주에 국회 청문위원들에게 윤석열 후보자 인사청문단에서 보낸 서면 답변서가 왔다. 7~8백 쪽 분량인데 윤우진 전 용산세무서장 뇌물 사건에 본인은 관여한 바가 없고, 윤우진 씨에게 변호사를 소개한 사실이 없다, 즉 자기는 어떤 식으로든 이 사건과 관계가 없다는 답변이었다.

이 답변을 보고 상당히 놀랐다. 내가 2012년에 이 사건을 취재할 당시 윤석열 서울중앙지검 부장검사하고 나눈 전화 인터뷰, 음성파일 26분 분량이 아직 내 휴대폰에 있는데, 저런 답변을 냈다는 게 너무 충격이었다. 그래서 그냥 넘어갈 수 없다고 생각하고 당시 김용진 대표에게 보고를 했다. 논의 끝에 '일단 청문회 당일 윤석열 후보가 육성으로 뭐라고 답변하는지까지 한번 들어보자, 서면으로는 이렇게 답변했지만 실제 청문회장에서는 답변이 달라질 수 있으니 그것까지 확인하고 보도 여부를 결정하자'는 방침을 세웠다. 그리고 월요일에 인사청문회가 시작됐는데, 당시 자유한국당 주광덕 의원이 첫 질의자로 나섰다. 윤석열 후보자에게 한 첫 질문이 바로 윤우진 전 용산세무서장에게 변호사를 소개해준 사실이 있냐는 것이었다. 윤석열 답변은 서면 답변과 마찬가지로 '그런 사실이 없다'였다.

그 말을 듣자마자 나는 그냥 넘어갈 수 없다는 생각을 했다. 김용진 대표에게 보고했다. "보도를 준비하라, 다만 2012년 때와는 전혀 다른 얘기를 하고 있기 때문에 입장 변화에 대한 해명은 들어봐야 한다"고 했다. 그래서 당시 윤석열 측 인사청문회 준비단장인 김모 부장검사에게 문자를 보냈다. 2012년에는 윤우진에게 변호사를 소개해준 사실을 인정했는데 오늘 인사청문회장에서 과거 자신의 발언을 뒤집은 이유가 뭔지 물어봤다. 처음에는 '지금은 바쁘니까 나중에 통화하겠다' '나중에 연락하겠다'는 답변이 왔다.

이후 오후 네시 정도까지 4~5번 문자를 보냈다. 그리고 오후 다섯시쯤 다시 답변을 달라고 문자를 보내니 '싫습니다' 이렇게 4글자 답변이 왔다. 그 문자를 받고 너무 화가 났고, 김용진 대표도 마찬가지였다. 김 대표는 청문회장으로 가서 휴회 시간이든 저녁 시간이든 윤석열 후보가 밖으로 나오면 앰부시를 해서 최종 입장을 들어보라고 지시했다.

한상진 기자는 촬영기자와 함께 국회로 갔다. 운 좋게 휴회 시간에 화장실에 가기 위해 청문회장을 나오던 윤석열 후보자와 그를 수행하던 당시 서울중앙지검 3차장 한동훈 일행과 마주쳤다. 한 기자는 그에게 마이크를 대고 왜 청문회에서 2012년 때와는 전혀 다른 얘기를 하는지, 윤우진에게 이남석 변호사를 소개한 적이 없는지 물었다. 윤 후보는 아무 대답도 없이 화장실로 들어갔다. 한 기자는 윤석열 후보자가 화장실에서 나와 청문회장으로 다시 돌아갈 때도 같은 질문을 던졌으나 역시 아무 답도 듣지 못했다.

뉴스타파는 이날 윤석열 후보 측 반응과 앰부시 인터뷰, 그리고 2012년 변호사를 소개해줬다고 인정한 녹음 파일 등을 담아 <윤석열 2012년 녹음파일… "내가 변호사 소개했다">라는 제목으로 약 10분 분량 영상 리포트를 내보냈다. 보도 시각은 윤석열 청문회 당일 밤 11시 40분이었다. 보도가 나간 직후 당시 자유한국당(현재 국민의힘 전신) 김진태 의원은 청문회장에서 뉴스타파 보도를 틀고 윤석열 후보를 추궁했다. 다른 야당 의원도 가세했다. 윤석열을 지키기 위해 안간힘을 쓰던 당시 여당 민주당 법사위원들은 어쩔 수 없이 윤석열 후보에게 사과할 것을 권유하면서 사태를 수습하려고 했다.

윤석열의 뻔뻔한 거짓말을 적나라하게 들춰내는 보도를 내보낸 뒤 뉴스타파 사무실과 홈페이지는 말 그대로 '난리'가 났다. 전화통은 불이 났고, 홈페이지

댓글창은 뉴스타파를 비판하는 글로 도배됐다. 후원회원 탈퇴도 봇물을 이뤘다. 며칠 사이에 3천여 명 회원이 후원을 해지했다. 당시 전체 후원회원의 10% 가량 규모였다. 뉴스타파가 자유한국당과 짜고 검찰개혁을 선봉에서 이끌 윤석열 검찰총장 후보자를 음해했다, 아군의 등을 찔렀다 등의 반응에는 설명과 설득이 필요하다고 생각했다. 당시 김용진 대표는 장문의 입장문을 써 후원회원에게 서한 형태로 보냈다.

어제 오늘 많은 전화를 받았습니다. 소셜미디어 등을 통해 저희 보도와 관련한 다양한 의견도 봤습니다. 많은 생각이 들었습니다. 뉴스타파의 존재 의미는 무엇일까? 뉴스타파는 무엇을 어떻게 취재 보도할 것인가? 이런 질문을 스스로 던져봤습니다. 7년 전 뉴스타파 출범 이후 지금까지 계속해오던 고민이지만 이번엔 그 고민의 깊이가 더 컸습니다. 전화 주신 분들 가운데 대다수는 회원님들이었습니다. 격려를 해주신 회원님도 계셨지만 저희 보도에 우려와 걱정을 표명하신 분이 다수였습니다. 상처를 받았고 화가 난다는 분도 계셨습니다. 의견 주신 분들 말씀 한마디 한마디 다 무겁게 다가왔습니다. 짧게는 10분, 길게는 한 시간 넘게 대화를 나눴습니다.
어떤 회원님은 납득하지 못하셨고, 어떤 회원님은 저희 보도의 취지를 수긍하셨고, 어떤 회원님은 좀 더 지켜보겠다고 얘기하셨습니다. 회원님 한분 한분 뵙고 얘기를 나누고 싶지만, 오늘 우선 이렇게 메일로 전화 주셨던 분들과 나눈 내용을 추려 몇가지 말씀드리려고 합니다.

먼저 왜 청문회 날 밤에 보도를 했느냐는 질문이 많았습니다. 과정을 설명드리겠습니다.
청문회는 7월 8일 열렸지만 청문회 전에 국회청문위원들이 서면질의서를 사전에 후보자 측에 보내는 절차가 있었습니다. 청문위원 5명이 윤석열 후보자 측에 이른바 '윤우진 뇌물의혹 사건' 당시 윤우진 전 용산세무서장에게 변호사를 소개한 적이 없었냐는 질문을 보냈습니다. 후보자 측은 7월 5일 서면답변을 국회에 보냈습니다. 회원님께서 잘 아시다시피 저희 주요 업무 중 하나는 고위공직자 검증입니다. 청문회 등이 열리면 관련 자료를 입수해 꼼꼼히 살핍니다. 뉴스타파 한상진 기자가 자료를 검토했습니다. 그리고 서면 답변서에서 윤 후보가 윤우진 전 서장에게 변호사를 소개한 적이 없다고 기재했는데, 이 부분이 석연찮다고 저에게 보고했습니다. 한 기자는 2012년 주간동아 기자 시절 해당 사건을 취재한 적이 있는데, 당시 전화 인터뷰에서는 윤석열 검사가 분명히 변호사를 소개했다는 취지로 말했다는 겁니다. 한 기자가 해당 인터뷰 녹취파일을 찾아와 다시 들어봤습니다. 당시 인터뷰에서 윤석열 검사는 후배인 이남석 변호사에게 이런 얘기를 했다고 한상진 기자에게 또렷이 얘기했습니다.

"윤우진을 만나서 자초지종을, 얘기나 한번 들어보고 변호사로서 니가 볼 때는 어떻게 해야 되는지 좀 해봐라... 니가 만약에 선임을 할 수 있으면 선임을 해서 좀 도와드리든가... 이렇게 했단 말이에요"

저희 보도에도 나온 것처럼 윤 후보자는 당시 이남석 변호사에게 사전에 문자도 보내라고 당부했다는 등 상세하게 당시 상황을 얘기했습니다. 2012년엔 언론 인터뷰에서 이렇게 자세히 말한 분이 왜 국회 답변서에는 "윤 전 세무서장에게 변호사를 소개해준 사실이 없습니다"라고 단 한 줄로 단호하게 썼는지 의아했습니다. 국회 서면 질문과 답변 내용을 후보자가 직접 챙기지 못하고 청문회 준비팀에서 임의로 작성한 게 아닌가 하는 의문이 들 정도였습니다.

한상진 기자에게 8일 국회에서 열리는 청문회를 취재하라고 지시했습니다. 왜냐하면 윤우진 사건은 검찰 수장이 될 윤 후보자가 그 관문에서 반드시 털고 가야할 부분이었기 때문입니다. 윤우진 사건은 세간의 기억에선 사라졌지만 결코 가벼이 볼 사건이 아닙니다. 현직 세무서장이 뇌물수수 의혹으로 경찰 수사를 받던 중 갑자기 해외로 도피했다가 8개월 만에 불법체류로 체포돼 국내로 압송됐으나 경찰로부터 사건을 인계받은 검찰이 2년 뒤에 슬그머니 무혐의 처리했기 때문입니다. 매우 튼튼한 소위 '빽'이 없다면 일어날 수 없는 일이란 게 당시 주변의 평가였습니다. 참고로 무혐의 처분이 날 당시 보도된 이 기사를 보시면 왜 그런지 이해하기가 쉬우실 겁니다. 윤우진 서장 동생은 윤대진 현 법무부 검찰국장이고, 아시다시피 윤석열 후보자는 윤대진 검사와 막역한 사이입니다. 또한 윤 후보자가 당시 후배인 이남석 변호사를 윤우진 서장에게 소개했다는 의혹이 있었고, 언론 인터뷰에서 스스로 그랬다고 밝힌 바 있습니다.

7월 8일 청문회가 열렸습니다. 예상대로 오전부터 여야 청문위원 여러 명이 윤우진 사건과 관련한 부분을 질의했습니다. 윤 후보자는 서면 답변과 마찬가지로 예전 인터뷰 내용과는 전혀 다른 답을 내놨습니다. 한상진 기자가 후보자 측에 예전과 다른 답변을 하는 이유를 전화와 문자 등으로 여러 차례 물었습니다. 답이 없었습니다. 그래도 계속 설명을 요청했습니다. 저녁 늦게 한 청문회 준비팀 관계자로부터 문자가 왔습니다. "싫습니다" 이 네 글자가 답이었습니다. 이후 국회에서 한상진 기자가 청문회 휴식 시간에 마침 윤석열 후보자와 마주쳤습니다. 윤 후보자에게 직접 물었지만 묵묵부답이었습니다.

저희는 윤 후보자가 청문회에서 윤우진 관련 부분을 이런 식으로 넘겨 버린다면 앞으로 본인이나 검찰 조직에 두고두고 부담이 될 수 있고, 국민과 임명권자에 대한 후보자의 도리가 아니라는 판단을 했습니다. 검찰 최고 책임자가 될 분이 동일한 사안을 두고 과거와 현재 180도 다른 말을 하고 있다는 사실을 알고도 그냥 넘어가는 건, 저희 뉴스타파의 도리도 아니라고 판단했습니다. 그래서 이 부분을 리포트로 제작했고, 완성해서 업로드 한 때가 밤 늦은 시간이 될 수밖에 없었습니다.

부득이하게 설명이 길어졌습니다. 결론적으로 보도 시점과 관련해서 어떠한 의도나 고려도 없었다는 점을 말씀드립니다. 저희는 윤 후보자가 이 문제를 사실대로 증언하고, 깔끔하게 털고 넘어가기만을 기대했을 뿐입니다.

회원님들이 전화 통화에서 두 번째로 거론하신 부분은 보도 시점과도 결부된 문제인데, 저희가 자유한국당 청문위원과 사전 교감을 하지 않았느냐는 것입니다. 이 말씀을 듣고 무척 가슴이 아팠습니다. 일부이기는 하지만 저희들이 회원님과 쌓은 신뢰가 아직 부족하구나 하는 생각이 들었고 많이 반성하게 됐습니다. 하지만 이 자리를 빌려 분명하게 말씀드릴 수 있는 것은 저희가 그렇게 할 아무런 이유나 동기가 없고, 그렇게 어리석지도 않다는 점입니다. 다만 언론이 일단 보도를 하면 그 기사는 공론장에 던져지는 것이고, 그것을 누가 어떻게 활용하는 것까지 저희가 제어하거나 통제하기는 불가능합니다.

물론 뉴스타파 보도를 자유한국당 의원이 청문회장에서 틀고 인용하는 낯선 풍경이 연출되면서 결과적으로 많은 분에게 상처를 주는 상황이 발생했습니다. 그런데 사실 저희 이전 다른 보도들이 그 반대의 상황에서 훨씬 더 많이 인용되었다는 점은 말씀드리고 싶습니다. 국회에서의 인용뿐만이 아닙니다. 저희의 국회 세금도둑 추적 보도를 토대로 시민단체들이 주로 자유한국당 소속인 국회의원 6명을 횡령 등 혐의로 고발한 바 있습니다. 또 저희의 박수환 문자 보도를 증거로 시민단체들이 조선일보 간부들을 역시 고발해 현재 수사가 진행 중입니다.
과정이나 명분이야 어쨌든 결과적으로 저희 보도가 심려를 끼친 부분이 분명히 있습니다. 앞으로도 그럴 가능성이 전혀 없다고 말씀드리기는 힘듭니다. 하지만 그런 부분을 최소화하면서 회원님들과 함께 저희 보도 목적도 이룰 수 있는 방안을 찾기 위해 지혜를 모으고 성찰에 성찰을 거듭하겠습니다.

마지막으로 취재 기자가 이전에 일한 언론사의 성향 때문에 이번 기사 의도에 의문을 품는 견해도 있었습니다. 뉴스타파에는 기성언론에서 일하다 여러 한계를 느끼고 온 기자들이 대다수입니다. 올바른 저널리즘을 수행하기 위해 모두 돌아갈 다리를 불사르고 왔습니다. 기자로서 제대로 활동할 공간은 뉴스타파밖에 없다고 여기고 있습니다. 어디 출신이라고 색안경을 끼고 볼 이유는 전혀 없습니다. 모두 독립언론 뉴스타파 기자일 뿐입니다.
저희들이 윤석열 검찰총장 후보자를 매도할 이유는 전혀 없습니다. 오히려 뉴스타파와 윤 후보자는 엄혹했던 시절 맺은 좋은 인연이 있습니다. 저희 뉴스타파는 2013년 박근혜 정부 출범과 동시에 국정원 댓글 사건, 나아가 국정원 선거개입 사건을 추적, 폭로했고, 이는 정치권에도 큰 이슈가 됐습니다. 저희 보도로 검찰에 특별수사팀이 구성됐습니다. 이 때 수사팀장이 윤석열 검사였죠. 검찰 수사팀은 저희 국정원 취재팀에게 국정원 댓글 공작 관련 데이터 수집 방법을 문의했고, 공조를 한 바 있습니다. 당시 수사팀을 이끌던 윤석열 검사와 박형철 검사는 사실상 박근혜 정부의 역린을 건드리기 시작했고, 검찰 상부와 정권의 집중 탄압을 받았습니다. 이 과정을 거치며 검사로서 자긍심, 능력, 강직함 등 윤 후보자의 여러 면모를 저희도 잘 알고 있습니다.

그래서 그가 어떠한 흠결이나 의혹도 깔끔하게 털어내고 모든 국민의 여망인 검찰개혁을 이끌어가는 주역이 되기를 바라는 마음으로 이번 보도를 한 것입니다.

뉴스타파 보도 이후 윤석열은 청문회장에서 마지못해 사과하는 시늉을 했고, 문재인 대통령은 그를 검찰총장에 임명했다. 윤석열 검찰총장은 뉴스타파가 위 입장문에서 쓴 "의혹을 깔끔하게 털어내라"는 기대를 저버렸다. 또 검찰개혁을 이끌 주역이 되기를 바라는 수많은 국민의 여망과는 정반대 길을 걸었다. 검찰 수뇌부를 주로 특수부 출신인 자기 측근으로 채웠고, 검찰 조직을 국민의 검찰이 아닌 윤석열의 검찰로 빠르게 변모시켰다. 민주당 지지자들은 그의 정체를 깨닫고 배신당했다고 여겼다. 뉴스타파를 그렇게 비판하던 사람들도 뉴스타파가 옳았다고 당시 보도를 재평가하기 시작했다. 반면 윤석열 청문회 당시 뉴스타파 보도를 인용하며 윤석열 낙마에 당력을 쏟던 자유한국당은 180도 입장을 바꿔 윤석열을 환호하기 시작했다.

뉴스타파는 2012년 당시 검찰 비호 아래 묻혀버린 이른바 윤우진 사건을 다시 취재하기 시작했다. 끈질긴 추적 결과 윤우진 전 용산세무서장의 여러 비리 사실을 새로 밝혀냈다. 검찰은 결국 윤우진을 2021년 12월 변호사법 위반 등 혐의로 구속기소했다. 2004년부터 2011년까지 세무사와 육류업자로부터 뇌물 2억여 원을 받은 혐의다. 기소 혐의 대부분은 과거 검찰이 '대가성이 없다'는 이유 등을 들어 무혐의 처분한 것들이다.

검찰은 윤우진 뇌물사건에 변호사를 소개하고 외압을 행사했다는 의혹을 받아온 윤석열 당시 국민의힘 대선후보(2012년 윤우진 뇌물사건 당시 부장검사)와 윤우진의 친동생인 윤대진 검사장에 대해선 '공소시효' 등을 이유로 무혐의 처분했다. 윤석열과 윤대진은 '윤우진 뇌물사건'과 관련 변호사법 위반, 허위공

문서작성 및 행사, 직권남용권리행사방해 혐의를 받았으나 공소시효가 지나 처벌을 면한 것이다.

검찰은 이후 3억여 원의 뇌물을 추가로 확인해 공소장 변경 신청을 했다. 그리고 2025년 4월 11일 열린 결심 공판에서 징역 12년과 벌금 20억 원, 추징금 5억 3천만 원을 구형했다. 윤우진 전 용산세무서장은 이와는 별개로 세무공무원 인맥을 활용해 세무 편의를 봐주겠다며 뒷돈을 받은 혐의(변호사법 위반)로도 기소돼 2023년 1심에서 징역 10개월을 선고받았고, 현재 2심 재판 중이다.

윤우진 사건은 현직 세무서장이 뇌물수수 혐의로 경찰 수사를 받던 중 해외로 도피했다가 인터폴에 붙잡혀 국내로 들어왔으나 검찰의 비호 아래 법망을 피한, 희대의 형사 사법 시스템 문란 사건이다. 검찰 수사(지휘)권, 기소권으로 대표되는 검찰 권력이라는 뒷배가 얼마나 강한지를 보여주는 상징적 사건이기도 하다. 그러나 뉴스타파는 무모하다고 할 정도로 윤우진 사건을 다시 파헤쳤고, 결국 검찰이 묻어버린 사건을 세상에 들춰냈다.

2019년 7월 8일 검찰총장 후보자 인사청문회 당시 뉴스타파 보도와 그 이후 윤우진 사건 추적 보도는 윤석열 인생에서 가장 큰 난관 중 하나였을 것이다. 그가 뉴스타파를 어떻게 인식했을까 짐작하기가 그리 어렵지는 않다.

김건희 주가조작

윤석열 검찰총장 후보자가 입에 침도 바르지 않고 인사청문회 자리에서 거짓말하는 장면을 온 국민이 TV로 목격했지만, 2019년 7월 25일 문재인 대통령은 결국 그를 검찰총장으로 임명한다. 그로부터 7개월쯤 뒤인 2020년 2월 뉴스타파 심인보 기자는 심상찮은 제보를 하나 받았다. 검찰총장의 아내 김건희 씨가 독일차 수입업체인 '도이치모터스' 주가조작 사건에 연루됐다는 경찰 내사보고서였다. 다음은 심인보 기자의 말이다.

뉴스타파는 문재인 정부 초반부터 검찰개혁을 중요한 사회적 의제로 다뤄야 한다는 생각을 가지고 일관되게 보도해왔다. 도이치모터스 사건도 사실 그 연장선상에서 이루어진 취재다. 검찰개혁 시리즈 일환으로 〈죄수와 검사〉라는 연속 기획 보도를 했는데 그것을 어느 경찰관이 보고, 이 매체라면 최고위급 검사, 검찰총장 아내가 연루된 주가조작 사건을 제대로 취재해서 보도할 수 있겠다는 기대감을 품고 우리에게 제보를 해서 취재를 시작했다.
사실 2013년도에 작성된 내사보고서를 내가 2020년에 보도했으니, 7년 동안 묻혀있던 사건이다. 뉴스타파 보도가 없었더라면 영원히 묻힐 수 있는 사건이 우리 보도로 굉장히 큰 이슈가 됐다. 윤석열은 만약 뉴스타파가 이 보도를 하지 않았더라면 훨씬 더 손쉽게 대선에서 이기고, 대통령이 되고 나서도 좀 더 안정적으로 집권하지 않았을까 생각한다. 그 때문인지 윤석열은 여러 공식, 비공식 자리에서 뉴스타파 도이치모터스 보도에 분노를 많이 표출했다. 그만큼 우리 보도가 윤석열 김건희 부부에게는 굉장히 치명적이었고, 보도 이후 윤석열은 뉴스타파라는 비판 언론을 탄압하기 위한 기회를 호시탐탐 노리고 있었다는 생각이 든다. 그런 사례 중 하나가 2020년 4월 '고발사주' 사건이다. 고발 대상에 나와 성명불상의 뉴스타파 피디가 적시돼 있었다.

뉴스타파는 김건희의 도이치모터스 주가조작 연루 의혹을 2020년 2월 17일 처음 보도했다. 그리고 두 달 가까이 지난 4월 3일 당시 윤석열 검찰총장 측근으로 알려진 대검찰청 수사정보정책관 손준성 검사가 윤석열, 김건희, 한동훈 등 3인의 명예를 훼손한 혐의로 정치인과 언론인 등 피고발인 11명을 적시한 고

발장을 검찰 출신 국회의원 선거 후보자 김웅에게 전달했다. 이게 바로 고발사주 사건이다. 유시민, 최강욱, 황희석 등과 함께 뉴스타파 심인보 기자 등이 고발 대상이었다.

윤석열은 2021년 9월 8일 윤석열 대통령 선거 예비후보 긴급 기자회견을 열고 뉴스타파의 김건희 주가조작 의혹 보도에 대해 신경질적인 반응을 보였다.

> 제 처의 무슨 주가조작 의혹이니 하는 게 지금 특수부에서 1년 6개월째 하고 있습니다. 그러나 그 당시에 경찰청에 2013년 무슨 내사 첩보 보고서인가 하는 것이 그게 도대체 어떻게 뉴스타파에 유출이 되며 또 뉴스타파가 한번 공개하고 나니까 메이저 언론들이 벌떼처럼 그걸 보도하고 이렇게 나갔는데 그 첩보 보고서에 관련된 건 금방 확인해보면 주가에 변동도 없고 그 사람이 관여했다는 것은 조사도 금방 끝날 수 있는 사안입니다.

윤 예비후보는 이날 기자회견에서 이런 말도 했다.

> 앞으로 정치공작을 하려면 잘 준비해서 제대로 좀 하고 그리고 인터넷매체나 또는 무슨 재소자나... 또 의원들도 우리 국민들이 다 아는 그런 메이저 언론을 통해서, 면책특권 뒤에 숨지 말고 또 어디 재소자 들먹이지 말고 국민들 누가 봐도 믿을 수 있는 신뢰성 있는 사람을 통해서 이렇게 문제를 제기하려 해도 제기해 주셨으면 좋겠습니다.

한국인터넷기자협회는 윤석열 예비후보의 이날 발언을 비판하는 성명서를 발표했다.

소위 '메이저언론'사와 '인터넷언론'사를 차별적으로 나누고, '메이저'만 신뢰성이 있다는 윤석열 예비후보의 극단적 발언은 시대와 미디어 환경 변화에 대한 무지와 언론에 대한 왜곡된 인식을 드러낸 말이다…(중략) 한국인터넷기자협회는 윤석열 후보의 인터넷신문 차별, 비하, 매도 발언의 기저에 그간 검찰권력의 주류언론과 한 배를 타고 행해왔던 뿌리 깊은 '검권언유착'의 적폐가 도사리고 있다고 판단한다. 이 같은 분석은 자당 모 대선후보의 "검찰 조직을 믿고 큰소리치던 검찰총장 할 때 버릇 그대로"라는 비판에서도 확인할 수 있다…(중략)
윤석열 후보는 인터넷언론 종사자에 대한 무지와 차별, 혐오와 언론 제보자, 나아가 국민에 대한 모독을 사과해야 한다. 특히 윤석열 후보의 이 같은 언론 비하, 모독 발언이 나왔음에도 아무런 입장 표명이 없는 국민의힘과 윤석열 대선 캠프는 사과하고, 윤석열 후보의 왜곡된 언론관을 바로잡아 이 같은 극단적 망언이 나오지 않도록 해야 할 것이다.

지금 와서 대통령선거에 출마한 당시 윤석열의 기자 회견 발언을 돌이켜보면, 이미 이때부터 윤석열은 언론 자유나 표현의 자유를 깡그리 무시하는 등 사실상 반헌법적 태도를 보였음을 확인할 수 있다. 몇 년 뒤 선포할 불법계엄을 이미 잉태하고 있던 것이다.

뉴스타파의 김건희 도이치모터스 주가조작 보도 이후 국회는 2023년 12월 28일 '대통령 배우자 김건희의 도이치모터스 주가조작 의혹 진상규명을 위한 특별검사 임명 등에 관한 법률안'을 가결했고, 윤석열의 내란 이후인 2024년 12월 12일까지 모두 4차례나 이른바 김건희 특검법을 통과시켰으나 윤석열이 3차례 거부권을 행사하고, 마지막엔 최상목 대통령 권한대행의 거부권 행사로 특검 시행은 모두 무산됐다.

검찰 통치자금을 털다

현직 경찰관이 윤석열 검찰총장 부인 김건희가 도이치모터스 주가조작 사건에 연루됐다는 내사보고서를 뉴스타파에 건네주기 4개월 전쯤 뉴스타파는 구조적 차원에서 검찰 문제를 다루는 프로젝트에 시동을 걸었다. 대한민국 검찰 창설 이후 단 한 번도 거론된 적이 없는 검찰 예산 오남용 문제, 특히 검찰 특수활동비와 특정업무경비, 업무추진비 사용 내역 검증 작업에 들어갔다. 뉴스타파는 세금도둑잡아라, 정보공개센터, 좋은예산센터 등 3개 시민단체와 함께 2019년 10월 검찰을 상대로 이들 3대 예산 집행내역 관련 자료 정보공개를 청구했다. 검찰은 예상대로 비공개 처분을 했다.

뉴스타파와 3개 시민단체는 11월에 검찰을 상대로 관련 정보 공개를 청구하는 행정소송을 법원에 제기했다. 기나긴 소송의 시작이었다. 아래는 검찰 예산 오남용 프로젝트를 이끈 박중석 기자(현 뉴스타파 대표)의 말이다.

2019년 가을에 검찰개혁 요구가 굉장히 많았다. 아주 특별한 권력기관인 검찰을 보통의 행정기관으로 바꿔야 한다는 거다. 뉴스타파는 검찰개혁 일환으로 검찰 예산 공개를 요구하기 시작했다. 특수활동비, 특정업무경비, 업무추진비 등 3개 항목인데, 지금까지 단 한 번도 일반인은 물론 국회에도 공개된 적이 없었다. 정보공개청구가 거부되자 바로 소송에 들어갔고 1심과 2심에서 잇달아 승소했다. 그리고 2023년 4월 소송을 제기한 지 3년 5개월 만에 대법원에서 최종 승소했다.
이에 따라 그해 6월 검찰 특수활동비 등 예산 자료 약 6000페이지를 1차로 받고 사상 최초 검찰 예산 검증을 시작했다. 자료가 워낙 방대하고, 또 전국 각지 검찰청 예산 내역을 검증하는 작업이라 시민단체 3곳, 그리고 각 지역 공영, 독립언론 다섯 개 매체와 공동취재단을 꾸려

2023년 7월부터 2달 정도 분석 작업을 했다. 결과물을 발표하기 위한 첫 번째 기자회견 날짜를 9월 14일로 잡았다.

후술하겠지만 뉴스타파가 검찰 특활비 등 검찰 예산 오남용 취재 결과 1차 발표를 하기로 한 2023년 9월 14일은 검찰이 뉴스타파를 압수수색해 침탈한 날이다. 뉴스타파는 이에 굴하지 않고 검찰 예산 문제를 파헤쳐나갔다. 2019년 11월 소송을 제기한 후 2024년 12월 3일까지 모두 130여 차례 관련 보도를 했다. 이 가운데 다수는 윤석열이 검찰총장 시절 집행한 특수활동비에 문제가 많았다는 사실을 다룬 기사다. 뉴스타파 보도는 국회를 움직였다. 황운하·장경태·윤종오 의원이 대표발의하고, 27명의 국회의원이 동참해 '검찰 특수활동비 오·남용 및 자료 폐기, 정보 은폐 의혹 진상규명을 위한 (상설)특별검사의 수사요구안'을 2024년 12월 2일 발의했다. 윤석열과 정치검찰의 목을 죄는 법안이었다. 김건희 특검법과 더불어 뉴스타파 보도가 이끌어낸 특별검사 법안 발의다.

이와 별도로 국회 법사위 예산소위는 검찰 예산 심의에 들어가 2024년 11월 8일, 2025년도 검찰 특활비와 특정업무경비 예산 580억 원가량을 전액 삭감했다. 사상 초유의 검찰 예산 삭감안은 12월 10일 국회 본회의에서 최종 확정됐다. 이날 황운하 의원은 "검찰 등 권력기관의 특활비는 반드시 삭감돼야 한다…(중략)…윤석열과 같은 내란 우두머리를 키웠고 헌법을 무시하고 주권을 찬탈하려는 얼치기 정치인들을 만들었습니다. 검찰 특경비, 특활비의 전액 삭감은 검찰 쿠데타 세력의 정서적 뿌리를 잘라내는 것입니다"라고 말했다.

뉴스타파가 무려 4년 동안 소송을 불사하며 검찰 예산 오남용을 추적한 의미를 잘 설명한 발언이다. 하지만 내란 수괴 윤석열은 검찰특활비 등 전액 삭감 확정 이틀 뒤 이른바 12.12 대국민 담화에서 이렇게 말했다.

존경하는 국민 여러분, 저는 오늘 비상계엄에 관한 입장을 밝히기 위해 이 자리에 섰습니다. 지금 야당은 비상계엄 선포가 내란죄에 해당한다며, 광란의 칼춤을 추고 있습니다. 정말 그렇습니까?
과연 지금 대한민국에서 국정 마비와 국헌 문란을 벌이고 있는 세력이 누구입니까?...(중략)
뿐만 아니라 위헌적 특검 법안을 27번이나 발의하면서 정치 선동 공세를 가해왔습니다...(중략)
도대체 어느 나라 정당이고, 어느 나라 국회인지 알 수가 없습니다. 검찰과 경찰의 내년도 특경비, 특활비 예산은 아예 0원으로 깎았습니다. 금융사기 사건, 사회적 약자 대상 범죄, 마약 수사 등 민생 침해 사건 수사, 그리고 대공 수사에 쓰이는 긴요한 예산입니다. 마약, 딥페이크 범죄 대응 예산까지도 대폭 삭감했습니다. 자신들을 향한 수사 방해를 넘어, 마약 수사, 조폭 수사와 같은 민생사범 수사까지 가로막는 것입니다. 대한민국을 간첩 천국, 마약 소굴, 조폭 나라로 만들겠다는 것 아닙니까? 이런 사람들이야말로 나라를 망치려는 반국가 세력 아닙니까?

윤석열이 위헌적이라고 말한 특검 법안에는 뉴스타파 보도로 촉발된 김건희 특검법안과 검찰 특활비 (상설)특검법안이 포함돼 있다. 검찰 특경비, 특활비 전액 삭감을 언급할 땐 짙은 분노가 배어나왔다. 그에게 뉴스타파만한 반국가 세력도 없었을 것이다.

대장동 X파일

2022년 1월 11일, 20대 대통령선거전이 본격화할 무렵 뉴스타파는 특활비 등 검찰 3대 예산 집행 내역 정보공개 소송 1심에서 이겼다. 정치검찰의 아킬레스건을 건드릴 준비를 착착 해나갔다. 뉴스타파는 김건희 주가조작과 관련한 추가 자료를 입수해 당시 대선후보 윤석열 검증에 나섰다. 주가조작에 대한 윤석열 캠프 측 해명에 많은 문제가 있다는 사실을 거듭 지적했다. 2020년 2월 첫 보도를 시작한 이래 2년째 추적이었다. 이 무렵 JTBC 봉지욱 기자는 당시 대선판 핵심 이슈인 대장동 사건을 들여다보고 있었다. 그로부터 몇 달 뒤인 2022년 10월, 그는 대장동 기록을 가지고 뉴스타파에 합류한다. 다음은 봉 기자의 말이다.

> 20대 대선 때, 대선 결과를 정할 정도의 큰 이슈가 대장동 사건이었다. 조중동을 비롯한 주요 매체에서 천하동인 1호가 누구 것이고 2호가 누구 것이다, 그 사람의 수익이 얼마나 되고, 이 모든 잘못이 이재명이 독점 개발권을 줬기 때문이라는 등의 단독을 붙인 기사가 정신없이 나왔다. 일부 언론에서 소위 '대장동 그분'이라는 보도를 하면서, 그분을 명시적으로 지칭은 하지 않았지만 이재명이라는 생각이 들 수밖에 없도록 몰아갔다. 나도 그런 생각이 들 정도였다.
> 2022년 2월 초로 기억되는데, 그때 굉장히 어렵게 검찰이 수사한 대장동 사건 기록 일부를 입수했다. 거기에는 대장동 브로커인 조우형과 남욱, 그리고 김만배 등 이 사건 주요 인물의 피의자 신문조서와 검찰이 작성한 수사보고서가 있었다. 수사보고서는 대장동 사건 핵심 인물 중 하나인 정영학 회계사가 제출한 정영학 녹음파일을 검찰이 녹취록으로 만든 이른바 정영학 녹취록에 대한 보고서였다. 수사보고서 맨 처음부터 김만배 씨가 자기 법조 인맥을 활용해 검찰이나 경찰을 상대로 대장동 업자들의 범죄를 무마해 주는 장면이 들어있었.
> 그때 대다수 언론은 '대장동 그분' 찾기에만 혈안이 됐고, 정작 이 사건

의 뿌리인 2011년 대검 중수부에서 생긴 일에는 주목하지 않았다. 나는 뿌리에 주목했다. 만약 대검 중수부가 제대로 수사를 했다면 부산저축은행 사건 피해자들의 눈물을 닦아줬을까 생각해봤다. 당시 대검 중수부가 일종의 정치적인 수사를 하고, 언론에 보도자료를 발표하면서 주목을 받았지만 결과적으로 피해자의 돈을 환수하는 데는 거의 신경을 쓰지 않았다는 게 보였다. 그리고 부산저축은행 사건 핵심 인물이라고 할 수 있는 조우형 씨에 대해서는 수사를 제대로 하지 않고 수사망을 빠져나갈 수 있도록 했다는 생각을 하게 됐다.

봉지욱 기자는 당시 입수한 검찰의 대장동 사건 수사기록 등을 바탕으로 2022년 2월 21일 JTBC에서 대검 중수부가 2011년 부산저축은행 수사 당시 대장동 브로커인 조우형 씨 봐주기 수사를 했다는 취지의 보도를 했다. 봉 기자는 2022년 10월 뉴스타파로 이직해 JTBC에서 하지 못한 대장동 사건 보도를 이어나갔다.

내가 JTBC에 있을 때, 그러니까 지난 대선 때, 사실은 대장동 검찰 수사기록을 상당 부분 확보하고도 제대로 보도를 하지 못했다. 뉴스타파로 옮겨와서 이 대장동 사건의 실체가 뭔지 제대로 보도해야겠다고 마음을 먹었다. 그리고 나름대로 열심히 노력해서 대장동 사건, 검찰 수사 기록 상당 부분을 더 입수했다. 이게 5만 페이지가 넘었다. 몇 달 동안 분석해가면서 이 사건 실체를 좀 더 알게 됐다. 기록 중 정영학 녹취록 1325쪽을 2023년 1월 15일 뉴스타파 홈페이지에 공개했다. 왜냐하면 정영학 녹취록은 이미 그때 대장동 재판에서 핵심 증거로 사용하고 있었는데 내가 보니 검찰이 말하는, 또 일부 언론이 보도하는 정영학 녹취록 내용과 실제 녹취록 내용이 달랐기 때문이다. 정영학 녹취록과 관련해 왜 이런 보도만 나올까 의문이 들었다. 그렇다면 이 기록을 우리만 갖고 있을 게 아니고 아예 공개해서 시민이 정영학 녹취록을 직접 보고 대장동 사건 전모를 파악할 수 있게 해야겠다고 생각했다.

내가 뉴스타파에 공개하자는 말을 하니, 이런 자료라면 아마 어떤 언론사도 공개를 허용하지 않았을 텐데, 너무 쉽게 그러라고 했다. 그렇게 1325쪽 정영학 녹취록이 공개됐다.

또 당시 검찰은 50억 클럽 멤버, 특히 박영수 전 특검과 조우형 씨에 대해 수사를 하지 않았다. 나는 대장동 관련 80여 건의 기사를 쓰면서 박영수 특검에 대한 기사도 썼다. 그래서인지 검찰이 박영수 전 특검도 수사하기 시작했고 최근 1심 선고가 나왔다. 박 전 특검은 징역 7년 중형을 받고 법정구속됐다.

그러나 검찰이 진짜로 원한 것은 사실 박영수 같은 사람이 아니었을 거다. 내 판단으로 검찰의 대장동 사건 수사, 기소, 공소 유지는 오로지 이재명을 잡기 위해서였다. 그래서 그렇게 무리를 하는구나, 사실을 왜곡하는구나, 자신들이 이미 수집한 증거조차도 제대로 보여주지 않는구나, 하고 느꼈다. 이런 자료 공개와 보도로 검찰은 몰아가기 수사, 편향 수사, 불공정 수사 등 자신들의 치부를 들켰다고 생각한다.

뉴스타파는 2022년 11월부터 검찰의 대장동 수사기록을 바탕으로 대장동 사건 실체를 밝히는 <대장동 X파일> 시리즈 보도를 연달아 내보냈다. 2023년 9월 검찰이 뉴스타파를 압수수색할 때까지 50여 건의 관련 보도를 이어나갔다. 그리고 압수수색 이후에도 대검 중수부의 조우형 수사무마 의혹 등을 집중 보도했다. 그리고 2024년 5월부터는 대장동 취재에서 파생한 '대북송금 X파일' 시리즈를 시작했다. 이 보도 또한 검찰이 대북송금 사건 수사를 고도의 정치적 목적으로 진행했음을 파헤쳤다. 뉴스타파가 수년에 걸쳐 수행한 대장동 X파일

보도와 대북송금 X파일 보도는 야당 대표를 표적으로 삼은 정치검찰의 기획을 좌초시키는 역할을 했다.

  2019년 검찰총장 청문회 때 윤석열 후보자의 거짓말 폭로, 2020년 검찰총장 시절 배우자 김건희의 주가조작 의혹 제기, 검찰의 가장 내밀한 치부인 특활비 등 예산 오남용 추적 등 7년에 걸친 뉴스타파의 윤석열 검증은, 뼛속까지 검찰주의자이자 망상에 빠져 헌법까지 쉽게 위반할 수 있는 괴물이 된 한 권력자에게는 참을 수 없는 일일 것이다.
  그리고 2023년 9월 14일, 윤석열 정치검찰은 뉴스타파가 무려 1년 6개월 전에 보도한 김만배-신학림 녹취록 보도를 빌미로 특수부 검사 10여 명을 동원해 윤석열을 끈질기게 검증하고 비판해온 언론을 치기 시작한다.

뉴스타파 대 윤석열 '7년전쟁' 타임라인

2019.7.8.

뉴스타파, 윤석열 검찰총장 후보자 거짓말 폭로 보도

2019.11.18.

뉴스타파, 사상 최초 검찰 특활비 등 공개 행정소송

2020.2.17.

뉴스타파, 김건희 도이치모터스 주가조작 최초 보도

2020.7.24.

뉴스타파, 윤석열과 조선일보 방상훈 비밀회동 폭로

2021.9.15.

신학림, 김만배 만나 대화 녹음

2022.2.21.

봉지욱 JTBC 기자, 부산저축은행 부실수사의혹 보도

2022.3.6.

뉴스타파, 김만배-신학림 녹음파일 보도

2022.3.10.

윤석열, 20대 대통령 당선

2022.11.10.

뉴스타파, 대장동 X파일 보도 시작

2023.4.13.

뉴스타파, 검찰 특활비 소송 최종 승소

2023.9.1.

검찰, 신학림 집 압수수색

2023.9.2.

조선일보 '김만배 기획, 신학림 실행' 대서특필

2023.9.4~9.5.

방심위에 '뉴스타파 인용보도' 처벌 민원 폭주

2023.9.5.

대통령실, 뉴스타파 보도 겨냥 "희대의 대선공작"

2023.9.7.

국민의힘 김기현, "사형에 처해야 할 국가반역죄"

2023.9.7.

검찰, 대선개입여론조작 특별수사팀 구성

2023.9.8.

국민의힘, '대선공작 게이트 진상조사단' 발족

2023.9.12.

방심위, '뉴스타파 인용보도' 방송사 긴급심의

2023.9.14.

검찰, 뉴스타파·JTBC·한상진 봉지욱 집 압수수색

2023.9.19.

한상진 기자 포렌식 조사

2023.9.22.

봉지욱 기자 포렌식 조사

2023.9.

검찰, 한상진 봉지욱 기자 출국금지

2023.11.13.

방심위, '뉴스타파 인용' 방송사에 사상 최대 과징금

2023.12.6.

검찰, 뉴스타파 김용진 대표 집 압수수색

2023.12.13.

검찰, 뉴스타파 한상진 기자 소환 조사

2023.12.25.

뉴스타파, 방심위 류희림 위원장 청부민원 최초 보도

2024.3.28.

검찰, 뉴스타파 봉지욱 기자 소환 조사

2024.4.19.

검찰, 뉴스타파 편집기자, 촬영기자 공판 전 증인신문

2024.5.23.

검찰, 뉴스타파 촬영기자 공판 전 증인신문

2024.6.5.

검찰, 뉴스타파 김용진 대표 소환 조사

2024.7.8.

김용진 대표·한상진 기자 '윤석열 명예훼손' 혐의로 기소

2024.7.31.

윤석열 명예훼손 사건 1차 공판준비기일

2024.8.2.

검찰의 무더기 통신사찰 사실 확인

2024.8.13.

봉지욱 기자 '윤석열 명예훼손' 등 혐의로 기소

2024.8.29.

검찰, 1차 공소장 변경 신청(71쪽→56쪽)

2024.9.24.

뉴스타파 v. 윤석열 사건 1차 공판

2024.10.7.

도서출판뉴스타파, 신간 〈압수수색〉 출간

2024.10.16.

뉴스타파, '명태균 게이트' 첫 보도

2024.10.22.

뉴스타파 v. 윤석열 사건 2차 공판

2024.10.29.

뉴스타파 v. 윤석열 사건 3차 공판

2024.11.5.

뉴스타파 v. 윤석열 사건 4차 공판

2024.11.12.

뉴스타파 v. 윤석열 사건 5차 공판

2024.11.19.

뉴스타파 v. 윤석열 사건 6차 공판

2024.11.28.

검찰불법행위 국가배상청구소송 제기

2024.12.3.

윤석열 비상계엄 선포

2024.12.4.

검찰, 2차 공소장 변경 신청(56쪽→37쪽)

2024.12.10.

뉴스타파 v. 윤석열 사건 7차 공판

2025.1.21.

뉴스타파 v. 윤석열 사건 8차 공판

2025.1.26.

윤석열 '내란 우두머리' 혐의로 구속기소

2025.3.8.

윤석열 구속취소로 석방

2025.3.31.

봉지욱 기자 1차 공판준비기일

2025.4.4.

뉴스타파 v. 윤석열 사건 9차 공판

2025.4.4.

대통령 윤석열 파면

2025.4.14.

윤석열 내란수괴 혐의 첫 공판

2025.4.23.

뉴스타파필름, 〈압수수색: 내란의 시작〉 영화 개봉

2025.4.30.

도서출판 뉴스타파, 〈압수수색〉 개정증보판 출간

02

공모

공모

2023년 9월 1일 금요일, 경기도 고양시

찌는 더위를 식히는 비가 며칠 내리다 9월 첫날은 맑은 날씨에 다시 무더위가 찾아왔다. 많은 사람이 출근 준비로 분주한 아침, 경기도 일산의 신학림 전 언론노조위원장(전 뉴스타파 전문위원)도 마찬가지였다. 서울중앙지검 반부패수사부 허정 검사와 수사관, 포렌식 요원 등이 들이닥치기 직전까지는.

이들은 하루 전인 8월 31일 밤 서울중앙지법 이OO 부장판사가 발부한 13쪽짜리 압수수색검증영장을 내밀었다. 영장 앞면에 적힌 죄명은 배임수재, 청구 검사는 허정, 영장 유효 기한은 9월 12일이다. 검찰은 영장이 발부된 바로 다음 날 새벽 신학림 집을 압수수색하기 위해 출동했다.

이날 이들이 신학림 전 위원장 집에 들고 간 압수수색검증영장의 주요 부분을 가감 없이 옮긴다. 영장에 오롯이 담긴 정치검찰의 망상과 착란은 이날부터 이 책이 나오는 순간까지 1년 넘게 그들의 '에코 챔버echo chamber'[*] 안에서 끊임없이 반복된다는 점에서 또렷하게 박아놓을 필요가 있기 때문이다.

---

[*] 권정언(대통령실, 검찰, 방통위, 방심위, 언론) 복합체로 구성된 반향실. 반향실 효과는 특정 개인이나 집단, 또는 미디어에 의해 발화한 메시지가 해당 정보 이용자가 가진 커뮤니케이션 수단으로 증폭, 강화되면서 같은 입장을 지닌 정보만 지속적으로 되풀이되는 현상을 말한다.

압수수색검증영장

[일반용]　　　　　　　　　　　　　　　　　　　　　서울중앙지방법원

영장번호	2023-32233-1	죄명	배임수재 등		
피의자	성명	별지 기재와 같다	직업		
	주민등록번호				
	주거				
청구한 검사	허경		변호인		
압수, 수색, 검증을 요하는 사유	별지 기재와 같다		유효기간	2023. 9. 12 까지	
수색, 검증할 장소, 신체, 물건	별지 기재와 같다				
압수할 물건	별지 기재와 같다	작성기간 (압수수색할 물건이 전기통신인 경우)			
일부기각 및 기각의 취지	☑ 장소　☐ 신체　☑ 물건　☑ 압수대상 및 방법제한 ☐ 기타 (　　　　　　압수의 대상 및 방법 제한이 있음(별지)				

위 사건의 범죄수사에 필요하고 피의자가 죄를 범하였다고 의심할 만한 정황이 있으며 해당 사건과 관계가 있다고 인정할 수 있으므로, 위와 같이 압수, 수색, 검증을 한다. 유효기간을 경과하면 집행에 착수하지 못하며, 영장을 반환하여야 한다.

2023. 8. 31.

이 영장은 일출 전, 일몰 후에도 집행할 수 있다.	판사		
집행일시	20 . . . :	집행장소	
집행불능사유			
처리자의 소속 관서, 관직		처리자 서명날인	

주: 일부기각의 경우에는 해당란에 ∨표시를 한다.

▶ 신학림 전 언론노조위원장 집 압수수색검증영장 표지.

■ 압수할 물건

압수의 대상 및 방법 제한이 있음(별지)

가. 본건 범죄사실과 관련된, 범행 계획, 공모, 경과, 결과, 범행방법, 증거인멸 내용이 기재된 문건, 회의록, 보고서, 내부 검토자료, 결재문서, 편지(이메일 포함), 계약서, 약정서, 합의서, 정산서, 일정표, 다이어리, 책, 장부, 수첩, 업무 일지, 사실확인서, 업무연락 자료, 일기장, 노트, 달력, 메모, 녹취록(녹음파일 포함), 명함, 사진, 통장, 신용카드, 체크카드, 현금, 수표(사본 포함), 상품권, 기타 유가증권[*], 지갑 및 내용물, 현금출납부, 영수증, 전표, 지출결의서, 회계장부, 사건 관련 수기가 기재된 책자 및 종이 기타 물건, 금, 다이아몬드 등 보석류, 고가의 시계, 각종 회원권 및 위 물건·권리 구입과 관련된 서류

나. 위 가항의 자료가 컴퓨터(노트북, 태블릿·PC 포함), USB, 하드디스크, 메모리 카드, 메인보드 등 이동식 저장장치, 모바일 기기, 녹음기 등 정보저장매체, 전산 서버, 가상 저장공간 등에 저장되어 있는 경우에는 본건과 관련성이 인정되는 범위 내의 전자정보(해당 저장장치 등에 잠금장치가 되어 있는 경우에는 비밀번호 등 잠금 해제 장치 및 관련 정보 포함)

다. 피의자 신학림 명의로 개통하거나 피의자 신학림이 보관·사용하거나 사용했던 휴대전화(유심칩 포함), 태블릿PC 등 통신단말기에 저장되어 있는 본건 관련 전자정보(해당 단말기에 설치된 어플리케이션을 통하여 접속·확인할 수 있는 본건 관련 전자정보 포함)

라. 위 가.항 내지 다.항의 자료가 들어 있을 개연성이 있는 금고 사물함(시정장치 해제에 협조하지 않거나 현장에서 해제가 어려울 경우, 열쇠 포함) 및 차량 열쇠(수사에 협조하지 않을 경우 이용차량 특정 및 내부 압수수색을 위해 한시적으로 압수 후 신속히 환부)

마. 본건 범죄사실과 관련되어, 자료의 소재를 파악하거나 증거를 인멸한 정황을 확인할 수 있는 폐쇄회로 촬영물, 입출입 내역(비밀번호 변경이력 포함) 및 관련자료

---

[*] 줄 그은 부분은 영장 담당 판사가 압수수색을 불허한 물건이다.

■ 범죄사실 및 압수·수색·검증이 필요한 이유

■ 범죄사실

피의자 신학림

가. 배임수재

피의자는 뉴스타파의 직원으로 등재된 전문위원으로서 위 한국탐사저널리즘센터를 위하여 취재를 하거나 기사를 작성하는 등 언론보도 업무에 종사하는 사람으로, 그 과정에서 **자신의 신분을 이용하여 보도 건을 개인적 금전 거래와 결부시키는 행위***를 해서는 아니 될 업무상 임무가 있다.

피의자는 2021. 9. 15.경 수원 이하 불상지에서 **김만배로부터 '부산저축은행 수사 당시 대검 주무과장이던 윤석열이 조우형을 직접 면담하고 범죄 혐의를 임의로 덮어주는 봐주기 수사를 하였고, 한편 대장동 사업은 성남시장이던 이재명의 과다한 요구 때문에 큰 어려움을 겪었다**'는 자신의 인터뷰 형식 발언을 대선 직전에 보도해 달라는 취지의 청탁을 받고, **사적 만남을 가장하여 김만배를 인터뷰**하면서 그의 발언을 녹취한 후 2021. 9. 20.경 김만배로부터 그러한 **청탁 이행과 결부된 대가로 1억 6200만 원을 송금받았다.**

그 후 피의자는 제20대 대통령 선거 3일 전인 2022. 3. 6.경 **뉴스타파를 통해 '부산저축은행 수사 당시 윤석열이 조우형을 봐줬고 대장동 사업은 이재명 때문에 어려움을 겪었다.'는 취지의 김만배의 육성 발언을 보도**하였다.

이로써 **피의자는 그 임무에 관하여 김만배로부터 부정한 청탁을 받고 재물 또는 재산상 이익을 취득하였다.**

신학림 압수수색검증영장의 '범죄사실'은 언뜻 보면 그럴싸하다. 하지만 조금만 뜯어보면 검찰의 망상에서 비롯한 '뇌피셜'이자 어설픈 '소설'임이 쉽게 드러난다. 특히 검찰이 작성한 위 '범죄사실'에서 필자가 굵은 글씨로 처리한 부분

---

* 해당 내용을 강조하기 위해 필자가 굵은 글씨로 처리했다. 이후 굵은 글씨도 마찬가지다.

은 망상의 핵심 산물이다.

이 유치한 '뇌피셜' 각본은 이후 그들의 공소장으로 더욱 풍성해졌고, 약 11개월 뒤 법정에서 재판장에게 '오피셜' 데스킹*을 받을 때까지 수많은 매체와 정치인, 관료의 입을 통해 아무런 검증 없이 유통됐다.

위 신학림 영장에서 또 주목할 부분은 '압수할 물건'의 광범위함이다. 목록을 보면 검찰은 당초 신학림 집에 있는 이불, 옷가지, 신발, 책 등을 뺀 거의 모든 것을 압수하겠다고 했다. "통장, 신용카드, 체크카드, 현금, 수표(사본 포함), 상품권, 기타 유가증권, 금과 다이아몬드 등 보석류, 고가 시계, 각종 회원권 등"도 압수하겠다고 했으나 법원도 이것까지는 너무하다고 판단했는지 압수 대상에서 빼긴 했다.

검찰은 이날 신학림 전 위원장의 삼성 갤럭시 S22 울트라 휴대폰과 엘지 그램 노트북 등을 압수한 뒤 검찰 포렌식센터에서 이른바 '이미징'을 해 해당 저장매체 내 모든 전자정보 파일을 복제했다. 그리고 여기서 사건 관련 정보를 탐색, 선별, 출력하는 이른바 포렌식 절차를 신학림을 상대로만 무려 33일간 진행했다. 비좁은 검찰 포렌식방에서 컴퓨터 화면에 파일 목록을 띄워놓고 하나하나 열어서 증거로 선별하는 일은 단 하루만 해도 사실상 고문에 가깝다.

검찰이 사건과 관련이 없는 정보나 사생활 관련 정보도 가져가려고 하기 때문에 그럴 때마다 실랑이가 벌어진다. 이런 일이 33일이나 이어졌다. 피의자와 변호인의 고난도 고난이지만 검사 지시로 포렌식 작업을 담당한 수사관도 이런 경우는 고역이다. 신학림 사건 담당 포렌식 수사관이 끝없는 마우스 작업으로 손목 인대에 탈이 났다는 얘기도 돌았다.

---

* 〈'윤 명예훼손' 재판부 "공소장에 이재명 공산당 프레임 왜 있나"〉, 한겨레 (2024.7.31.)

전국 검찰청에 소속된 포렌식 수사관이 80여 명에 불과하다는 문제도 있다. 3장에서 보겠지만 압수수색은 대한민국 전역에서 거의 매일 진행된다. 그 결과물, 즉 압수 물품은 대부분 휴대폰 등 전자정보 저장매체다. 대검찰청과 서울중앙지검 등 전국 지방검찰청이 운영하는 디지털포렌식센터에는 예약이 물밀 듯이 들어온다. 그래서 일반 사건 담당 검사와 수사관이 적시에 포렌식방을 잡는 게 쉬운 일이 아니다. 그런데 신학림을 수사하는 서울중앙지검 반부패수사부는 33일이나 포렌식방을 차지하고 신학림의 휴대폰과 노트북 등에 있는 파일을 하나하나 열어본 것이다. 10년에 걸쳐 쌓인 정보를 다 훑었다고 한다.

어떤 단일 사건의 피의자 1명을 상대로 검찰이 포렌식을 33일간이나 하는 일은 매우 이례적이다. 정작 긴급하게 처리해야 할 사건이 정치검찰의 정치수사와 그로 인한 디지털포렌식 자원 독점으로 차질을 빚었을 가능성도 없지 않다.

검찰은 압수수색과 포렌식, 전자정보 선별 및 보관에 너무 많은 편법과 불법을 일상적으로 자행한다. 검찰 수사를 받는 사람은 물론, 심지어 변호사도 대부분 이를 모르거나 알아도 "어어"하면서 당한다. 압수수색 과정에서 명백한 불법과, 불법은 아니더라도 법의 사각지대에 있는 요소가 많다. 이런 건 대부분 검찰 판단과 재량의 영역이 돼버렸다. 법률상 행정부(법무부)의 일개 외청*에 불과한 검찰청이 임의로 처리하고 그게 사실상의 법처럼 돼버린 게 너무 많다.

2023년 9월 2~3일 주말, 대한민국 전역

9월 1일 금요일 검찰의 신학림 압수수색 이후, 압수수색영장에 담긴 일부 내

---

* 정부조직법 제32조 1항은 "법무부장관은 검찰·행형·인권옹호·출입국관리 그밖에 법무에 관한 사무를 관장한다.", 같은 조 2항은 "검사에 관한 사무를 관장하기 위하여 법무부장관 소속으로 검찰청을 둔다."라고 규정한다.

용이 유출됐다. 검찰의 언론플레이가 시작된 것이다. 검찰이 망상 속에 짠 시나리오(**김만배가 신학림에게 청탁-사적 만남 가장한 인터뷰-뉴스타파 통해 선거 직전 보도**)가 2일과 3일 동안 삽시간에 각 매체에 퍼졌다.(1년이 지난 지금, 이 같은 검찰 시나리오에 부합하는 증거나 증언은 나온 게 없지만 검찰은 아직도 망상에서 헤어나오지 못하고 있다.)

검찰 시나리오를 받은 언론사들은 자가발전을 했다. '허위 인터뷰' '기획' '공모'라는 프레임이 만들어졌고 주말 사이 여론을 장악했다. 검찰 망상이 언론사로 전이되면서 그럴 듯한 뉴스로 포장돼 '동료 시민'을 속이기 시작했다. 검찰 망상을 자사의 망상과 뒤섞어 보도한 대표 사례가 9월 2일 자 조선일보 기사다. <김만배 기획·신학림 실행…허위 인터뷰, 대선 3일 전 터뜨렸다> 라는 제목만 봐도 검찰과 조선일보가 '한 몸' 이상임을 알 수 있다.

9월 4일, 국회 과학기술정보방송통신위원회 회의

국민의힘과 방송통신위원회가 등판했다. 9월 4일 열린 국회 과방위 회의에서 국민의힘 윤두현 의원은 뉴스타파의 '김만배 인터뷰 기사'가 검찰 조사 결과 사실이 아닌 것으로 드러나고 있다(압수수색, 즉 강제수사 시작 후 겨우 4일이 지났는데 그때 이미 검찰 수사로 드러나고 있다고 했다!)며 과방위에 출석한 이동관 방통위원장에게 뉴스타파 보도를 어떻게 생각하느냐고 물었다.

이동관은 대선판에 영향을 줄 수 있는 중대범죄행위, 즉 **국기문란행위**라고 생각하기 때문에 수사 당국의 수사와 별개로 "**방심위 등 이를 모니터하고 또 감시하는 곳에서 엄중 조치를 할 예정**"이라고 답했다.

국민의힘 장제원 의원은 이동관 방통위원장을 향해 "뉴스타파 보도가 대선 3일 전에 나왔다. 검찰 수사 중이라 밝혀지겠지만, 방송통신위원회에서는 **가짜**

뉴스를 고의로 기획하고 시나리오를 행하는 매체에 대해선 폐간을 고민해야 한다"고 말했다. 이동관은 "그것이 바로 제가 말씀드린 **원스트라이크 아웃**의 최종 단계"라고 화답했다. 장제원은 **"없애버려야 한다. 패가망신시켜야 한다"**라고 다시 강조했다.

이날 이동관이 던진 '원스트라이크 아웃'이라는 용어가 워낙 황당하고 강렬해 대다수 언론이 여기에 주목했고, 그 바람에 상대적으로 크게 관심을 끌지 못한 발언이 있다. 바로 "방심위 등 이를 모니터하고 또 감시하는 곳에서 엄중 조치를 할 예정"이라는 말이다. 사실 이동관이 은연중에 내놓은 이 답변은 그 뒤 전개될 상황의 암시와 복선 장치나 마찬가지였다.

9월 4일 국회 과방위에서 과방위원장 장제원과 국민의힘 언론장악 행동대원 격인 박성중, 윤두현이 방송통신위원장 이동관과 '티키타카'처럼 주고받은 질의 응답은 그 자체가 뉴스타파 등 비판언론 죽이기와 언론장악 공작의 생생한 증거다.

이날 이동관 방송통신위원회 위원장이 방송통신심의위원회(방심위) 등에서 "엄중 조치할 예정"이라고 발언한 직후부터 방심위에 느닷없이 방송 심의 요구 민원이 빗발치기 시작했다. 1년 6개월 전 나간 뉴스타파의 김만배-신학림 녹취록 보도를 언급하며 이 보도를 인용한 MBC, KBS, JTBC, YTN 뉴스와 프로그램 등을 심의, 처벌해달라는 내용이었다. 이날부터 수백 건의 민원이 들어왔는데 민원 문구는 거의 동일했다. 오탈자도 그대로 옮긴 민원 내용이 수두룩했다. 어떤 컨트롤타워에서 문구를 작성해 전파했고, 이를 그대로 '복붙'해 민원을 냈다고 볼 수밖에 없었다. 3개월쯤 뒤 이 봇물 민원의 충격적 실체가 뉴스타파 취재로 드러났다. 민원인 대부분이 류희림 방심위원장의 가족, 지인, 전 직장 동료, 극우단체 관계자였다.

9월 5일, 대통령실 / 국회 본회의장 / 방송통신심의위원회

드디어 용산이 나섰다. 9월 5일 오전 대통령실에서 매우 이례적으로 '고위관계자 성명'을 냈다. 뉴스타파 보도와 이를 인용한 방송사 보도를 겨냥해 "김만배 허위 인터뷰 의혹을 대장동 주범과 언론노조 위원장 출신 언론인이 합작한 **희대의 대선 정치공작** 사건"이라고 규정했다. 또 "대장동 게이트의 몸통이 윤석열 후보였던 것처럼 조작하고, 대선 사흘을 앞두고 녹취록을 풀어 대선 결과를 바꾸려 했다"고 주장했다.

같은 날, 한동훈 법무부장관이 화답했다. 9월 5일 국회에서 열린 국회 대정부 질의에서 국민의힘 권성동 의원은 한동훈 장관에게 뉴스타파 보도를 '선거공작이자 **자유민주주의 체제를 부정하는 중대범죄**'라며 철저히 수사해서 엄단하라고 했다. 또 **선거공작 배후에 민주당**이 있다고 몰아갔다.

한동훈 장관은 "가짜뉴스 유포라든가 선거공작 같은 것이 흐지부지 제대로 처벌받지 않고 넘어가니까 정치경제적으로 남는 장사가 되고 반복되고 있다"며 검찰이 반드시 투명하게 수사해서 엄정하게 책임을 물을 것이라고 답했다. 검사 출신 국회의원 권성동과 검사 출신 법무부장관 한동훈은 문답을 통해 뉴스타파 보도가 민주당이 개입한 선거공작이라는 프레임을 짜고, 후배 검찰에 수사 가이드라인을 내린 것이다.

윤석열 대통령실이 나선 이날 방송통신심의위원회 방송심의소위원회 정기회의가 열렸다. 이동관이 국회에서 방심위가 뉴스타파 보도에 대해 엄중 조치를 하겠다고 말한 바로 다음 날이다. 이동관의 9월 4일 발언 다음 날인 5일 오전 10시 방송소위 회의가 시작되는 시점까지 하루도 안 돼 방심위 민원창구에 갑자기 뉴스타파 보도를 인용한 MBC, KBS, YTN 등 방송사를 심의, 처벌하라는 민원이 무려 70건 이상 쏟아져 들어왔다.

이날 방송소위 회의에는 황성욱, 허연회, 김유진 위원 등 3명이 참석했다. 황성욱, 허연회는 여당 추천, 김유진은 야당 추천 위원이다. 20일 전 윤석열 정권의 언론장악 공작으로 정연주 방심위원장이 강제 해촉됐고, 빈자리는 황성욱 위원이 직무대행으로 채웠다.

황성욱의 의사진행으로 모두 16건의 지상파 및 종편 방송 프로그램 심의를 한 시간 남짓 만에 마무리했다. 마지막으로 보고 사항이 남았다. 황성욱 직대가 보고 사항이 있으면 보고하라고 했고, 방심위 방송심의기획팀장이 짧게 보고했다. 보고가 끝나자 황성욱은 위원들에게 "다른 의견이 있는가?"라고 묻고 "없으면 원안대로 접수하겠다"고 말했다. 회의가 완전히 끝나는 분위기, 그러나 끝이 아니었다. 갑자기 여권 추천 위원 허연회가 "의견이 하나 있다"며 나섰다.

"우리 국민들의 관심 사항이나 사회적 이슈 건에 대해서는 긴급 심의 건으로 채택을 해줬으면 좋겠습니다. 그러니까 현재로서는 후쿠시마 오염수 또는 뉴스타파 건, 어제 국회에서 엄청 난리가 나고 언론에서도 굉장히 많은 관심을 받고 있는 뉴스타파 건, 이런 것은 지난번에 이태원 때처럼 긴급 심의 안건으로 상정을 해서 민원이 들어오는 즉시 긴급 심의를 해주십사 하는 그런 의견을 냅니다."

그러자 황성욱 직무대행이 기다렸다는 듯이 배석한 방심위 심의국장에게 민원 들어온 게 있냐고 묻는다. 심의국장은 "뉴스타파 관련 그 당시 언론사 보도에 대해 민원이 들어온 게 있다"고 대답한다. 민원이 들어왔다는 말을 들은 황성욱이 뉴스타파 관련 민원을 긴급 안건으로 올릴 것을 논의하자고 말을 꺼내는 순간, 김유진 위원이 강력하게 반대 의사를 표했다.

"저는 반대합니다. 지난번 이태원 참사와 같이 정말 피해자분들의 인권 침해가 우려되는 상황이라든가 이런 것들에 대해서 저는 극히 제한적으로 긴급 심의가 이루어져야 한다고 보고요. 그렇지 않은 다른 정치사회적인 문제에 대해서 명확한 객관적 근거 없이 긴급 심의를 하기 시작하면 저는 외부의 영향을 우리 심의위원회가 받을 수밖에 없다고 생각을 합니다."

황성욱 위원장 직무대행은 뉴스타파 문제가 "어제 국회에서도 논의가 많이 이뤄졌고"라며 긴급 안건 상정 의지를 굽히지 않았다. 김유진 위원이 국회에서 논의된 게 그것뿐이냐고 받아치자 허연회 위원은 "국가 근간을 흔드는 그런 문제가 긴급 심의 안건으로 안 올라오면 어떤 게 긴급 심의 안건으로 올라오나? 지금 현재 상황으로 봐서 굉장히 국민적 관심사가 많이 집중되고 있는 게 뉴스타파, 어제 그 안건이다. 분명하다"라고 주장했다. 김유진 위원은 "그게 무슨 국가의 근간을 흔드는 일인가"라며 긴급 안건 상정을 막기 위해 안간힘을 썼으나 2대 1 구도에서는 역부족이었다.

김유진 위원이 결국 항의 표시로 퇴장했다. 회의장에 남은 여권 추천 위원 황성욱과 허연회는 서로 주거니 받거니 하면서 방송사의 뉴스타파 녹취록 인용 보도 관련 민원을 일주일 뒤인 9월 12일 열릴 32차 방송심의소위원회에 긴급 안건으로 상정할 것을 의결했다. 이 둘은 김유진 위원이 기권한 것으로 정리하고 안건을 처리했다.

이날 방송소위 정기회의는 오전 10시에 시작해 오전 11시 15분에 끝났다. 개회할 때는 위원이 3명이었으나 폐회할 때는 2명만 남았다. 민간 합의제 기구로서 방송통신심의위원회의 독립성은 불과 1시간 15분 만에 처참하게 무너졌다. 국민의힘 추천 위원이 스스로 무너뜨렸다. 황성욱 위원장 직무대행이 뉴스타파 관련 민원을 긴급 안건으로 상정하는 근거가 뭐냐는 김유진 위원의 질문에 "국회에서 논의가 많이 이뤄졌기 때문"이라고 주장한 건 그 극단을 보여준다. 황성욱 직무대행이 언급한 '국회 논의'는 전날 국회 과방위에서 국민의힘 장제원, 윤두현, 박성중 의원과 이동관 방통위원장 사이의 짜고 치는 듯한 질의 응답을 말한다.

이상의 과정을 정리하면 이렇다. 9월 4일 국회 과방위에서 국민의힘 '미디어 전문' 의원들과 방통위원장이 모여 뉴스타파는 국기문란 중대범죄를 저질렀다, 그래서 폐간시켜야 한다, 그것이 바로 원스트라이크 아웃이다, 없애버려야 한다, 패가망신시켜야 한다, 방심위를 동원해 엄중 조치할 예정이다, 등의 계획을 주고받으며 공동 모의 작전회의를 열었다. 그 직후 방심위에는 뉴스타파 보도를 인용한 매체를 심의해 처벌하자는 민원이 물밀듯 들어왔다.

다음 날 오전 10시에 열린 방심위 회의에서는 여당 추천 방심위원이 능청맞게 '민원 들어온 것 있냐'고 물어본 뒤 이 민원을 긴급 심의 안건에 올리자고 한다. 1년 6개월이나 전에 나간 기사를 심의해달라는 민원이 반나절 만에 무려 70여 건 들어왔다. 민원 글은 이른바 '복붙'이었다. 어떤 '컨트롤타워'를 중심으로 사전에 계획을 세우고 'D-데이'에 맞춰 준비해놓지 않으면 불가능한 일이다. 긴급 심의 제안에 대해 야당 추천 방심위원이 반대하자 여당 추천 위원은 국회에서 논의가 된 국민적 관심사라며 긴급 심의를 밀어붙였다.

9월 1일부터 5일까지 닷새간 숨가쁘게 펼쳐진 일련의 움직임은 하나의 목표에 집중해 전개됐다. 9월 1일 검찰 압수수색과 언론플레이를 신호탄으로 '윤석열과 김건희의 적' 뉴스타파 죽이기와 언론장악 작전을 전면적으로 시작한 것이다. 이 작전에는 검찰, 대통령실, 국민의힘, 방통위, 방심위, 극우단체, 그리고 정부부처 및 지자체, 극우보수 언론이 각각의 역할을 맡아 나섰다.

9월 6일, 문화체육관광부

문체부도 슬쩍 숟가락을 올렸다. 숭어가 뛰니까 망둥이도 뛰는 격이다. 문체부는 6일 생뚱맞게 <'윤석열 커피 가짜뉴스'의 생산·유통 과정 추적·분석, 대응 조치 나서>라는 제목의 보도자료를 냈다. 이 보도자료에서 문체부는 "뉴스타파의 인터뷰 과정과 보도 등에 대한 수사기관의 조사 결과를 예의주시하며, 해당 가짜뉴스가 일부 방송·신문으로 집중 유통·재생산되는 악순환의 교묘한 전파 과정 등 이번 사건 전반을 추적, 살펴보고 있다"고 했다. 문체부 장관 박보균은 보도자료에서 뉴스타파 보도를 두고 **"조직적이고 추잡한 가짜뉴스의 카르텔 합작 사건**이다"라는, 무슨 말인지 종잡을 수도 없는 주장까지 폈다. 일국의 장관이라는 사람이 공식 보도자료에 자기 이름을 박아서 하는 말이라고는 도저히 믿기 힘든 처참한 언사다. 카르텔 합작 사건은 도대체 어떤 사건을 말하는가. 바야흐로 아무 말 대잔치가 열렸다. 모두 용산을 향한 충성경쟁에 뒤질세라 아귀다툼을 벌였다.

일부 언론은 이 보도자료를 인용하며 문체부가 뉴스타파 발행정지를 검토하고 있다고 보도하기도 했다.

 문화체육관광부가 2023년 9월 6일 배포한 보도자료다.

문체부가 나서자 서울시도 다음 날 슬며시 끼어들었다. 망둥이가 뛰니까 꼴뚜기도 뛴다고 할까. 서울시는 7일 보도자료를 내고, 뉴스타파는 '서울시 등록 인터넷신문'이라며 자기 관할권을 제기하고 나섰다. "뉴스타파는 2013년 8월 서울시에 등록한 인터넷신문이다"라는 친절한 설명까지 달았다. 그러면서 "문체부와 함께 신문법 위반 행위가 있는지 면밀히 살펴볼 예정"이라고 했다. 신문법 위반 행위를 확인하면 "등록취소심의위원회를 거쳐 '발행정지명령(6개월 이내)'이나 법원에 '등록취소심판청구' 등 조치를 적극 검토하겠다"고 했다.

뉴스타파는 '사면초가', 아니 '사면윤가'에 처했다. 정치검찰이 앞장서고, 온갖 정부기관이 뉴스타파를 죽이려 달려들었다.

▶ 서울시가 2023년 9월 7일 배포한 보도자료다.

9월 7일, 서울중앙지방검찰청

서울중앙지방검찰청은 반부패수사부(예전 특수부)에 검사 10여 명을 투입해 이른바 **'대선개입 여론조작 사건 특별수사팀'**을 꾸렸다. 1년 6개월 전 대선 당시 한 후보의 명예를 훼손했다는 혐의로 검찰 최정예 조직인 서울중앙지검 반부패부가 검사를 무려 10여 명이나 투입했다. 명예가 훼손됐다는 그 후보는 대통령이 됐고, 그는 명예훼손을 처벌해달라는 의사를 밝히지도 않았다. 명예훼손죄는 '반의사불벌죄'다.

같은 날, 김기현 국민의힘 대표는 부산에서 열린 현장최고위원회에서 뉴스타파 보도를 겨냥해 **"국민주권 찬탈 시도이자, 민주공화국을 파괴하는 쿠데타 기도로, 사형에 처해야 할 만큼의 국가반역죄"**라는 극언을 퍼부었다. 하루 전에 '대선공작 게이트'로 규정하며 배후 수사를 촉구한 데서 훨씬 더 나갔다. 김기현의 발언은 수위도 수위지만, 이 사건을 보는(이 사건을 만든) 세력의 망상을 이해하는 데 큰 도움을 주는 자료이기 때문에 전문을 여기에 기록한다.

> 지난해 대선을 앞두고 윤석열 대통령이 검사 재직 시설 대장동 수사를 무마한 의혹이 있다고 허위 보도한 JTBC가 어제 공식 사과했습니다. 사과는 너무나 당연한 것이고 철저한 진상조사와 책임자에 대한 징계는 물론이고 강도 높은 수사가 반드시 필요합니다.
> 이 **대선 조작 공작 게이트**는 단순한 흠집내기 차원의 정치공세가 아니라 **조직적 체계적으로 아주 치밀하게 기획된 대선 선거공작입니다.** 선거공작은 **자유민주주의 밑바닥에 커다란 싱크홀을 파버리는 사악한 짓**이며 이 사건은 정·경·검·언 4자 유착에 의한 **국민주권 찬탈 시도이자 민주공화국을 파괴하는 쿠데타** 기도로 사형에 처해야 할 만큼의 국가반역죄입니다.

3월 7일 방송을 포함해서 뉴스타파 보도를 70여 건이나 인용보도했던 MBC는 여전히 침묵하고 있습니다. KBS, YTN 역시 대선공작에 놀아난 방송을 버젓이 보도했음에도 여전히 입장을 내지 않고 있습니다. 침묵한다고 절대 어물쩍 넘어갈 수 없는 일입니다. MBC와 KBS, YTN의 입장은 무엇인지 사과하고 진상조사와 법적 조치에 응할 것인지 여부를 오늘 중으로 밝혀주실 것을 요구합니다. 민주당 정권 내내 벼락 출세 권언유착으로 권력의 꿀을 빨고 가짜뉴스를 밥 먹듯이 반복하면서 여론조작의 선봉에 섰던 노영방송의 내부가 얼마나 시커멓게 썩어 있는지를 낱낱이 밝혀내어 정화한 후에 이제 국민의 방송으로 정상화시켜나가야 합니다.

김대업 병풍 게이트 울산 선거공작 게이트 생태탕 게이트에서 재미를 보았던 민주당은 그 **달콤한 선거공작 마약이 아마도 그리웠을 겁니다.** 특히 저는 울산 선거공작 사건의 직접 피해 당사자로서 민주당 정권의 악랄한 정치에 지금도 몸서리치며 치를 떨고 있습니다. **김만배 커피 수사 조작 게이트 선거 공약 역시 개인적 작품일 리가 없습니다.** 김만배는 이재명 후보가 당선되면 자신의 문제가 3개월이면 해결된다고 큰소리쳤다고 한다는데 그렇게 한 데에는 확실히 믿는 구석이 있었기 때문일 것입니다. **미리 작전 계획 세우고 컴컴한 동굴 속에 숨겨놨다가** 대선을 불과 3일 남기고 **전격적으로 허위 인터뷰 녹취록을 전면 공개하는** 등 사건의 전개 과정을 봤을 때 이 범죄는 **정치공작 경험이 매우 풍부한 전문가의 작품입니다.**

심지어 이재명은 **뉴스타파에서 허위 인터뷰 보도가 나오자마자 다른 언론사보다 30분이나 먼저 자기 SNS에 올렸는데 이것은 미리 알고 기다렸다가 올렸다고 볼 수밖에 없는 정황**입니다. 민주당에게 묻습니다. 김만배의 뒷배는 도대체 누굽니까. 공작정치의 주범은 누굽니까. 범죄조직의 일선 행동대원이 강도짓을 했다고 하더라도 그 이익을 독차지하는 두목이 주범인 것처럼 **선거공작 게이트로 이익을 보게 되는 자가 주범이**라는 결론이 상식일 것입니다. 이재명 대표 스스로도 돈을 받은 자가 범인이라고 했습니다. 선거공작으로 이익을 본 자가 범인이란 말 아니겠습니까?

김기현 국민의힘 대표 부산 현장최고위원회 발언, 2023년 9월 7일

9월 8일, 국회

검찰이 '대선개입 여론조작 사건 특별수사팀'을 구성한 다음 날인 8일, 국민의힘은 이른바 '대선공작게이트 진상조사단'을 발족했다. 국민의힘은 8일 오전 국회에서 진상조사단 임명장 수여식 및 1차 회의를 개최했다. 3선인 유의동 의원이 진상조사단 단장으로 임명됐다. 유의동을 비롯해 박성중, 윤두현, 최형두, 배현진, 정점식, 이용 등 국민의힘 현역 의원 7명과 김장겸 국민의힘 '가짜뉴스·괴담방지특위' 위원장 등이 '대선공작게이트 진상조사단' 임명장을 받았다. 검찰의 망상은 이렇게 악성 전염병처럼 국민의힘으로 퍼져나갔다. '아무 말 대잔치'는 이날 임명식에서도 어김없이 이어졌다.

임명장 수여식에서 국민의힘 원내대표 윤재옥은 "환경 변화를 악용해 선거공작 수단으로 삼는 정치권, 선거공작꾼, 불공정한 언론으로 이뤄진 **삼각 카르텔**의 존재가 드러난 이상 철저하게 발본색원 해야 한다"며 "국민의힘은 국민이 피땀으로 지켜온 민주주의를 수호하기 위해서라도 반드시 이번 **선거공작의 의혹**을 명명백백하게 밝힐 것"이라고 주장했다. 박대출 정책위의장은 "김만배-신학림 허위 인터뷰 사태는 대단히 충격적이며 **희대의 국기문란 사태**"라고 주장

했다. 유의동 단장은 뉴스타파 보도를 겨냥해 "**명백한 선거공작이며 중대 선거범죄**"라며 "그 규모면에서나 치밀한 기획 정도로 봐서는 도저히 김만배 개인이 홀로 벌인 일이라 보기 어렵다"고 말했다.

이날 '대선공작게이트 진상조사단' 발족과 임명장 수여 못지않게 우스꽝스러운 일이 일어났다. 진상조사단 단원으로 임명된 국민의힘 박성중이 국민의힘 원내대책회의에서 공을 세워보려고 과욕을 부렸는지 터무니없는 허위 정보를 퍼트리며 뉴스타파를 공격했다. 박성중은 원내대책회의에서 뭔가 대단한 것이라도 찾아낸 듯 의기양양하게 뉴스타파 후원금 얘기를 꺼냈다. 다음은 그가 원내대책회의에서 한 발언, 보도자료, 자신의 공식 블로그 등에 공개한 내용이다.

"뉴스타파(재단법인 뉴스타파함께센터)가 지난 3년간 시민들에게 받은 후원금이 총 6억 8천만 원(682,715,238원)인 것으로 드러났다. 2020년 출범 시에는 2억 3천이었고, 2021년에는 1천5백만 원 수준이었던 기부금이 대선이 있던 2022년 한 해에만 4억 3천만 원 수준으로 28배가량 급증한 것으로 나타났다."

"심각한 문제는 김만배가 뉴스타파 신학림 전문위원에게 책값을 1억 6천을 주며 기획한 '대장동 몸통은 윤석열이다'라는 **대선공작을 저지른 2022년 3월에는 기부금이 44배로 폭발적으로 늘어났다는 점**이다."

"실제로 뉴스타파는 2022년 1월 190만 원, 2월에는 180만 원 수준의 후원금을 받다가 **대선공작(22.3.6.)을 자행한 22년 3월에는 8천2백만 원으로 44배가량 후원금이 늘어났고**, 다시 4월에는 절반도 안되는 수준의 3천9백만 원으로 떨어졌다가 윤석열 대통령 취임식이 있던 22년 5월~6월 사이에는 2억원 이상으로 폭증한 것을 알 수 있다."

대꾸할 가치도 없는 황당한 주장이지만, 허위사실이 여러 매체를 통해 삽시간에 퍼지는 바람에 대응을 하지 않을 수도 없었다. 바로 이런 게 이런 사건을 헤쳐갈 때 매우 피곤한 일 중 하나다. 뉴스타파는 9월 8일 당일, 홈페이지에 박성중의 허위 주장을 조목조목 반박하는 글을 게재했다. 그의 허위 주장은 기본적으로 뉴스타파와 뉴스타파함께재단을 구분하지 못한 데서 기인했다.

박성중은 "실제로 뉴스타파는 2022년 1월 190만 원, 2월에는 180만 원 수준의 후원금을 받다가 대선공작(22.3.6.)을 자행한" 운운했는데 뉴스타파 후원회원은 4만여 명이고, 월 평균 후원금 규모는 4~5억 원 수준이다. 뉴스타파는 광고와 협찬을 받지 않는 비영리 언론사다. 시민 후원금으로 운영한다. 상근 구성원은 50명 규모이고 협업하는 전문가와 독립 피디 등을 합치면 60~70명에 이른다. 월 180~190만 원의 후원금 수입으로 어떻게 운영을 할 수 있겠는가. 아무리 뉴스타파를 죽여버리겠다는 집념이 정상적인 사고 능력을 마비시켰다고 하더라도 국회의원이라면 최소한의 인지 능력과 정신줄은 가져야 하는 것 아닌가. 뉴스타파와 관련한 최소한의 기초 정보도 모르는 자가 소위 대선공작게이트 진상조사단이라는 게 코미디가 아닐 수 없다.

박성중은 이날 "시민 후원금을 대선공작에 사용한 가짜뉴스 숙주 뉴스타파가 기부금을 목적에 맞게 사용해야 한다는 법인세법을 위반한 것이 발각됐다", "뉴스타파가 윤 대통령 취임식을 전후로 끝도 없이 가짜뉴스를 퍼트리고 그 포상으로 민주당 지지자들에게 후원금을 거둬들인 것으로, 뉴스타파는 대가성 기사 정도가 아니라 후원금 장사를 했다" 등 온갖 헛소리를 늘어놓았다. 문제는 이렇게 황당한 얘기를 주류매체가 그대로 받아쓴다는 것이다.

조선일보는 9월 8일 당일 인터넷판에 박성중의 발언을 <'尹 가짜뉴스' 보도 직후, 뉴스타파 후원금 40배 폭증했다>라는 제목으로 보도했다. 9월 9일 자 신문지면에도 그대로 보도했다.

▶ 국민의힘 박성중 의원의 허위 주장을 아무런 검증 없이 받아쓴 조선일보 기사, 2023년 9월 8일

국가기간통신이라는 연합뉴스도 <3년간 후원금 6억 8천만 원…'대장동 몸통 尹' 대선공작 저지른 작년 3월 후원금 44배 폭증>이라는 부제를 단 기사로 박성중의 헛소리를 그대로 인용 보도했다.

국회 과학기술정보방송통신위원회 여당 간사인 박 의원은 이날 원내대책회의에서 "시민 후원금을 대선 공작에 사용한 '가짜뉴스 숙주' 뉴스타파가 기부금을 목적에 맞게 사용해야 한다는 법인세법을 위반한 것이 발각됐다"고 말했다.

연합뉴스, 2023년 9월 8일

박성중 의원은 이전부터 무리한 발언, 근거 없는 주장을 많이 해온 인물이다. 겉으론 번듯한 언론사들이 최소한의 사실 확인 노력도 없이 그의 발언을 그대로 퍼다날랐다. 그야말로 광란의 나날이었다.

한국탐사저널리즘센터-뉴스타파는 2023년 10월 5일 국민의힘 박성중 의원을 상대로 '허위사실적시 명예훼손에 의한 손해배상 청구' 소송을 제기했다.

9월 11일, 국회

국민의힘 대표 김기현은 극언을 이어갔다. 11일 국회에서 열린 국민의힘 최고위원회 회의에서 "김만배 녹취록 보도는 단순한 가짜뉴스 차원의 문제가 아니라 **치밀하게 기획된 공작 뉴스 차원의 문제**"라며 "**치밀하게 계획된 1급살인죄**와 과실치사죄는 천양지차로 구별되는 **악질 범죄로서 극형에 처해지는 범죄**"라고 말했다. 그는 이어 "선거조작, 여론조작, 대선조작을 해도 되는 '**반역 면허**'는 어느 누구도 갖고 있지 않다. **추악한 돈 거래와 권력욕으로 얽힌 사기꾼의 작당 모의로, 민의를 악의적으로 왜곡해 국민주권을 찬탈하는 선거공작은 자유민주주의의 근간을 허무는 국기문란으로서 가장 사악한 범죄**다. 그래서 제가 '**사형에 처해야 할 중대한 반국가범죄**'라고 강조하는 것"이라면서 "바로 그런 이유로 (1960년) 3·15 부정선거 주범이 사형에 처해진 적도 있다"고 강변했다.

한국탐사저널리즘센터-뉴스타파는 극언을 반복한 김기현을 상대로 명예훼손 및 모욕, 인격권 침해에 의한 손해배상 소송을 제기했다.

이날 김기현 대표가 또 막말을 내뱉은 국민의힘 최고위원회와는 별개로 국회의원회관에서 미디어정책조정특위와 가짜뉴스·괴담방지특위 주관으로 '가짜

뉴스를 통한 선거공작 어떻게 막을 것인가'라는 제목의 토론회를 열었다. 윤두현 국민의힘 미디어정책조정특위위원장은 "더 엄정하게 대응해야 한다"며 "선거공작을 위한 **가짜뉴스를 만들면 패가망신해야** 이런 일이 재발하지 않을 것"이라고 강조했다.

윤재옥 원내대표는 "**대한민국 민주주의의 근간을 뒤흔드는 가짜뉴스의 만행**이 날로 심해진다"며 "더 이상 가짜뉴스가 대한민국의 민주주의 영역에 마수를 뻗치지 못하게 강력한 대책이 필요하다"고 말했다. 박대출 정책위의장은 "**저는 이런 공작을 대통령 바꿔치기 공작**이라고 칭했다. 아니면 말고 식 폭로가 우리 사회를 지배했다. 아니면 책임져야 합니다. 아니면 **패가망신하고 아니면 쪽박을 차는 강한 책임**을 물어야 한다"고 말했다. 토론자로 나온 '대한민국언론인총연합회'라는 거창한 이름의 단체 관계자는 **뉴스타파를 공론장, 포털에서 퇴출시키고 공모한 언론사를 제재**해야 한다고 주장했다. 이날 토론회에는 국민의힘 가짜뉴스·괴담방지특위 위원장인 김장겸 전 MBC 사장 등도 참석했다.

9월 12일, 서울 방송통신심의위원회

2023년 9월 12일 오전 10시, 서울 목동 방송회관 19층 방송통신심의위원회(방심위) 회의실에서 제32차 방송심의소위원회 정기회의가 열렸다. 황성욱 방심위원장 직무대행과 류희림, 허연회, 옥시찬 위원 등 4명이 참석했다. 일주일 전인 9월 5일 제31차 방송심의소위 회의 때 여권 위원들의 뉴스타파 관련 긴급심의 안건 상정 강행에 항의해 퇴장했던 김유진 위원은 불참했다.

32차 회의 참석 위원 4명 가운데 옥시찬 위원만 야당 추천 위원이고, 나머지 3명은 모두 윤석열 대통령 또는 여당 추천 위원이다. 이날은 윤석열이 추천한 류희림 전 미디어연대 대표가 방심위원으로 공식 데뷔한 날이기도 하다.

먼저 의결 사항 안건으로 위원장 호선 건과 방송사 의견진술 청취 건이 상정됐다. 황성욱 직무대행이 회의를 주재했다. 이들은 윤석열 정권의 정연주 전 위원장 해촉으로 빈자리가 된 위원장에 며칠 전 윤석열이 방심위 위원으로 위촉한 류희림을 호선했다. 위원장이 된 류희림은 바로 의사진행권을 넘겨받아 KBS 2TV 프로그램인 '사장님 귀는 당나귀 귀'와 SBS의 '집사부일체 2'의 관계자 의견진술을 청취했다. 이후 이들 프로그램에 '주의' 처분을 의결했다.

이어 '방송심의에 관한 건'으로 넘어가서 OBS 뉴스와 TBS 교통방송 '김어준의 뉴스공장' 및 '신장식의 신장개업', 그리고 CBS '박재홍의 한판승부' 등을 심의해 각각 '의견진술'과 '권고' 등을 결정했다. 이때까지는 통상적인 방심위 회의 진행과 크게 다를 바 없었다. 문제는 류희림 위원장이 긴급 심의 안건을 상정하면서 발생했다.

○ 류희림 위원장: 다음 안건 의결번호 366호 KBS-1TV '코로나19 통합뉴스룸 KBS 뉴스9' 보고해주시기 바랍니다.
○ 옥시찬 위원: 잠깐만, 이것이 지금 긴급 안건으로 올라온 그런 내용이죠?
○ 오인희 방심위 지상파방송팀장: 예, 그렇습니다.
○ 옥시찬 위원: 제 입장을 먼저 말씀을 드리겠습니다. 그동안 우리 위원회는 부득이한 사정으로 어떤 위원님이 회의에 참석하지 못하는 경우에 중요한 결정은 차기 회의로 미루는 아름다운 합의 정신이 있었습니다. 그러나 권력의 그림자가 짙게 드리우면서 아름다운 합의 정신은 사라지고 다수가 소수를 힘으로 밀어붙이는 전쟁터가 되고 말았습니다. 부득이한 사정으로 제가 참석하지 못한 지난번 회의에서 숫자 싸움으로 밀어붙인 '김만배 긴급 안건' 상정 건에 대해서 강한 거부감을 갖고 있습니다. 몇백 명이 비명횡사한 것도 아니고 유언비어가 마구 돌아다니는 비상상황도 아니라면 긴급 안건 상정은 불가하다는 것이 제

입장입니다. 따라서 제가 없는 자리(31차 방송심의소위원회 회의)에서 긴급 상정이 결정된 김만배 관련 건에 대해서 저는 심의를 거부합니다.
◦ 류희림 위원장: 그러면 옥시찬 위원님, 지금 중간에 심의를 기권하시는 겁니까?
◦ 옥시찬 위원: 저는 심의를 거부합니다. (퇴장)

    9월 12일 방송심의소위원회 회의에 올라온 긴급 심의 안건은 'KBS-1TV <KBS 뉴스9>, MBC <MBC 뉴스데스크>, SBS <SBS 8뉴스>, JTBC <JTBC 뉴스룸>, YTN <뉴스Q>, <뉴스가 있는 저녁>'이다. 2023년 12월 뉴스타파 취재로 밝힌 사실이지만 이 6개 뉴스프로그램은 SBS 8뉴스를 빼고는 모두 류희림의 이른바 '청부 민원' 타깃이 된 뉴스다. 9월 12일 회의가 열리기 전인 9월 4일~7일까지 방심위에 들어온 민원 136건이 이 뉴스 프로그램을 겨냥했다. 앞서 언급했지만 9월 4일은 국회 과방위에 출석한 이동관 방통위원장이 뉴스타파 보도와 관련해 방심위가 엄중 조치하겠다고 선포한 날이다. 1년 6개월 동안 한 번도 없던 2022년 3월 6일 자 뉴스타파 보도와 관련한 민원이 이때부터 방심위에 무더기로 쏟아져 들어왔다.
    개별 뉴스로 보면 JTBC 뉴스룸 63건, MBC 뉴스데스크에 48건, KBS 뉴스9에 21건, YTN 뉴스가 있는 저녁에 4건의 민원이 들어왔다. 민원 내용은 누군가 써준 것을 그대로 베낀 듯 거의 동일했다.

    9월 12일 회의에선 옥시찬 위원이 긴급 심의 강행에 반발해 퇴장한 가운데, 야권 추천 방심위원은 단 한 명도 없는 상태에서 류희림 위원장과 여권 측 황성욱, 허연회 위원 등 3명이 긴급 심의를 진행했다. 이들은 심의 안건으로 올라온 뉴스타파 기사 인용 뉴스 프로그램이 공정성과 객관성을 위반했다며 'YTN 뉴스Q'를 제외하고 모두 '의견진술'을 하도록 결정했다. 의견진술은 중징계를 염

두에 두고, 방송사 관계자를 직접 불러 해명을 듣는 과정이다. 이후 방심위는 'KBS 뉴스9'에는 과징금 3천만 원, 'MBC 뉴스데스크'에는 과징금 4천5백만 원, 'JTBC 뉴스룸'(2022.3.7. 보도)에는 과징금 1천만 원을 결정했다.

류희림 체제 방심위는 12일 방송사 뉴스를 심의한 데 이어 일주일 뒤인 9월 19일 33차 방송심의소위원회에서는 뉴스타파의 2022년 3월 6일 자 기사를 인용한 방송사 프로그램을 긴급 심의한다.

이런 과정을 거쳐 방심위는 뉴스타파의 김만배 녹취록 보도를 인용한 4개 방송국 6개 프로그램에 모두 1억 4천만 원의 과징금을 부과했다. 사상초유의 일이다. 그러나 2024년 3월 21일 서울행정법원 제12부가 'KBS 뉴스9'에 대한 과징금 부과 처분 효력을 정지시킴으로써 방심위가 결정한 방송국 징계 처분이 모두 효력 정지됐다.

뉴스타파 보도 관련 긴급 심의는 류희림 위원장의 청부 민원 의혹으로 절차적 정당성이 훼손됐고, 사상 초유의 무더기 과징금 부과는 사법부에 의해 제동이 걸릴 수밖에 없을 것이라는 예측이 현실이 됐다. 하지만 아무도 책임지는 사람은 없고 임기가 끝난 류희림은 윤석열의 재신임을 받아 다시 방심위원장에 임명됐다.

9월 14일, 뉴스타파 사무실 / 한상진, 봉지욱 기자 집

서울중앙지검 반부패수사부는 이날 아침 검사와 수사관, 포렌식 전문가 등 수사 인력 수십 명을 동원해 뉴스타파 사무실과 뉴스타파 한상진, 봉지욱 기자 집을 동시에 급습해 압수수색을 벌였다.

2023년 9월 1일부터 14일까지 보름 동안 대통령실, 검찰, 국민의힘, 정부부처, 자자체, 극우보수언론과 신생 단체 등이 하나의 목표, 하나의 사냥감을 겨냥해

쉴 새 없이 달렸다. 세금으로 운영하는 국가 자원이 전시나 국가적 재난 상황을 제외하고 이렇게 하나의 목표를 향해 일사분란하게 움직인 적이 있던가 싶다.

 유례가 없는 언론사 뉴스룸 압수수색, 동시에 기자 집까지 치고 들어온 이들의 노림수는 과연 무엇인가.

03

침탈

침탈

2023년 9월 초, 서울 충무로 뉴스타파

며칠 전부터 이른 아침이면 안면 없는 기자들이 한두 명씩 서울 충무로 뉴스타파함께센터 앞에 나타나기 시작했다. 주차장 앞에서 안쪽을 두리번거리다 가거나 한두 시간씩 좁은 골목을 서성이다 가기도 했다. 한 젊은 기자는 매일 아침 찾아와서 낯이 익을 정도가 됐다. 어느 통신사 기자인데 수습을 갓 뗐다고 했다. 이 기자는 비가 오는 날에는 옆 건물 처마 밑 계단에 몇 시간씩 앉아 있기도 했다. 아마 뉴스타파 앞에서 '뻗치기'를 하라는 지시를 받았을 게다. 나도 수십 년 전에는 저랬겠지. 저 젊은 기자가 '이 짓 하려고 기자가 됐나?' 하는 자괴심을 느끼지나 않을지 괜히 걱정이 됐다.

낮에는 시간에 대중없이 카메라 기자들이 간판과 건물 등을 찍고 갔다. 종편과 뉴스채널 화면에는 이들이 낮에 촬영해간 뉴스타파함께센터 건물과 간판이 수시로 나왔다. 주로 '가짜뉴스', '대선 여론 조작' 운운하는 검찰 및 국민의힘 발 메시지를 그대로 퍼나르며 검찰 수사에 길을 깔아주는 보도였다. 검찰 압수수색이 임박했다는 신호를 이렇게 곳곳에서 감지했다.

뉴스타파는 검찰 압수수색에 대비해 '지키자 뉴스타파', '독립언론 사수하자', '정치검찰 물러나라' 등의 구호가 적힌 손팻말과 플래카드 등을 만들었다. 비상시 대처 방안을 짜고 담당 인력을 꾸렸다.

하루가 가고 이틀이 흘렀다. 대비를 했다고는 하지만 검찰 공격을 기다리는 건 피 말리는 일이다. 9월 1일 이후 우리는 윤석열이 지배하는 권력기관의 표적이 됐고, 국기문란 및 국가반역세력으로 찍혔다. 그들이 극우보수 매체를 통해 쏴대는 십자포화에 영혼까지 너덜너덜해져갔다. 여기에다 뉴스타파 내부의 공포감, 자기 학대, 그리고 이런 저런 연유로 발생하는 설왕설래는 피로도를 점차 고조시켰다. 하지만 그때마다 한국 언론 생태계에서 비영리 독립언론 뉴스타파의 존재 의미를 생각하며 버텼다. 뉴스타파를 성원하는 4만여 후원회원-우리는 이들을 진실의 수호자라고 부른다-은 극도로 힘들어질 때 우리를 버틸 수 있게 한 가장 큰 버팀목이었다. 검찰이 9월 7일 특별수사팀까지 만든 건 결국 우리를 치기 위함이다. 또한 용산을 향해 충성을 다한다는 강력한 메시지 발산이다. 우리를 향한 정치검찰의 강제수사는 이미 항수가 됐다. 피할 수 없다면 당당하게 맞서자. 그들의 공격이 어떤 모습을 띠고 들어올지 궁금하기도 했다. 정치검찰의 무도하고 무모한 침탈은 궁극적으로 그들의 종말을 초래할 것이다. 만약 우리가 그 촉매가 된다면 보람있고 영광스런 일이 아닐 수 없다.

2023년 9월 14일 아침, 뉴스타파 / 봉지욱, 한상진 기자 집

이윽고 9월 14일, 올 게 왔다. 오전 8시 50분쯤 충무로역 대한극장 옆 좁은 골목길에 검은 옷차림을 한 사람이 떼를 지어 몰려왔다. 20여 명은 족히 돼보였다. 이들은 이동경로 등을 미리 파악해둔 듯 머뭇거림 없이 바로 뉴스타파함께센터 현관 앞으로 왔다. 마침 이날 예정된 검찰 특활비 오남용 관련 기자회견 준비를 위해 사무실에 일찍 나와있던 뉴스타파 취재기자가 현관 앞에서 이들을 막아섰고, 촬영기자가 촬영을 시작했다. 검사 중 한 명이 기자에게 영장을 집행하러 왔다며 사무실 안에 있는 책임자에게 허락을 받아달라고 했다.

○ 뉴스타파 기자: 지금 사무실 안에 사람이 없습니다. 책임자가 오시면 이것(영장)을 받을 수 있도록 할게요.
○ 검사: 지금 아무도 안 계신 거예요?
○ 기자: 네.
○ 검사: 찍고 계시잖아요. 지금.
○ 기자: 안에 책임자는 없습니다. 시간이 있잖아요. 변호사가 오실 때까지 기다려주세요.
○ 검사: 변호사 연락 언제 하셨습니까?
○ 기자: 지금 했죠. 저희가 무슨 무당입니까. 오실 줄 알고 미리 하는 건 아니잖아요.

실랑이가 벌어지는 가운데 수십 명의 뉴스타파 구성원이 현장에 집결했다. 모두 손팻말과 피켓 등을 들고 "언론 자유 침탈하는 윤석열 정부 규탄한다", "언론탄압 자행하는 정치검찰 물러가라" 등의 구호를 목이 터져라 외쳤다. 대치는 길어졌다.

이에 앞서 이날 아침 8시 반쯤 경기도 일산 봉지욱 기자 집에 검사와 5~6명의 수사관이 들이닥쳤다. 보고를 받은 나는 급히 변호사에게 연락해 봉 기자 집에 가서 압수수색 현장에 입회하게 했다. 촬영기자도 현장에 가서 가능한 한 영상 채증을 하도록 했다. 일단 조치를 취한 뒤 바로 한상진 기자에게 전화를 했다. 봉 기자 집에 검찰이 왔는데 혹시 낌새가 없냐고 물었다. 한 기자가 짧게 답했다. "우리 집에도 막 온 것 같습니다." 수화기 너머로 초인종 소리가 선명하게 들렸다.

9월 14일 오전 8시 30분경부터 8시 50분 사이에 서울중앙지검의 이른바 '대선조작 여론개입 특별수사팀'은 경기도 일산과 서울 은평구의 봉지욱, 한상진 기자 집과 서울 충무로 뉴스타파 사무실을 거의 동시에 급습했다. 압수수색은 당사자에게 영장을 제시한 뒤 집행할 수 있기 때문에 기자들 집은 출근하기 전에, 뉴스타파 사무실은 직원들이 출근할 시점에 침탈을 시작한 것 같다. 검찰의 다른 팀은 같은 시간대에 서울 마포구 JTBC 사옥에서 압수수색을 시도했다. 검찰은 이날 이른바 '윤석열 명예훼손' 사건 수사에 모두 4개조 40여 명의 현장 압수수색인력을 동원한 것으로 보인다.

2023년 9월 14일 낮, 서울 충무로 뉴스타파

뉴스타파에 온 검찰 압수수색팀은 모두 12페이지짜리 영장을 꺼냈다. 영장 청구 검사는 서울중앙지검 이건웅, 영장 발부 판사는 서울중앙지법 유OO, 발부일은 하루 전인 9월 13일, 유효기간은 9월 26일이었다. 죄명은 '배임수재 등'이라고 적혀있었다. 검찰은 영장을 발부받은 바로 다음 날 새벽부터 움직인 것이다. 영장 표지 다음에 있는 [별지 1]의 피의자 항목에는 신학림, 김만배, 한상진, 봉지욱 등 4명의 이름과 주민번호, 주소, 직업 등이 기재돼있었다.

[별지 2]에는 압수할 물건을 열거했다. 무려 2페이지 분량이다. 뒤 페이지에 영장 [별지 2] 이미지 파일을 그대로 옮긴다. 검찰 표현에 따르면 '본건 범죄사실과 관련된', 즉 뉴스타파가 2022년 3월 6일 내보낸 '김만배-신학림 녹취록' 보도와 관련한 것이라는 단서를 달기는 했지만, 대상 물건의 범위나 종류가 상상을 초월한다. **문건, 회의록, 보고서, 내부 검토자료, 결재문서, 편지(이메일 포함), 계약서, 약정서, 합의서, 정산서, 일정표, 다이어리, 책, 장부, 수첩, 업무일지, 사실확인서, 업무연락 자료, 일기장, 노트, 달력, 메모, 녹취록(녹음파일 포함), 명함, 사진** 등이다.

또 뉴스타파의 "**이메일서버, 웹하드서버, 웹호스팅서버, 사내 메신저 서버 등 전산망 장비에 보관 중인 3월 6일 자 보도 관계인들(피의자 한상진, 김용진)이 각각 사용 계정에서 2021년 9월 1일부터 2022년 3월 31일까지 사이에 제목, 내용 및 첨부파일에 범죄사실과 관련된 내용의 이메일 및 각 첨부서류, 저장데이터[보낸 편지함, 받은 편지함, 임시 보관함, 수신 확인함, 휴지통(삭제된 자료), 클라우드 서비스에 보관 중인 자료, 위 기간 동안 접속 로그 IP 포함]**" 등도 압수할 물건에 포함됐다. 이날 검찰의 압수수색검증영장 대상자(피의자 4명)에 들어가지는 않았지만 영장 별지 중 "**3월 6일 자 보도 관계인들(피의자 한상진, 김용진)**"이라는 대목에 김용진이라는 이름도 명시돼있었다. 나도 검찰 표적이라는 사실을 재확인했다.

영장 내용을 한줄 한줄 읽어내려가면서 가슴속에 분노가 솟구쳐올랐다. 언론사가 치외법권 지대는 아니다. 하지만 국민의 알권리를 위해 민감한 정보를 다루고, 취재원 보호를 생명처럼 중하게 여긴다. 제보자는 언론사의 이런 취재원 보호 원칙을 신뢰하기 때문에 용기를 내 목숨까지 걸고 제보창을 두드린다. 뉴스타파처럼 탐사보도를 주로 하는 매체는 더욱 취재원 보호를 최우선 원칙으로 삼고, 취재 과정에서 수집한 정보가 외부에 유출되지 않게 관리해야 한다. 그런데 검찰의 압수수색영장은 뉴스타파 내부 자료를 다 들여다보겠다는 말이나 마찬가지였다.

우리가 받은 혐의는 정보통신망법상 명예훼손이다.(배임증재, 배임수재, 부정청탁, 이런 건 검찰이 김만배 전 화천대유 회장과 신학림 전 위원장에게 적용한 법조문이다. 우리와는 전혀 상관이 없다.) 언론사를 명예훼손죄로 수사할 수는 있다. 그리고 명예훼손죄의 가장 중요한 증거는 기사 그 자체다. 이와 함께 피해자의 처벌 의사를 확인하면 된다. 기사는 출판과 동시에 이미 공개돼있다. 취재보도 경위가 정 필요하다면 우리에게 요청을 하면 된다. 얼마든지 임의제출할 수 있다. 그러나 검찰은 언론사의 특수성, 언론 자유, 취재원 보호 등은 깡그리 무시하고 강제수사를 시작했다. 이들이 들고온 압수수색검증영장 내용에 뉴스타파 내부를 샅샅이 뒤지겠다는 의도가 너무 뚜렷하게 보였다. 언론사 내부를 영장 하나로 이 잡듯 뒤진다면 과연 어떤 언론사가 대통령이나 권력자에 비판적인 기사를 쓸 시늉이나 할 수 있겠는가.

참담함에 종이 위 활자가 눈에 잘 들어오지 않지만 영장 내용을 계속 살폈다. [별지 3]에는 수색검증할 장소, 신체 또는 물건이 있었다. 장소는 **뉴스타파 함께센터 사무실 내 봉지욱 한상진 기자의 사무공간**이라고 기재돼있다. 검찰은 당초 영장에 "압수 대상 물건이 소재하고 있는 뉴스타파 건물 내 사무실(자료 등을 보관하고 있는 서버 현재지 및 관리 장소 포함)"까지 수색검증 장소에 넣었으나 이 부분은 영장 전담 판사가 허가하지 않았다. 수색검증의 물리적 범위가 너무 넓어지는 것을 우려했기 때문으로 보인다.

▶ 2023년 9월 14일 검찰이 제시한 12쪽짜리 뉴스타파 사무실 압수수색검증영장 표지.

[별지 2]
■ 압수할 물건

가. 본건 범죄사실과 관련된 문건, 회의록, 보고서, 내부 검토자료, 결재문서, 조직도, 업무분장내역, 임직원 인사이동내역 등 인사관련 자료, 편지(이메일 포함), 계약서, 약정서, 합의서, 정산서, 일정표, 다이어리, 책, 장부, 수첩, 업무일지, 사실확인서, 업무연락 자료, 일기장, 노트, 달력, 메모, 녹취록(녹음파일 포함), 명함, 사진

나. 이 사건 '22. 3. 6.자 보도 전 뉴스타파 내부에서 보도 여부 및 내용 등을 결정하기 위해 이루어진 회의록 등 의사결정 과정에서 작성된 서류, 뉴스타파 내부에서 위 '22. 3. 6.자 보도 전 그 내용의 진위 및 취재원 신빙성 등을 검토하는 과정에서 작성된 회의록, 보고서 등 서류, 위 '22. 3. 6.자 보도 이후 그에 대한 여론 및 타사 언론들의 반응에 대한 뉴스타파 내 후속조치 및 대응과정에서 작성된 회의록 등 서류 및 위 각 서류들에 대한 녹취파일, 녹취록

다. 뉴스타파에서 운영(임차)하는 이메일서버, 웹하드서버, 웹호스팅서버, 사내 메신저 서버 등 전산망 장비에 보관 중인 '22. 3. 6. 이 사건 보도 관계인들(피의자 한상진, 김용진)이 각각 사용 계정에서 '21. 9. 1.부터 '22. 3. 31.까지 사이에 제목, 내용 및 첨부파일에 범죄사실과 관련된 내용의 이메일 및 각 첨부서류, 저장데이터[보낸 편지함, 받은 편지함, 임시 보관함, 수신 확인함, 휴지통(삭제된 자료), 클라우드 서비스에 보관 중인 자료, 위 기간 동안 접속 로그 IP 포함]

라. 위 가. 내지 다.항 기재 각 자료가 PC, 노트북 컴퓨터, USB, CD/DVD, SSD(Solid State Drive), 외장하드디스크, 플래쉬메모리(Flash Memory), 이동식

하드디스크, 태블릿·스마트폰가 휴대폰 외장 메모리카드, 내장 메모리카드, 메인보드 등 저장장치, 모바일기기, 녹음기 등 정보저장매체, 전산서버, 가상 저장공간 등에 저장되어 있는 경우에는 본건과 관련성이 인정되는 범위 내의 전자정보, 해당 저장장치의 출력물 및 복사본(해당 저장장치에 잠금장치가 되어 있는 경우에는 비밀번호 등 잠금 해제 장치 및 관련 정보 포함)

마. 위 가.내지 라.항 기재 자료 내지 위 자료의 저장·수록 매체가 금고·사물함 안에 보관되어 있으나 시정장치 해제 불능 등으로 반출이 불가능한 경우 그 금고·사물함

바. 위 각 항의 자료의 소재를 파악하거나 증거를 인멸한 정황을 확인할 수 있는 폐쇄회로 촬영물 및 관련 자료

[별지 3]

■ 수색·검증할 장소, 신체 또는 물건

가. 사무실

○ 서울 중구 퇴계로212-13 뉴스타파함께센터 내 봉지욱, 한상진이 사용하는 사무공간 및 압수 대상 물건이 소재하고 있는 뉴스타파 건물 내 사무실(자료 등을 보관하고 있는 서버 현재지 및 관리 장소 포함)

나. 피압수자 또는 형사소송법 제123조에 정한 참여인의 진술 등에 의하여 압수할 물건이 다른 장소에 보관되어 있음이 확인되는 경우 그 보관 장소

※ 압수할 물건이 보관되어 있는 건물·부속 방실, 서버·전산기기 설치장소를 포함하며(위 각 업체들과 임대·위탁 등 계약관계에 의하여 압수할 물건이 보관·관리되고 있는 장소 포함), 소재지 및 조직개편, 업무분장 변경, 이사 등으로 다른 사무실, 건물·부속 방실 등에 관련 물건, 자료 또는 파일이 옮겨진 경우 그 장소를 포함

※ 압수할 물건이 위 압수할 장소에 있지 아니한 컴퓨터나 서버 등에 정보통신망을 통해 연결되어 있거나 연결할 수 있는 압수할 장소에 있는 컴퓨터나 서버 등을 통해 접속하여 압수 가능

다. 피의자 및 관련자 신체, 차량

○ 피의자가 실제 관리 또는 사용하는 차량(오토바이 포함)
 - 피의자 봉지욱 :   포함
 - 피의자 한상진 :   포함
○ 위 가. 내지 나.항 기재 각 장소에 있는 관련자의 신체(의복, 가방 및 소지품 포함), 차량
○ 압수할 물건을 보관하고 있는 자의 신체, 차량
※ 단, 압수할 물건을 신체에 보관하고 있을 개연성이 있거나, 압수수색 과정에서 이를 숨길 개연성이 있는 경우에 한함

▶ 2023년 9월 14일 뉴스타파 압수수색검증영장 중 [별지 2]와 [별지 3].

이날 오전 9시쯤부터 뉴스타파 구성원과 검찰 압색팀의 대치가 이어지는 가운데 뉴스타파함께센터 1층 북카페에서는 나와 에디터, 사건 수임 변호사 및 뉴스타파 자문 변호사가 대책회의에 들어갔다. 사실 당장의 선택지는 검찰 압수수색을 계속 막든지 터주든지, 두 개뿐이었다.

"검찰에 뉴스룸을 열어줄 수는 없다. 끌려나가더라도 최대한 버텨보자"와 "압수수색 범위를 사건과 직접 관련 있는 부분으로 명확하게 제한하고, 이게 합의가 되면 허용하자" 이렇게 두 안을 두고 논의를 거듭했다.

우리가 잘못한 게 없고, 꿀릴 것도 없으니 압수수색을 계속 막아서 뭔가 감추는 듯한 인상을 주기보다는 엄격하게 제한한 범위의 압수수색이라는 조건이 받아들여진다면 허용하자는 방향으로 논의가 기울었다. 변호사 자문 결과도 다르지 않았다. 대치 2시간여 만인 오전 11시쯤, 결정을 내렸다.

나는 북카페 밖으로 나와 수십 명의 취재진과 유튜버, 시민, 그리고 압수수색 영장을 집행하기 위해 온 검찰 무리 앞에서 검찰 폭거를 규탄하는 구두 성명을 발표했다.

오늘은 무도한 윤석열 정권과, 국민이 아니라 정권을 수호하는 정치검찰이 얼마나 악랄하게 언론을 탄압하는가 가장 적나라하게 보여주는 날로 역사에 영원히 남을 것입니다. 동시에 이 정권에 가장 준엄한 심판이 내려질 것입니다.

언론의 가장 큰 사명은 권력을 견제하고 감시하는 것입니다. 저희 <뉴스타파>는 그 역할을 지난 10년간 묵묵하게 수행해왔습니다. 이런 독립언론을 사형, 일급살인, 국가반역 등 극언과 물리력으로 모든 권력기관을 동원해 압살하려 하고 있습니다.

특히 오늘은 '검찰 특활비 등 예산 오남용 시즌2'를 기자회견과 집중 보도를 통해 공개하려고 한 날입니다. 오후 1시 30분 예정으로 차질 없이 진행하겠습

니다. 이런 오늘, 때를 맞춰 <뉴스타파>를 침탈한 건 그 저의를 의심할 수밖에 없습니다.

윤석열 정권의 공영방송 탄압, 독립언론 탄압은 세계에서, 특히 민주국가에서 유례를 찾을 수 없는 폭거입니다. 뉴스타파는 그렇게 만만한 조직이 아닙니다. 저희들은 국내외 언론과도 연대해서 당당하게 맞서겠습니다. 4만여 <뉴스타파> 회원님, 국민 여러분도 <뉴스타파>를 함께 지켜주시기 바랍니다. 감사합니다.

최대한 평정심을 유지하려고 했지만 목소리에 배어나는 분노를 감추기는 힘들었다. 성명 발표가 끝난 뒤 대치를 중단하고 뉴스타파함께센터 1층 출입문을 열었다.

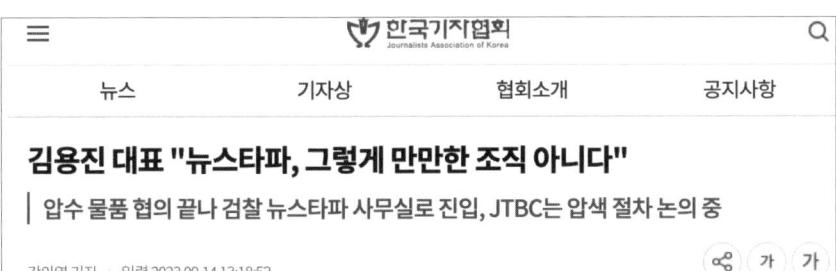

▶ 2023년 9월 14일 검찰의 뉴스타파 압수수색 대치 현장과 김용진 대표의 규탄 성명을 보도한 한국기자협회보.

뉴스타파함께센터 5층 회의실에서 뉴스타파 변호인과 검사가 압수수색 장소와 범위를 두고 사전 협의를 했다. 압수수색은 오전 11시 반쯤 시작됐다. 장소는 한상진 기자와 봉지욱 기자 사무공간 즉, 두 기자의 책상과 서랍장이 놓인 공간으로 제한했다. 검찰 수사관은 두 기자 책상에 쌓여있는 책과 서류 등을 하나씩 뒤졌다. 또 포렌식 담당자는 한 기자 책상 위에 있는 노트북에 포렌식 장비를 연결해 '이미징', 즉 사본을 만들기 시작했다. 봉지욱 기자 책상에는 업무용 노트북이 없었다. 아이러니하게도 한상진과 봉지욱은 자기 책상이 압수수색당하는 현장을 참관할 수 없었다. 같은 시각에 집을 압수수색당하고 있었기 때문이다. 이렇게 집과 직장에서 동시에 압수수색을 당하면 적어도 둘 중 한 곳에서는 피의자로서 또 피압수자로서 직접 방어권을 행사할 방법이 전혀 없게 된다. 하지만 이를 막을 방법도 딱히 없었다.

검찰 압수수색이 계속되던 오후 1시 반, 1층 주차장에서는 뉴스타파와 5개 지역 독립 및 공영 언론사, 세금도둑잡아라 등 3개 시민단체가 참여한 검찰 예산 공동취재단이 기자회견을 열었다. 5층에서는 정치검찰이 비판언론 뉴스타파를 잡기 위해 압수수색을 하고, 1층에서는 독립언론이 검찰 특활비 오남용 실태를 폭로하는 기자회견을 열어 정치검찰의 치부이자 아킬레스건을 겨냥하는 진풍경이 벌어졌다. 이날 기자회견은 오래 전에 예고한 행사였고, 당초 지하 1층 리영희홀에서 열 예정이었다. 그러나 검찰의 갑작스런 압수수색으로 건물 출입을 통제하면서 급히 주차장 마당을 기자회견장으로 바꿨다. 기자회견을 취재하러 온 기자들과 압수수색을 취재하러 온 기자들이 바닥에 뒤섞여 앉았다.

공동취재단 일원인 세금도둑잡아라 대표 하승수 변호사는 "검찰이 특수활동비 자료를 폐기한 것이 드러났다. 압수수색을 받아야 할 검찰이 오히려 검찰을 감시하는 언론을 압수수색하는 것을 보며 민주주의가 위기에 놓였음을 느낀다"고 말했다. 공동취재단은 이날 회견에서 검찰이 기밀 수사에 사용해야 할 특수활동비를 공기청정기 렌탈, 햄버거 식사, 기념 사진 촬영 등에 사용한 사실을 폭로했다.

현장에 온 한 종편 소속 기자는 나에게 귓속말로 "뉴스타파에서 일하고 싶습니다. 방법이 없을까요"라고 물었다.

▶ 2023년 9월 14일 검찰이 뉴스타파함께센터 5층 뉴스룸에서 압수수색을 하는 동안 센터 주차장 마당에서 뉴스타파 등 협업 취재 언론사 및 시민단체 관계자가 검찰 특수활동비 오남용 실태를 폭로하는 기자회견을 하고 있다.

다시 5층 뉴스룸, 평소 조용하던 이곳은 검찰 수사 인력 20여 명과 이를 둘러싸고 압수수색을 감시하는 뉴스타파 구성원이 뒤섞여 팽팽한 긴장감과 난장 같은 소란이 교차했다. 한 검찰 수사관은 한상진 기자 책상 위에 있던 명함 뭉치를 일일이 확인하면서 유독 더불어민주당 국회의원 명함만 몇 장 압수해가려고 했다. 국민의힘 국회의원이나 보좌관 명함도 있었지만 거기엔 전혀 관심이 없었다. 옆에서 지켜보던 뉴스타파 직원이 거칠게 항의하자 민주당 명함 압수를 포기했다. 또 한쪽에서는 뉴스타파 직원 명단이 기재된 직제표를 가져가려다 역시 반대에 부딪히기도 했다. 앞서 뉴스타파 사무실 압수수색영장 '[별지 2]

압수할 물건' 항목에 보면 당초 검찰은 '조직도, 업무분장내역, 인사이동내역 등 인사관련 자료'를 압수 대상에 넣었으나 법원이 불허했다. 그런데도 검찰은 직제표를 압수하려고 한 것이다.

검찰 수사관 두세 명은 몸에 목걸이 형태의 바디캠이나 핸디캠을 들고 뉴스타파 사무실을 돌며 촬영을 했다. 한상진 봉지욱의 '사무공간'이 아닌 4층 뉴스룸까지 내려가 불법으로 촬영을 하다 항의를 받았다. 이런 소란 끝에 영상편집실에서 영상 저장장치 '나스(NAS, Network Attached Storage)'에 보관한 2022년 3월 6일 김만배 녹취록 보도 관련 영상을 '이미징' 하는 것으로 압수수색은 끝났다. 관련 영상 복제본 제출은 뉴스타파와 검찰이 사전에 합의한 부분이었다. 압수수색 종료 시점은 오후 3시 20분이었다.

검찰이 압수한 자료는 '저축은행 비리 의혹 진상규명을 위한 국정조사 결과보고서(2011.8.)', 한상진 기자 노트북 논리이미지, 뉴스타파 NAS 영상 논리이미지 등 8건과 봉지욱 기자 책상에서 압수한 김만배-신학림 녹취록 등 모두 9건이다.

▶ 2023년 9월 14일 뉴스타파 압수수색 종료와 함께 받은 압수목록교부서. 목록 8번 '압수수색영장 (2023-32233-1)'은 2주 전인 9월 1일 검찰이 집행한 신학림 전 언론노조위원장 집 압수수색영장 사본이다.

2023년 9월 14일 오전 11시 30분쯤부터 오후 3시 20분 검찰 압수수색이 끝날 때까지 약 4시간은 내 인생에서 가장 긴 4시간이었다. 압수수색이 진행되는 5층에서 4층과 1층을 수십 번 오르내렸다. 수만 명의 후원회원이 만들어준 독립언론의 일터를 검찰 구둣발이 유린하는 모습을 지켜보면서 가슴이 찢어지는 참담함을 느꼈다. 동시에 속 깊은 곳에서 분노의 불길이 일었다. 머릿속에 나도 모르게 '건곤일척'이라는 말이 떠올랐다.

2023년 9월 14일 아침, 뉴스타파 봉지욱 기자 집

이게 다 무슨 일이야?

우리 집 초등학교 6학년 딸아이는 조금 무디다. 학교에 지각을 하게 되면 대개는 초조해하면서 아빠한테 도움의 손길을 내밀게 마련인데, 이 녀석은 매사가 태평하다. 속이 터지는 건 나나 애 엄마다. 2023년 9월 14일, 그날 아침도 그러했다.

아내는 날 닮아서 저 모양이라고 투덜댔고, "아니, 널 닮은 거야"라고 대꾸하고 싶었지만 나는 조용히 아이 물병을 꺼내 세제로 박박 씻었다. 정수기에서 쪼로록 물을 채운 뒤 주섬주섬 반바지를 챙겨 입고, 늘 그랬듯 자동차 키를 왼쪽 주머니에 찔러 넣었다. "늦었다. 빨리 가자, 아빠가 태워다줄게."

큰애보다 한 걸음 먼저 아파트 현관을 나섰다. 아파트 엘리베이터 앞 비상계단에서 누군가 힐끔 쳐다보는 듯했다. 그러고 3초쯤 지났을까. 작달막한 키에

새치가 섞인 곱슬머리를 한 남자가 다가왔다.

"중앙지검에서 나왔습니다."

이런 날이 오리라는 예상은 하고 있었다. 그런데 막상 닥치면 또, 머릿속이 멍해지는 법이다. 그 순간 문득 KBS를 퇴사한 홍사훈 선배 얼굴이 떠올랐다. 사실은 이날 새벽 1시까지 홍 선배와 한잔 걸쳤는데, 그는 내게 "절대 쫄지마"라고 세뇌하듯이 말했다. 막상 닥치니 쫄고 말고 할 게 없었다. 오히려 분노가 치솟았다. 하지만 아이도 앞에 있고, 일단 참았다.

"수사관님, 아이가 학교에 늦었으니 저와 함께 아이를 데려다주고 오시면 어떻습니까. 압수수색에는 성실히 임하겠습니다" 착한 얼굴의 수사관은 "안 됩니다. 아내 분 계시면 아내 분께 데려다주라고 하시지요. 일단 현관문을 열고 들어가서 말씀을 하세요"라고 답했다. 나는 순순히 현관문을 열고 들어갔다. 그랬더니 이번엔 그가 "아, 집안으로 들어가진 마시고요. 여기서 아내 분을 나오시라고 좀 부르세요"하고 말했다.

그 순간 우리 집 현관문을 꾹 부여잡은 곱슬머리 수사관. 그의 한 발은 집 안에, 다른 한 발은 집 밖에 있었다. '이게 대체 무슨 일이지'라는 표정으로 큰딸이 나를 바라봤다. 그때 오래 묵은 변비가 항문을 뚫고 나오듯, 내 목소리 톤이 폭발했다. "아니, 지금 뭐 하시는 겁니까. 영장 제시도 하지 않고 왜 남의 집 문을 잡고 있습니까. 영장 보여주세요, 당장" 아직 압수수색영장을 보지 못했단 걸 몰랐다가 이 말을 내뱉으며 비로소 깨달았다. 안방에서 출근 준비를 하던 아내가 놀라서 뛰쳐나왔다.

"이게 다 무슨 일이야?"

"여보, 검찰 압수수색 나왔어. 당신은 얼른 준비하고 회사로 가."

곱슬머리 수사관의 실리콘 골무

작은 덩치의 곱슬머리는 뭔가 능수능란했다. 압색을 처음 당해보는 입장이었지만, 가족 앞에서 주눅들 순 없었다. 현관에서 대치한 채로 변호사에게 전화를 걸었다. 신인수 변호사는 곧바로 택시를 타고 오겠다고 했지만, 끝내 우리 집으로 오지 못했다. 같은 시각 뉴스타파에도 검사와 수사관이 들이닥쳤기 때문이다. 신 변호사는 택시 방향을 바꿔 회사로 향했다. 뉴스타파 사무실과 한상진 기자 집, 내 집까지 세 군데가 동시에 검찰 공격을 받았지만 우리가 선임한 변호인은 두 명뿐이었다. 소중한 후원금을 마구 쓸 순 없지 않은가. 그렇게 나는 인생 최초의 압수수색을 홀로 맞이했다.

내가 변호사와 통화를 하는 동안 곱슬머리도 어디론가 전화를 했다. 5분쯤 지났을까. 검사와 수사관 등 5명이 엘리베이터를 타고 올라왔다. 어디선가 우리 집 현관문이 열리기를 기다린 모양이다. 변호사가 오면 압수수색을 시작하자고 말해봤지만 소용이 없었다. 사실 변호사가 올 수도 없는 상황이었지만.

큰애는 결국 학교에 걸어갔고, 지각을 했을 터다. 아내가 출근 준비가 덜 끝났기 때문에 어쩔 수 없었다. 여성 수사관 한 명은 곧바로 안방으로 향했다. 거기서 화장을 하고 외출복으로 갈아입는 아내를 줄곧 감시했다. 혹시라도 아내가 남편의 증거를 인멸할지도 모르기 때문이라고 했다.

그 시각 나는 거실 식탁에 곱슬머리와 마주 앉았다. 거기서 처음 자택 압수수색영장을 봤다. 기자로 살면서 남의 영장을 많이 봤지만, 막상 내 것을 보니 신기했다. 그 상황에서 거기 적힌 글자들이 제대로 읽히겠는가.

"당신들도 위에서 시키니까 어쩔 수 없이 하시는 거잖아요. 그러니까 아내가 출근하면 압수수색을 시작해도 좋습니다" 그러자 홀쭉한 수사관이 내게 다가와 속삭였다. "뭐, 별일이야 있겠습니까. 너무 걱정마세요."

여성 수사관 두 명은 안방으로, 남성 수사관 두 명은 내 방을 뒤지기 시작했다. 아내 몰래 숨겨뒀다가 어디 뒀는지 잊어버린 거액의 비상금을 반드시 찾고야 말겠다는 심정이 느껴졌다. 식탁에 있던 곱슬머리는 그때 내게 "영장에 휴대전화도 포함돼있습니다. 지금 압수하겠습니다"라고 말했다. 나는 순순히 휴대전화를 건넸다.

그런데 이게 무슨 일인가. 폰을 건네고 내 방을 잠시 다녀왔더니, 곱슬머리가 내 폰 화면을 슥슥 넘기며 보고 있는 것이 아닌가. 난 분명 잠긴 상태로 줬는데, 어떻게 영문과 특수기호가 섞인 25자리 비밀번호를 풀었단 말인가. "어떻게 폰을 여신 겁니까" 물었지만 그는 대답하지 않았다. 그는 골똘히 텔레그램 속 뉴스타파 채팅방을 보다가, 자신의 아이폰을 꺼내 사진을 찍기 시작했다.

곱슬머리가 앉은 식탁 위에 실리콘 재질의 골무가 있었다. 문득 옛날에 본 뉴스 기사가 떠올랐다. 삼성 갤럭시 지문 잠금을 실리콘 골무를 이용해서 뚫을 수 있다는 내용이다. 이 기사가 나간 직후, 실리콘 골무 주문이 폭주했다는 소문도 돌았다. 어떤 영화에도 비슷한 장면이 나온다. 실리콘으로 사람 지문을 채취해서 일종의 지문 장갑을 만드는 장면이다. 추측건대, 곱슬머리는 화면에 남은 내 지문 자취를 실리콘 골무로 그대로 눌러서 폰을 임의로 연 것으로 보인다.

나는 그 골무를 갖고 검사에게 갔다. 이게 있을 수 있는 일이냐고 따졌지만, 돌하르방 같은 검사는 별다른 말을 하지 않았다. 검사의 폰을 달라고 했다. 지문으로 잠금이 설정돼있었다. 실리콘 골무를 갖다 대봤지만 열리지 않았다. "그러니까 이게 매번 그렇게는 안 되고, 아주 우연히 될 때도 있는 거구나" 라고 말했지만 곱슬머리는 아랑곳하지 않고 내 폰 속 정보를 자신의 카메라에 담기 바빴다. 그러고는 어디론가 그 사진을 전송하기 시작했다.

나중에 알았지만, 이는 명백한 불법 압수수색이다. 판사가 허가한 영장에는 지문, 홍채 등 내 신체 정보는 포함돼있지 않다. 당연히 휴대전화 비밀번호도 그들에게 알려줄 필요가 없다. 그러나 우리는 대개 검찰 윽박에 쫄아서, 비밀번호를 알려주거나 휴대폰을 스스로 잠금해제해서 제출한다.

실제 압수수색 현장에서 벌어지는 검찰의 불법 행태는 다양하다. 패턴으로 잠금을 설정한 경우에는 "마지막 통화가 언젠지 알아야 하니 지금 확인해보세요"라고 말한 뒤, 피압수자가 패턴을 그리는 걸 뒤에서 몰래 훔쳐본 경우가 있었다. 아파트 관리실에 가서 엘리베이터 CCTV를 보는 경우도 있다고 한다. 요즘 CCTV는 초고화질이라, 내가 누르는 비밀번호를 CCTV로 확인할 수 있다. 검찰 수사관은 대개 자신의 신분증만 쓱 내밀고 CCTV를 보자고 한다. 영장 속에 CCTV가 포함돼있지 않다면 이 역시 불법이다. 하지만 우리의 검찰 권력은 너무도 대단하기에 2024년에도 이런 일들이 버젓이 가능하다.

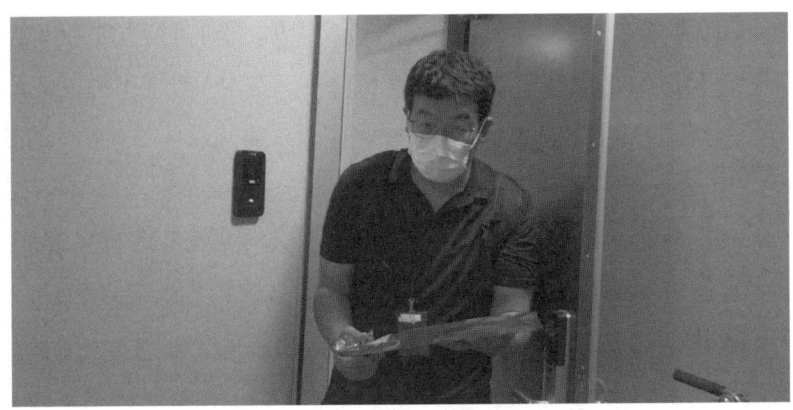

▶ 검찰이 봉지욱 기자 집 압수수색을 마친 후 현관을 나와 엘리베이터로 향하고 있다. 수사관이 두 손으로 고이 떠받든 건 봉 기자에게 압수한 휴대전화를 봉인한 봉투다.

신주단지가 된 기자의 휴대폰

"아니, 밥은 드시면서 해야지. 배 안 고프세요들?" 어느덧 압수수색 세 시간이 흘렀다. 비지땀을 흘리며 집안 곳곳을 훑는 수사관들이 문득 측은해졌다. "뭐라도 좀 드시면서 하세요. 아니면 짜장면이라도 시키시든가요" 그들은 좀처럼 대꾸를 하지 않았다. 젊은 검사의 눈치를 보는 듯했다. 나이 든 수사관이 장갑을 끼고 노가다를 뛸 때, 젊은 검사는 손으로 턱을 괸 채 창밖을 바라보고 있었다. 나는 너희 천한 것과 위치가 달라. 열심히들 해라. 이런 자세로 보였다.

"여러분도 위에서 시키는 대로 하시느라 얼마나 고생이 많으십니까. 자, 탄산수라도 좀 드세요" 얼마 전 잔뜩 사서 쟁인 샤인머스켓향 탄산수를 냉장고에서 꺼냈다. 물은 좀 얻어먹어도 괜찮겠지 라는 표정으로 나이 든 수사관이 먼저 탄산수 뚜껑을 돌렸다. 그걸 본 여성 수사관도 그럼 나도 괜찮겠지 라는 얼굴로 탄산수를 들이켰다. 젊은 검사는 본인만은 체통을 지켜야겠다는 심정인지 물끄러미 바라볼 뿐이었다.

곱슬머리는 5명 수사관 중에서 제일 선임인 것 같았다. 그는 방을 뒤지지 않았다. 내내 내 폰만 들여다봤다. 통화기록과 연락처, 문자메시지, 텔레그램, 페이스북 등 모든 앱을 열어서 보다가 뭔가 있다 싶으면 자신의 폰으로 사진을 찍었다. 그 사진을 어디론가 보내다가 급기야 집 밖으로 나가서 전화까지 걸었다. 아주 비밀스러운 임무를 완벽히 수행하는 요원 같은 자세였다.

나와 제일 가까이 살던 뉴스타파 영상취재팀 기자가 카메라를 들고 헐레벌떡 우리 집으로 왔지만 집 안에 들어올 수 없었다. 곱슬머리가 카메라 촬영은 절대 안 된다고 방방 뛰었기 때문이다. 촬영을 안 하면 거실에라도 앉아있게 해주면 좋으련만, 그것마저도 불허했다. 그래서 그 기자는 우리 집 현관 밖 복도에서 무려 8시간을 기다렸다.

하여간 이날 압색의 주인공은 곱슬머리다. 저 혼자 분주하던 곱슬머리는 중앙지검에서 두 명의 수사관을 더 불렀다. "아니, 아이들이 학교에서 돌아오는 시각까지는 마치기로 했잖아요?" 마치기는커녕 포렌식 전문 수사관 두 명이 더 왔다. 이들은 가방에 무슨 장비를 넣어 왔는데 휴대전화 포렌식 장비였다. 포렌식 장비란 게 별 거 없다. 포렌식 프로그램이 깔린 노트북이고, 거기에 폰을 연결하면 된다.

그런데 이들은 내 폰을 포렌식하지 않았다. "왜 그러는 겁니까? 빨리 끝내 달라니까요" "빨리 끝내려면 봉지욱 씨가 폰 비밀번호를 알려주셔야 합니다. 안 그럼 오늘 안에 안 끝날 수도 있어요" 이게 대체 무슨 소리인가. 실리콘 골무로 잠금을 푼 것도 모자라 비번까지 알려달라니.

"한동훈도 안 알려준 비번을 제가 왜 알려줘야 합니까?" 내 대답은 이 한 문장이었다. 문제는 그 뒤에 시작됐다. 추가로 온 포렌식 수사관 두 명이 검사와 숙덕숙덕하기 시작했다. 뭔가 심각한 대화를 나누면서 혹여 내가 들을까봐 조심스러운 눈치였다. 그러기를 한 시간쯤 됐을까. 이들은 중대한 결단을 내렸다.

"인천공항에 다녀오겠습니다" 두 명의 수사관이 갑자기 인천공항을 간다고 했다. 그들이 돌아올 때 가져온 건 손가락 두 마디만한 장치였다. USB처럼 생긴 그 장치를 내 폰에 연결했다. "그게 대체 뭡니까?" 휴대폰 화면이 혹시나 다시 잠길까봐 폰이 잠기지 않게 유지해주는 장치라고 했다. "아니 그걸 가지러 인천공항까지 갔던 거예요?" 그들이 인천공항에 가고 없을 때, 다른 수사관 한 명이 거실 바닥에 앉아 내 폰을 충전기에 연결해놓고 1~2분 간격으로 폰 화면을 조심스레 한두 번씩 반복해서 누르고 있었다. 마치 부처님께 극진히 공양을 드리는 승려와 같았다.

자신들이 어렵게 잠금을 푼 내 폰이 다시 잠겨버리면 포렌식 자체가 불가능하다고 했다. 그래서 폰이 잠기지 않게 유지하는 장치를 인천공항까지 가서 가져온 것이다. 대검찰청에는 뭔가 좀 더 정밀한 포렌식 장비가 있는 듯했다. 대검찰청 장비에 내 폰을 물리기도 전에 화면이 잠기면 집단으로 피눈물이라도 흘릴 분위기였다.

오후 5시 반쯤, 곱슬머리가 압수수색이 끝났다고 말했다. 내 휴대폰은 오전 9시에 압수당했다. 압수 8시간여 뒤에야 내 폰은 검찰의 봉인용 봉투에 들어갔다. 실리콘 골무로 잠금을 푼 것도 모자라 모든 정보를 다 열람하고 촬영한 뒤에 잠금 방지 장치까지 부착한 상태로 말이다. 곱슬머리는 폰을 봉인한 뒤 애처로운 표정으로 말했다.

"혹시 폰 배터리가 떨어져서 전원이 꺼지면 폰이 다시 잠기니까 저희가 폰을 꺼내 충전을 해도 되겠습니까?" 그러시라는 내 말이 미덥지 않았는지 '유선 충전에 동의함'이라고 적어달라고 했다. 적어줬더니 흡족한 표정을 지었다. 드디어 압수수색이 끝났다. 그들은 내 폰이 담긴 봉인지를 두 손 위에 고이 받든 채로 우리 집 현관을 나섰다.

바람도 안 부는 복도에서 종일 기다리던 영상취재기자가 그들의 소중한 신주단지를 놓치지 않고 찍었다. 엘리베이터 버튼을 누른 곱슬머리는 기자에게 찍지 말라고 항의하다 카메라 렌즈를 손바닥으로 밀치기까지 했다. 성역에 침범한 범죄자를 단죄하는 듯한 기습이었다. 카메라에 생생히 담긴 이 장면은 우리 언론 역사에 길이 남을 명장면이 될 것이다.

그날 이후 습관이 하나 생겼다. 엘리베이터가 우리 집에 다다라 문이 열리면, 아파트 복도 비상계단부터 쳐다보게 된 것이다. 수사관이 숨어서 나를 기다리고 있진 않을까. 압수수색 트라우마다.

▶ 검찰 수사관이 뉴스타파 촬영을 저지하며 자신의 손으로 카메라 렌즈를 가리려는 순간이 고스란히 찍혔다.

2023년 9월 14일 아침, 뉴스타파 한상진 기자 집

예정된 압수수색

압수수색이 들어왔을 때, 나는 샤워 중이었다. 물소리에 섞여 초인종 소리가 들렸다. 다급한 듯 반복해 들려오는 초인종 소리를 들으며 나는 검찰 압수수색임을 직감했다.

물이 뚝뚝 떨어지는 채로 욕실을 나와 현관 모니터를 켜고 쳐다봤다. 문 앞에 네댓 명의 남녀가 서성이는 모습이 보였다. 딸아이가 등교하고 아내가 출근한 걸 확인하고 들어온 것 같았다. 신학림 전 언론노조위원장(전 뉴스타파 전문위원)이 압수수색을 당한 날부터 이미 예상한 일이 '오늘이구나, 올 게 왔구나' 싶었다. 담담했다.

"누구세요?"
"서울중앙지검에서 나왔습니다. 압수수색영장 집행합니다."

검사인지 수사관인지 모르는 사람의 말이 현관문 너머로 들려왔다. 잠시 기다려달라고 말한 뒤, 사무실에 연락하려 휴대폰을 막 집어드는데 전화가 울렸다. 김용진 대표였다.

"지욱이 집에 압수수색이 들어왔다는데 너희 집엔 안 왔나?"
"저희 집에도 왔습니다. 지금 막."

전화를 끊고 영상취재기자에게 압수수색 사실을 알리는 문자를 보냈다. "집으로, 빨리" 검찰이 압수수색을 하면 우리 집을 담당하기로 미리 정해놓은 기

자였다. 물기를 닦고 주섬주섬 옷을 챙겨 입는 동안에도 초인종은 미친 듯 계속 울려댔다.

검사와 수사관은 모두 6명이었다. 여성 수사관이 두 명 있었다. 한 젊은 여성 수사관은 영상 촬영용으로 보이는 카메라를 목에 걸고 있었다. 저렇게 생긴 카메라도 다 있구나 하고 생각했다. 대문을 열자마자 얼굴이 거무튀튀한 검찰 수사관이 짜증부터 냈다.

"왜 이렇게 늦게 문을 열었나요?"
"옷은 입어야 할 거 아닙니까."

나도 짜증을 냈다. 검사와 수사관은 별 대꾸를 하지 않았다. 수사관으로 보이는, 얼굴이 거무튀튀한 사람이 '압수수색검증영장'이라고 적힌 서류를 제시하며 "서울중앙지검에서 나왔습니다. 압수수색을 진행합니다"라고 말했다. 수사관은 자기 말이 끝나기가 무섭게 내 손에 들린 휴대폰부터 낚아챘다. 저항할 수 없었다.

나까지 7명이 서성이니 넓지 않은 거실이 더 비좁게 느껴졌다. 난 검사와 수사관에게 앉아서 기다리라고, 변호사 입회하에 압수수색을 받겠다고 말했다. 검사는 선심 쓰듯 "안 그래도 되는데, 기다리겠습니다. 편의를 봐 드리겠습니다"라고 했다. 30대 후반쯤으로 보이는 검사는 거칠지 않았고, 예의 발랐다. "가족들은 안 계시죠? 혹시 가족들이 보시면 충격을 받으실까봐..." 같은 말도 했던 것 같다.

"앉아서 기다리시죠. 정신 사나운데" 라는 내 제안에 검사와 수사관은 별 말 없이 거실에 있는 6인용 식탁에 줄을 맞춰 앉았다. 나는 소파에 앉았다. 곧이어 집에 들어온 뉴스타파 영상취재기자도 내 옆에 앉았다. "압수수색 과정을 영상 촬영하겠다"는 말에 검사와 수사관은 이견을 내지 않았다. 한 수사관이 짜증섞인 말투로 "저희 얼굴은 찍지 마세요"라고 한 말 정도가 기억난다. 곧바로 촬영을 시작했다.

검찰 수사기법

변호사에게 연락하려면 휴대전화가 필요했다. "가져간 휴대전화를 잠시 쓸 수 있게 해달라"고 검사에게 요구했다. 휴대전화를 가져간 수사관이 "그러세요. 저희가 보는 앞에서 전화하세요"라고 말하며 전화기를 순순히 내줬다. 나는 비밀번호로 쓰는 패턴을 풀고, 미리 선임해둔 장종오 변호사에게 전화를 걸고 집주소를 문자로 찍어 보냈다. 장 변호사는 한 시간 정도 걸린다고 했다.

휴대전화를 쓰기 위해 패턴을 풀 때 옆에 있던 또 다른 수사관이 패턴을 확인하고 종이에 적는 모습이 눈에 들어왔다. '아, 보는 앞에서 전화하세요 라는 말이 비밀번호를 알아내기 위해서였구나', '내 전화가 열렸구나', '변호사에게 연락을 하지 말았어야 했나', '어차피 쉽게 풀리는 패턴인데 무슨 소용이 있었겠나' 하는 등의 생각이 뒤섞여 지나갔다. 휴대전화를 버릴 걸 하는 생각도 들었다. 내 휴대폰을 만지작거리는 수사관의 손동작이 거슬렸다.

나중에야 알게 됐지만, 휴대전화를 압수당한 피압수자는 수사기관에 비밀번호를 알려줄 의무가 없다. 거부하면 그만이다. 현행법이 그렇다. 그런데 막상 당해보면 그렇게 대응하기 쉽지 않다. 지금 생각해도 불가능한 일로 느껴진다. 누군가의 일상을 터는 걸 업으로 하는 검찰이 자행하는 자연스런 폭력을 현장에서 이길 방법은 없다. 이를 잘 알기에 한동훈 전 법무부장관도 채널A 검언유착 의혹 사건 수사 때 몸을 날려가며 휴대폰을 지킨 것일 게다.

장 변호사가 우리 집에 오는 데는 한 시간 이상이 걸렸다. 8명으로 꽉찬 거실에 어색한 침묵이 계속됐다. 검사와 수사관은 각자 휴대폰을 보면서 시간을 때웠다. 지하철에 탄 승객들과 흡사했다. 거실 TV에서 흘러나오는 YTN 뉴스만이 정적을 깨고 있었다.

검사와 수사관이 집에 들이닥치고 30분쯤 지날 무렵 YTN에서 속보가 나오기 시작했다. 서울중앙지검 반부패수사1부가 뉴스타파와 JTBC를 상대로 압수수색에 나섰다는 내용이었다. 나와 봉지욱 기자(전 JTBC 기자) 집 압수수색도 진행 중이란 속보가 이어졌다. 나는 YTN 뉴스를 보고서야 뉴스타파 사무실도 압수수색 중이란 사실을 알게 됐다. 내 얘기가, 내 집에서 벌어지는 일이, 내가 당하고 있는 일이 실시간으로 방송되는 경험을 한다는 게 신기했다. 현실이 아닌 것 같았다. YTN은 여러번 줄자막 내용을 바꿔가며 속보를 전했다. 멍하니 보는데 이런 자막이 등장했다.

"뉴스타파 한모 기자, 봉지욱 기자 자택 압수수색"

나는 한모 기자였고 지욱이는 봉지욱 기자였다. 순간 웃음이 났고 화도 치밀었다. 검사와 수사관들도 같이 웃었다. 지욱이의 가족이 이 자막을 보면 얼마나 걱정을 할까 하는 생각이 먼저 들었다. 'YTN이 참 배려심이 없구나' 생각했다. 며칠 전 JTBC가 지욱이의 실명을 거론하며 사과 방송을 한 것을 보고 분노가 치밀던 일도 떠올랐다. 아무리 밉고 정권과 검찰이 무서워도 자기 식구이던 사람에게 어떻게 저럴 수 있나 생각했었다.

내가 싫어 떠난 동아일보에서 있던 일들도 순간 떠올랐다. 역시 기사 때문에 검찰이 동아일보 본사 서버를 압수수색하러 온 때가, 300명 넘는 잘 알지도 못하는 동아일보 소속 기자들이 조를 짜 24시간 검찰과 대치해 결국은 압수수색을 막아낸 때가 생각났다. 내가 사이비 종교 실체를 까발린 기사를 낸 뒤, 해당 종교 신도들이 사옥에 난입하고 할복해 난리가 난 일도 생각났다. 나와 우리 가족이 선후배 동료들의 도움으로 급하게 대피하고 경찰 보호를 받은 일도 떠올랐다.

지욱이가 지금 이 시간, JTBC가 아닌 뉴스타파 소속 기자여서 얼마나 다행인가 하는 생각도 들었다. JTBC에서 이런 일을 당했다면 아마 생각하기도 힘든 상황이 벌어졌겠다 싶었다. 얼마나 외로웠을까 생각했다. 뉴스타파가 기특한 일을 했다고 생각하며 안도했다. 빨간색으로 처리된 YTN 뉴스 자막이 내내 눈에 거슬렸다.

불법 압수수색

장종오 변호사가 집에 도착해 잠시 영장을 살펴본 뒤 압수수색 절차가 진행됐다. 무슨 서류에 이름과 주소, 전화번호 등을 적고 몸수색을 했다. 불심검문하듯 수사관은 내 몸 곳곳을 뒤졌다. 검사가 "신체도 압수수색 대상입니다"라고 말한 것 같다.

6명의 검사와 수사관이 집 곳곳으로 흩어졌다. 미리 역할을 나눠 들어온 듯했다. 포렌식 담당으로 보이는 수사관 2명은 거실 탁자 앞에 앉아 포렌식 장비인 듯한 노트북과 장비를 가방에서 주섬주섬 꺼내놨다. 방으로, 부엌으로 흩어진 사람들은 여기저기를 뒤졌다. 집사람이 쓰는 옷장과 이불장에 손을 넣고 책장을 뒤졌다. 나와 장 변호사는 이방 저방 옮겨 다니며 압수수색 상황을 지켜봤다. 내가 서재로 쓰는 방에서 검사와 수사관이 이것저것 꺼내 거실로 가지고 나왔다. 오래된 USB 10개쯤과 쓴 지 오래된 노트북 2개였다. 거실에 있던 딸아이 노트북도 거실 탁자에 올라왔다. 서재와 거실 외 공간에서는 거의 나온 게 없었다.

나는 검사에게 "그 노트북은 내가 쓰는 게 아니고 딸아이 노트북입니다. 이 사건과 관계없는 내가 예전 직장에서 쓰던 노트북입니다"라고 말했다. 검사는

"사용자 확인만 하겠습니다. 이 사건 관련 정보가 있는지만 보겠습니다"고 답했다. 발가벗겨지듯, 노트북과 USB가 하나하나 열렸다. 사용한 지 오래되어 부팅도 되지 않는 노트북은 아예 해체해 하드디스크를 추출한 뒤 수색했다. 내 몸이, 내 일상이, 내 기자 인생이 낯선 무대 위에 까발려지는 느낌이었다. 10년 전, 15년 전 각종 취재 기록과 사진이 하나하나 스쳐지나갈 때마다 칼날이 내 얼굴을 할퀴는 느낌을 받았다.

▶ 2023년 9월 14일 뉴스타파 한상진 기자 집 압수수색 당시 모습.

나중에 알고 보니 우리 집에서 진행한 압수수색은 엉터리였다. 법원이 발부한 영장 범위를 넘어선 명백한 불법행위였다. 법원은 우리 집에서 노트북 등 컴퓨터를 들여다보는 걸 허락하지 않았다. 내 이메일도 보지 못하게 했다. 검찰이 여러 장, 여러 항목에 걸쳐 내 집에 대한 압수수색을 신청했는데 법원은 딱 한 대목에 대해서만 압수수색을 허락했다. '내 명의로 개통한 휴대전화, 태블릿PC 같은 통신단말기, USB 등 저장장치'다.

그런데도 검사와 수사관은 아무렇지 않게, 너무나 자연스럽게, 법원 영장을 무시하고 노트북을 열어보고 노트북과 연동된 내 이메일을 열어 2180개나 되는 이메일을 10개가량의 키워드까지 넣어가며 하나하나 열어봤다. 내 서재에 있는 각종 취재 서류를 일일이 들춰본 것도 모두 불법이었다.

압수수색을 당하고 한참이 지나 내가 불법 압수수색 피해자라는 사실을 알았다. 그날 나는 밤새 잠을 자지 못했다. 분하고 억울했다.

압수수색을 끝낸 뒤 검사는 나에게 여러 장의 서류에 이름을 쓰고 서명하라고 요구했다. 난 쓰라는 대로 썼다.

당해보지 않으면

고백하건대, 나는 압수수색 당일 검사가 내민 압수수색검증영장 등 서류를 제대로 보지 못했다. 아무리 애를 써 읽으려해도 내용이 눈에 들어오지 않았다. 심지어 영장에 "윤석열의 명예를 훼손했다"는 혐의 사실이 적혀있는데, 순간 "이게 무슨 뜻이지" 싶었다. 내가 당황하고 있구나, 흥분했구나 하는 생각을 떨칠 수 없었다. 드라마 모래시계의 마지막 장면, "나 떨고 있니" 라는 대사가 생각났다.

내가 긴장하고 떨고 있음을 검사와 수사관이 눈치챌까 두려웠다. 수사관이 내민 무슨 서류에 사인을 할 때도 그랬다. 압수수색검증영장 사본을 받았다는 확인서, 휴대폰 압수에 동의하고, 휴대폰 이미징과 포렌식 과정에 참관할지 의견을 밝히는 서류 등이었다. 거실 탁자에 내가 앉았고 변호사와 6명의 검사, 수사관이 동물원 원숭이 보듯 내 주위를 빙 둘러쌌다. 꼼꼼히 읽는 척 했지만 눈에 들어오지 않았다.

볼펜을 들고 서류에 막 글씨를 쓰려는데 손에서 미세한 떨림이 느껴졌다. 괜찮다고, 난 지금 담담하다고 생각했는데, 분명 내 손은 떨고 있었다. 내가 떨고 있다는 걸 검사와 수사관이 알아챌까, 순간 걱정이 밀려왔다. 들키고 싶지 않았다. 수 초간 종이에 볼펜을 대고 기다리며 숨을 골랐다. 누군가 "빨리 쓰세요"라고 말했지만 돌아보지 않았다.

다행히 손은 떨리지 않았다. 나는 특유의 악필로 글씨를 써내려갔다. 한참 쓰는데 한 수사관이 말했다. "정자로 써 주세요."

오전 10시가 넘어 시작된 압수수색은 오후 2시가 넘어서야 끝이 났다. 4시간가량 진행됐다. 검사와 수사관이 내 집에서 압수한 건 딱 하나, 내가 쓰던 갤럭시 S23 휴대전화였다.

후유증

집 압수수색이 끝나자마자 점심도 거른 채 사무실로 갔다. 3시쯤 도착해보니 아직 압수수색이 진행 중이었다. 검사와 수사관 한두 명이 내 노트북을 이리저리 돌려보고 있었다. 이미 다 꺼내 봤는지 내 책상에 있던 서류가 어지럽게 널려있었다. 일이 끝난 검사와 수사관들이 회의실에 모여있었고, 검사로 보이는 한두 명이 사무실 여기저기를 기웃거리고 있었다.

검사가 내 업무용 노트북 외에도 책상에 있는 각종 명함을 가져가려 했다고 들었다. 내 책상 위에 있는 명함 중 유독 민주당 사람들 명함만 가져가겠다고 검사가 난리를 폈다고 들었다. 뻔한 검찰 수사 의도가 느껴졌다.

압수수색은 생각지 못한 후유증을 남겼다. 시간이 갈수록 그날의 기억이 부풀어올랐다. 이제는 거의 사라졌지만, 한동안 나는 압수수색을 당한 그 시간만 되면 알 수 없는 긴장감에 시달려야 했다. 비슷한 시간에 초인종이 울리면 깜짝깜짝 놀랐다.

두어달 전, 한 토론회에서 문재인 정부 청와대 비서관을 지낸 이광철 변호사를 오랜만에 만나 인사했다. 검찰의 불법 압수수색 관행을 성토하는 자리였다. 소위 '김학의 불법출금' 관여 의혹으로 압수수색을 당하고, 수사를 받고 기소돼 재판을 받은 이 비서관은 토론회에서 이렇게 말했다. "감옥에 가는 건 두렵지 않습니다. 그런데 압수수색은 두 번 다시 못 당할 것 같습니다. 그만큼 치욕적이고 후유증이 큽니다."

내 마음을 대신 전하는 말 같았다. 말을 듣는데 전기에 감전된 것 같은 전율이 느껴졌다. 압수수색 후유증은 당해보지 않은 사람은 절대 알 수 없다.

2023년 12월 6일, 뉴스타파 김용진 대표 압수수색

오후, 지하철 3호선 / 뉴스타파 북카페

서울 지하철 3호선 오금행 열차 안, 늦은 출근길이다. 늦잠을 잔 건 아니다. 아침 시간, 낯선 초인종 소리가 울린 뒤 매우 색다른 네댓 시간을 보냈다. 이전에 취재기자로, 관찰자 입장에서 많이 겪어본 현장이다. 그러나 당사자가 된 건 처음이다. 물론 닥치기 전 머릿속으로 여러 번 이런 상황에 대비해 시뮬레이션을 했다. 그럼에도 실제 상황은 비현실적으로 다가왔다.

잠시 뒤인 오후 1시 반에 서울 충무로 뉴스타파함께센터 북카페에서 미팅이 있다. 만날 손님은 좀 전에 이미 만난 검사와 검찰 수사관이다. 집에서 여유 있게 나오긴 했지만 혹시나 해서 시간을 확인하려고 호주머니에서 무심코 휴대폰을 찾았다. 허전했다. 아 지금 휴대폰이 없지. 잠시 잊은, 오전에 집에서 일어난 일이 주마등처럼 떠오른다. 머리를 흔들고 하릴없이 열차 안을 둘러봤다. 낮시간이라 승객이 드문드문 서있고 대부분 앉아 간다. 서있든 앉아있든 예외 없이 휴대폰을 들여다보고 있다. 게임하는 청년, 드라마보는 중년, 카톡하는 노년, 모두 휴대폰을 향해 머리를 숙이고 있다. 갑자기 지하철 객차 안 좁은 공간에서 이방인이 된 느낌이다. 늘 한 몸처럼 달고 다니던, 연장된 신체가 잘려나간 상실감이 몰려왔다.

충무로역에 내려 1번 출구를 빠져나왔다. 빗방울이 조금씩 떨어지다가 제법 세차게 변했다. 비가 온다는 예보가 있었지만 우산을 챙길 여유가 없었다. 대한극장 옆 골목길로 들어갔다. 매일 들락거리는 길인데 왠지 낯선 느낌이 들었다. 뉴스타파함께센터로 들어서니 현관 앞에 수십 명의 뉴스타파 구성원이 피켓을 들고 2열로 도열해 있었다. 그 사이를 지나 뉴스타파 북카페로 들어갔다. 안쪽 룸에 우리 변호사가 먼저 와있었다.

잠시 후 검사와 수사관 일행이 왔다. 건물 앞에서 뉴스타파 직원들이 이들을 향해 소리쳤다.

"정치검찰 물러나라"
"뉴스타파 수호하자"

검사와 수사관 등 5명이 카페로 들어왔다. 이들이 확인하기를 원하는 휴대폰 2대는 미리 준비해놨다.

하나는 빨간색 케이스 010 2844 ****
다른 하나는 투명 실리콘 케이스 010 5606 ***

검찰은 뭔가 어색한 표정으로 두 휴대폰을 이리저리 보더니 확인을 했다며 자리에서 일어섰다. 이들은 왜 뉴스타파 북카페에 왔고, 이 휴대폰에는 어떤 사연이 있었을까? 이야기는 이날 아침으로 돌아간다.

아침 8시, 서울 서대문구 김용진 대표 집

잠결에 초인종 소리가 들렸다. 다음 주 '2023 뉴스타파 회원의밤' 준비 등으로 전날 늦게까지 이것저것 챙기다 집에 와 겨우 잠든 상태였다. 몸도 머리도 벨소리에 제대로 반응할 컨디션이 아니었다. 소독이나 가스 점검을 하러 온 분이겠거니 생각했다. 그러나 신경을 긁는 단속음은 계속됐다. 비몽사몽 상태에서 갑자기 머리가 쭈뼛해졌다. 한동안 잊고 지낸 '압수수색'이란 단어가 떠올랐다.

천천히 거실로 나가 현관 모니터를 들여다봤다. 짙은 회색에 윤기가 나는 마스크 차림의 얼굴이 나타났다. 몇 달 전인 9월 14일 검찰의 뉴스타파 사무실 압수수색 당시 본 인물 이미지와 흡사했다.

전화기를 집어들고 비상상황 대비 요령에 따라 몇 군데 연락을 했다. 한상진, 봉지욱 기자 집 압수수색 상황을 기사로 쓰고 프로그램을 제작하면서, 또 술자리에서 수없이 리뷰해왔기 때문에 변호사와 촬영기자가 오면 압수수색에 응하기로 마음먹었다.

얼마 뒤 장종오 변호사와 촬영기자가 도착했다는 연락이 왔다. 문을 열고 이들과 서울중앙지검 압수수색팀을 맞았다. 검사와 수사관, 포렌식 요원 등 6명이었다. 그런데 이들 외에 전혀 예기치 못한 손님 한 무리가 문 앞에 서 있었다. 근무복 차림의 경찰관들이었다. 좁은 복도가 가득 찼다.

"아니, 경찰들이 왜, 여기 왜 오셨어요. 경찰까지 동원한 건 처음 보네."
"강제 개방 신고를 받고 왔습니다."
"아 문을 강제 개방하려고 오신 거구나. 주거지를 어떻게 강제로 문을 뜯고 들어올 생각을 하지... 어디 신고를 받고 오셨나요?"
"검찰청 연락을 받았습니다."
"변호사 올 때까지 기다리면 될 텐데 검찰 너무 하네. 어떻게 문을 강제로 따려고 경찰까지 동원해서..."

어디 소속이냐고 물어보니 인근 경찰지구대에서 왔다고 했다. 아침부터 검찰에 이렇게 불려다니는 경찰이 안쓰러웠다.

"여러분에게 미안합니다. 어쨌든 한국의 공권력이 중요한데, 민생 문제나 강력범죄 대처에도 바쁠 텐데 어떻게 언론사 대표 집에 이렇게 검찰에 동원돼 오나. 어쨌든 저 때문에 벌어진 상황이니까 여러분에게 제가 대신 사과드립니다. 강제 개방 상황은 없으니까 이제 돌아가세요."

▶ 김용진 뉴스타파 대표 집 압수수색검증영장 표지.

[별지 2] 압수의 대상 및 방법 제한이 있음(별지)

■ 압수할 물건

가. 이 사건 범죄사실과 관련한 범행 계획, 경과, 결과, 범행방법 등이 기재된 문건, 회의록, 보고서, 내부 검토자료, 편지, 계약서, 약정서, 합의서, 정산서, 일정표, 다이어리, 책, 메시지, 장부, 수첩, 업무일지, 사실확인서, 업무연락 자료, 일기장, 노트, 달력, 메모, 녹취록(녹음파일 포함), 영상자료, 명함, 사진 등 실물 자료

나. 위 가항의 자료가 컴퓨터(노트북, 태블릿PC 포함), USB, 하드디스크, 메모리카드, 메인보드 등 이동식 저장장치, 모바일 기기, 녹음기 등 정보저장매체, 블랙박스, 전산서버, 가상 저장공간 등에 저장되어 있는 경우에는 이 사건 범죄사실과 관련성이 인정되는 범위 내의 전자정보(해당 저장장치 등에 잠금장치가 되어 있는 경우에는 비밀번호 등 잠금 해제 장치 및 관련 정보 포함)

다. 피의자 김용진 명의로 개통하거나, 보관·사용 중이거나 과거 사용했던 휴대전화(유심칩 포함), 태블릿PC 등 통신단말기에 저장되어 있는 본건 관련 전자정보(해당 단말기에 설치된 어플리케이션을 통하여 접속·확인할 수 있는 본건 관련 전자정보 포함)

라. 이 사건 범죄사실과 관련된 피의자 김용진이 사용한 아래와 계정에서 2021. 9. 1.경부터 2022. 3. 9.경까지 및 2023. 9. 1.경부터 현재까지 송·발신된 이 사건 범죄사실 관련 이메일 및 이메일의 수·발신자, 시간, 제목, 내용, 참조, 첨부파일 등 저장데이터(보낸 편지함, 받은 편지함, 임시 보관함, 수신 확인함, 휴지통(삭제된 자료), 클라우드 서비스에 보관 중인 자료, 위 기간 동안 접속로그 IP 포함)

마. 위 각 항의 자료 내지 위 자료의 저장·수록 매체가 금고·사물함 안에 보관되어 있으나 시정장치 해제 불능 등으로 반출이 불가능한 경우 그 금고·사물함 및 차량 열쇠(수사에 협조하지 않을 경우 이용차량 특정 및 내부 압수수색을 위해 한시적으로 압수 후 신속히 환부)

바. 위 각 항의 자료의 소재를 파악하거나 증거를 인멸할 정황을 확인할 수 있는 폐쇄회로 촬영물 및 관련 자료

▶ 김용진 뉴스타파 대표 압수수색영장 별지 '압수할 물건'. 법원이 압수수색영장을 발부하면서 김용진 명의 휴대폰 이외에는 압수를 모두 불허했다.

조금 전에는 소방대원 대여섯 명도 이른바 해머와 빠루 등 장비를 가지고 경찰과 함께 출동했다가 철수했다는 말을 들었다. 경찰이 철수하고 집 안으로 들어온 압색팀과 본격적으로 절차 등 논의를 시작했다. 처음부터 신경전이 벌어졌다. 압수수색검증영장을 변호사와 검토하는 모습을 뉴스타파 촬영기자가 찍으려는데 수사관이 이를 제지했다. 그는 형사소송법 119조를 거론하며 촬영기

자에게 나가줄 것을 요구했다. 변호사와 나는 영상 기록을 남겨야 한다고 주장하며 언쟁을 벌이다 변호사가 영장 내용을 검토하는 장면만 찍기로 합의했다.

압색팀은 수색에 들어가기 전에 내가 사용하는 휴대폰을 반출하겠다며 제출을 요구했다. 나는 검사에게 압수수색 원칙에 따라 내 휴대폰에서 이 사건과 직접 관련이 있는 정보를 선별해서 가져가라고 했다. 그리고 사전에 공식 요청했으면 필요한 정보 임의 제출이 가능한데 굳이 이렇게 일을 벌일 필요가 있냐고도 물었다.

많은 사람이 '압수수색'이라고 하면 수사관이 휴대폰이나 노트북, 기타 물건을 그대로 다 들고 나갈 수 있다고 오해하는데, 전혀 그렇지 않다. '전자정보 압수' 원칙은 휴대폰 등 정보저장매체 자체를 그대로 다 압수하는 게 아니라 혐의사실과 관련한 전자정보만 저장매체에서 출력하거나 복제해 가는 것이다. 모든 압수수색영장에는 뒷부분에 이 원칙과 예외 조항이 '압수 대상 및 방법의 제한'이라는 제목으로 붙어있다. 당연히 검찰이 내게 제시한 영장에도 있었다. 해당 부분은 다음과 같다.

■ 전자정보의 압수

(1) 원칙: 저장매체의 소재지에서 수색·검증 후 혐의사실과 관련된 전자정보만을 범위를 정하여 문서로 출력하거나 수사기관이 휴대한 저장매체에 복사하는 방법으로 압수할 수 있음.

(2) 저장매체 자체를 반출하거나 하드카피 이미징 등 형태로 반출할 수 있는 경우

(가) 저장매체 소재지에서 하드카피 이미징 등 형태(이하 "복제본"이라 함)로 반출하는 경

우 혐의사실과 관련된 전자정보의 범위를 정하여 출력 복제하는 위 (1)항 기재의 원칙적 압수 방법이 불가능하거나, 압수 목적을 달성하기에 현저히 곤란한 경우에 한하여, 저장매체에 들어있는 전자파일 전부를 하드카피 이미징하여 그 복제본을 외부로 반출할 수 있음.

(나) 저장매체의 원본 반출이 허용되는 경우
1) 위 (가)항에 따라 집행현장에서 저장매체의 복제본 획득이 불가능하거나 현저히 곤란할 때에 한하여, 피압수자 등의 참여하에 저장매체 원본을 봉인하여 저장매체의 소재지 이외의 장소로 반출할 수 있음.

2) 위 1)항에 따라 저장매체의 원본을 반출한 때에는 피압수자 등의 참여권을 보장한 가운데 원본을 개봉하여 복제본을 획득할 수 있고, 그 경우 원본은 지체 없이 반환하되, 특별한 사정이 없는 한 원본 반출일로부터 10일을 도과하여서는 아니됨.

요약하자면 원칙은 "휴대폰을 통째로 압수해서는 안 된다"이다. 이 원칙의 예외로, "원칙적 압수 방법이 불가능한 경우 전자파일 전부를 하드카피 이미징해서 복제본을 가지고 가도 된다"는 것이다. 그리고 "이것마저 불가능하거나 현저히 곤란할 때 비로소 저장매체 원본을 봉인해서 가져갈 수 있도록 허용"한다. 다시 말해 '휴대폰 반출'은 원칙의 '예외의 예외'다. 그런데 이 '예외의 예외'가 지금 모든 압수수색 현장에서 원칙처럼 통용된다. 예외를 허용하는 경우는 '피압수자의 비협조'나 '피압수자에 대한 영업 활동 및 사생활 침해 우려' 등이 있을 때라고 하는데 이 또한 매우 기만적이다. 저장매체 원본 반출의 불가피함을 피압수자에게 떠넘기고 있기 때문이다. 하지만 실제는 오로지 검찰, 경찰 등 수사기관의 편의와 권위주의 때문에 '예외의 예외'가 원칙 행세를 한다.

앞서 얘기했듯이 나는 처음부터 휴대폰에 사건 관련 정보가 있으면 검찰이 선별 추출해갈 수 있도록 적극 협조하겠다고 말했다. '비협조'는 없었다는 말이다. 그런데도 그들은 휴대폰을 가지고 가겠다고 했다. 이유는 간단했다. 현장에서, 즉 내 집에서 그 작업을 할 수 있는 장비를 가지고 오지 않았다고 했다. '그건 당신들 사정이지!'라는 말이 튀어나오는 걸 꾹 참았다. '당신들이 장비를 가지고 와서 여기서 1박 2일이든 2박 3일이든 작업을 하면 내가 짜장면도 시켜서 같이 먹으면서 참관하겠다. 내 사생활 침해 걱정은 전혀 안 하셔도 된다'라는 말도 하고 싶었으나 자제했다. 그래봤자 소용이 없다는 것을 알기 때문이다. 이런 관행은 제도를 완전히 뜯어고치기 전에는 절대 바뀌지 않는다. 사실 이들도 늘 그렇게 해오던 일을 기계적으로 할 뿐이다. 일선 검사나 수사관이 무슨 죄가 있겠는가? 만약 검사가 자기가 들고 온 압수수색영장에 기재된 원칙을 그대로 따른다면 바로 무능하고 멍청하고 조직을 배신한 검사로 찍힐 텐데 누가 그것을 감수하겠는가.

이들과 영혼 없는 말을 몇 마디 더 나눈 뒤 그냥 휴대폰을 건넸다. 물론 잠금 상태였다. 포렌식 담당으로 보이는 여성 수사관이 전화기를 조심스레 받고는 내게 비밀번호를 물어봤다. 나는 건조하게 그건 당신들이 알아서 하라고 대꾸했다. 한 번 더 물어보면 '한동훈 얘기'를 꺼내려고 했는데 더 이상 묻지는 않았다. 기종을 물어서 아이폰 14 플러스라고 답했다. 살짝 실망하는 기색이 느껴졌다. 포렌식 담당자는 내 휴대폰을 검은 비닐봉지에 넣고 봉인했다. 거기에 사인을 하라고 해서 시키는 대로 했다. 나중에 봉인 해제와 포렌식 과정에 참여 의사를 묻는 서류에도 참여하겠다고 서명을 했다. '예외의 예외'로 휴대폰을 압수한 그들은 한 명씩 구역을 맡아서 집을 뒤지기 시작했다. 하지만 집이 좁은 데다 뭘 많이 감춰놓을 만한 곳도 보이지 않아서인지 수색 시간이 그리 오래 걸리지는 않았다. 다만 안방 구석에 천장까지 쌓인 서류 박스 수십 개를 본 수사관이 잠시 갈등하는 듯하다가 의자에 올라서서 박스를 하나씩 내려서 뒤지기 시작했다. 나도 박스 내리는 걸 좀 거들어줬다.

"수색하는 건 좋은데 다 예전 취재 서류와 문서 같은 것밖에 없어요. 괜히 수고하는 것 같아서."

"네, 이 박스에 대표님이 평생 취재하신 게 다 들어있겠네요."

"다는 아니고 일부가 있죠, 하하. 나중에 책을 쓰려고 모아뒀는데 언제일지 모르지만 출간하게 되면 보내드리리다."

이러는 사이 다른 수사관들이 어디선가 휴대폰 2개를 찾아서 가져왔다. 사용한 지 오래된 휴대폰이라 둘 다 켜지지 않았다. 내가 사용한 전화기가 아니라고 말했으나 확인은 해야 한다고 했다. 충전을 하고 전원을 켜 확인을 시켜줬다. 역시 내가 쓰던 게 아니었다. 케이스나 케이스에 부착한 스티커 등이 외관상 내가 사용하지 않았다는 사실을 잘 보여주는데도 수사관은 집요하게 확인을 하려고 했다. 내가 준 휴대폰 외에 뭔가 더 찾아야 한다는 조급함이 보였다. 좀 이상한 느낌이 들었으나 그러려니 했다.

압수수색의 성과는 내가 건네준 내 휴대폰이 다였다. 사실 법원이 허용한 범위도 내 명의로 개통하거나 사용 보관 중인 휴대폰이 전부였다. 압색 집행이 마무리 단계에 들어갈 무렵 거실 식탁에 앉아서 검사와 수사관이 종이 하나를 꺼내더니 진지한 표정으로 말했다. 자기들이 조회를 해보니 내가 아까 건넨 휴대폰 이외에 내 명의로 개설된 이동전화번호가 3개 더 있는 것을 확인했다며 이 휴대폰은 어디 있냐고 압박했다. 순간 머릿속이 혼란스러워졌다. '이게 뭐지? 아니 왜 내 명의 휴대폰이 3개씩이나 있다는 걸까? 내 명의가 도용된 걸까? 누가 내 정보를 해킹해서 휴대폰을 만들어 범죄에 사용했나?' 의문이 꼬리를 물었다. 그들이 내가 가입한 휴대전화라며 제시한 번호는 이렇게 3개다.

010-2844-****

010-5606-****

011-****-****

"나는 모르는 번호다. 전화를 걸어서 확인해보자. 한번 걸어보시라" 나도 답답해서 확인을 하고 싶었다. "나는 휴대폰 여러 대 들고 다니며 번잡하게 사는 사람이 아니다" 이런 말도 했다. 하지만 휴대폰을 뺏긴 상태라 직접 걸어볼 수도 없는 상황이었다. 검사는 내 반응이 의외였는지 선뜻 답을 하지 않았다. 대신 잠깐 기다리라며 현관문을 열고 나가서 한참 뒤에 돌아와 말했다.

"이 휴대폰을 대상으로 위치추적을 했는데 모두 충무로 뉴스타파에 있는 것으로 확인됐습니다."

'이 휴대폰을 사무실에 두고 쓰면서 왜 모르는 척 했냐'는 추궁으로 들렸다. 동시에 그제야 머릿속에 맴돌던 의문이 풀렸다. 아, 뉴스타파 내부에서 쓰는 공용폰이구나.

"이제 알겠습니다. 하나는 우리가 제보를 받을 때 사용하는 제보폰이고, 또 하나는 회원참여사업 담당자가 사용하는 회원 응대 전용폰인 것 같아요. 아마 개통할 때 대표인 내 명의로 한 것 같은데 내가 사용하는 게 아니라서 전혀 몰랐어요. 011은 아마 어떤 취재 TF팀에서 사용한 와이파이 에그 기기 번호 같습니다."

검사와 수사관은 내 말이 미심쩍은 표정이었다. 나는 바로 지금 이 휴대폰에 전화를 걸어보자고 제안했다. 스피커폰 모드로 한 뒤 전화를 걸었다. 010-2844-****로 거니 그날 제보 당직 기자의 목소리가 흘러나왔다. 이어 010-5606-****으로 걸었다. 회원참여사업 담당자가 받았다. 이 정도면 내가 사용하는 번호가 아님을 충분히 납득시켰다고 생각했다. 하지만 검찰은 쉽게 물러나지 않았다. 다음은 최대한 기억을 되살려 당시 대화를 복원한 내용이다.

○ 김용진: 자, 제보전화가 제 명의이기는 한데 내가 사용한 적은 없는 것으로 확인됐죠.

○ 검사: 그래도 소유물로 확인된 겁니다.

○ 김용진: 내 개인폰이면 협조하겠는데 지금 제보폰은 제보를 받는 우리 공용폰입니다. 압수하게 되면 제보는 어떻게 받습니까. 이 사건 관련 정보가 그 폰에 있는지 없는지 확인하려면 장비를 가지고 와요.

○ 검사: 그게 물리적으로 불가능해요. 랩톱은 가능한데 모바일은 안 됩니다. 저도 복사해가면 편한데. 무관 정보는 빼야 하니까 대표님이 참관 오시면…

○ 변호사: 제보폰이면 민감한 내용도 있는데…

○ 김용진: 제보폰은 곤란합니다.

○ 수사관: (제보용) 임시폰 만드는 건 얼마 안 걸리니까… 선불폰 개통까지 기다려드리겠습니다.

○ 김용진: 제보폰에 많은 제보자 정보가 들어있는데

○ 검사: 이 정도 말씀드렸으면 이해하셨다고 생각해요. 영장에 그렇게 되어있기 때문에 어쩔 수 없어요.

○ 김용진: 그럼 강제로 (뉴스타파에) 들어오세요.

○ 검사: 원칙대로 가져갈게요. 그럼 문제가 발생하지 않습니다.

○ 김용진: 관련 없는 정보가 많기 때문에 고스란히 줄 수는 없어요.

○ 검사: 이건 영장 집행입니다. 임의로 넘겨주는 게 아니에요.

○ 김용진: 편의상 내 명의로 개통했지만 난 몰랐어요. 회사폰이잖아요. 내가 사용한 적도 없고. 다른 방법으로 확인해보면 좋지 않을까요.

○ 검사: 포렌식을 해봐야 알 수 있어요. 임의로 제출하는 게 아니라 압수영장에 의해서 가져가는 겁니다.

○ 김용진: 내가 쓰는 것도 아니고 내가 요금을 내는 것도 아니고. 그래서 우리 조직 차원 논의가 필요합니다.

○ 검사: 이건 회사에서 결정할 사안이 아니죠.

○ 김용진: 그러시다면 압수 집행하러 들어오세요. 어떻게 되든.

팽팽했다. 검사가 '기발한' 안을 내놨다.

○ 검사: 제보폰을 주기 부담스러우면 영장 집행으로 뺏겼다는 식으로 말하면 덜 부담스러우시지 않을까요?
○ 김용진: 강제집행하세요. 저희는 막을 거니까
○ 검사: 압수 집행이에요. 피압수자가 우리가 막겠다고 말하는 그런 압수 집행이 어디 있습니까?

집 수색은 한 시간 좀 넘어 끝났는데 이 문제를 두고 좀처럼 해결점을 찾지 못했다. 검사는 또다시 현관문을 열고 밖으로 나갔다. 이 상황을 보고하고 지침을 받을 요량이었다. 얼마 뒤 돌아온 검사는 문제의 두 휴대폰 요금을 내가 아니라 뉴스타파에서 냈다는 걸 확인해줄 수 있냐고 물었다. 그렇게 하겠다고 했다. 뉴스타파로 연락해 두 휴대폰 요금 납부 영수증을 2년치 정도 캡처해 보내라고 했다. 얼마 지나지 않아 자료가 왔다. 그제야 압색팀은 수긍하는 듯했다. 내 명의 휴대폰을 손에 넣겠다는 미련도 버린 것처럼 보였다. 검사가 다시 지침을 받고 왔다.

그는 지금 뉴스타파에 가서 그 두 휴대폰의 실물을 확인할 수 있냐고 물었다. 확인을 하면 클리어 한다는 확답을 하면 그렇게 하자고 했다. 확인만 하겠다며 지금 가자고 했다. 나는 아침에 비몽사몽 상태에서 일어나 지금까지 아침을 못 먹은 건 물론 씻지도 못했다고 말했다. 충무로 뉴스타파함께센터 1층 북카페에서 오후 1시 반에 만나자, 당신들이 찾는 휴대폰 준비해 놓겠다. 좀 씻고 갈 테니 먼저 가라고 했다.

곧 다시 만나기로 하고 우리는 헤어졌다. 마치 오래 정이 든 사람들처럼. 좁은 집 안에서 몇 시간을 복닥거려서 정이 들 만도 했다. 하지만 금방 다시 만나고 싶지는 않았다. 그래도 공권력 집행에 최대한 협조해야 한다는 의무감이 사적인 감정에 앞섰다. 압수자와 피압수자가 압수수색이 끝나고 한 시간 반쯤 뒤, 카페에서 다시 만나는 건 아마 압수수색 역사상 유례가 없는 일이 아닐까.

간단하게 씻고 약속 시간에 맞춰 3호선을 타고 충무로역으로 향했다. 두어 시간 전 압수수색 당시 막내가 내게 한 말이 떠올랐다. 검사와 수사관에게 귤과 생수를 가져다 드렸는데 검사가 사양하며 막내와 이런 말을 주고받았다고 했다.

"아빠가 그렇게 나쁜 사람은 아니야."
"네 저도 잘 알고 있어요."

나는 2023년 12월 검찰이 압수해간 휴대폰을 이 책 개정증보판이 나오는 이 순간까지 돌려받지 못하고 있다. 봉인을 해제하고 포렌식을 하겠다는 말도 없다. 17개월이 지났다.

04

압색공화국

압색공화국

압수수색영장 청구 하루 평균 1467건

대한민국은 압색공화국이다. 압수수색으로 날이 새고 압수수색으로 날이 저문다. 뉴스를 보면 압수수색 없는 날이 드물다. 어제도, 이 글을 쓰는 오늘도 검찰이나 경찰이 어디를 압수수색했다는 소식이 끊이질 않는다. 방송통신심의위원회 사무실과 직원 집[*], 전직 대통령 딸의 제주도 주택, 국회사무처, 의원회관, 교육방송 등 종횡무진이다. 내일도 모레도 대한민국 어디에선가 압수수색영장을 제시하고 휴대폰이나 노트북, 각종 디지털정보 저장장치를 압수할 것이다. 압수수색 뉴스는 날씨 기사나 교통정보처럼 일상이 됐다.

체감은 이러한데, 실제 검경이 법원에 압수수색영장을 청구해 발부받는 건수는 얼마나 될까? 대한민국 법원 <사법정보공개포털>[**]에 관련 자료가 있다. 2024년 한 해 동안 법원에 청구한 압수수색검증영장은 모두 535,577건이다. 사상 처음으로 연간 압수수색영장 청구 건수가 50만 건을 훌쩍 넘어섰다. 11년 전인 2013년에는 182,259건을 청구했다. 지난 12년간 인구는 거의 정체 상태인데, 압수수색영장은 무려 3배 가까이 늘었다. 하루 평균 1467건이다.

---

[*] 서울경찰청 반부패수사대는 류희림 방송통신심의위원장의 엽기적 '청부 민원' 의혹을 국민권익위원회에 공익신고한 제보자를 색출할 목적으로 방심위 직원 3명의 집과 방심위 사무실을 2024년 9월 10일 동시다발로 압수수색했다. 경찰은 2024년 1월에도 같은 목적으로 방심위 사무실을 압수수색했다.

[**] 대한민국 법원 사법정보공개포털 http://portal.scourt.go.kr/pgp/index.on

뉴스를 보며 막연하게 '좀 많구나' 하고 생각했는데 체감 수치를 훨씬 웃돈다. 발부율은 더 놀랍다. 2024년 검찰이 법원에 청구한 535,577건의 압수수색검증영장 가운데 488,192건을 '발부'했다. '일부기각'은 42,033건, '기각'은 5352건이다. 발부율, 이른바 "영장이 떨어지는" 비율이 91.2%에 이른다.

압수수색영장 건수가 이렇게 치솟는 가운데 법원은 검찰이 청구한 압수수색영장 10건 중 9건 이상을 받아주고 있다. 법원을 가리켜 '영장 자판기'라는 말이 그냥 나온 얘기가 아니다. 아래 표를 보면 90%가량의 발부율은 2013년부터 10년 넘게 거의 변동이 없다.

압수수색검증영장 연도별 청구 건수 및 발부율

대한민국법원 〈사법연감〉 및 〈사법정보공개포털〉에서 취합

연도	청구	발부	일부기각	기각	발부율
2013	182,259	166,877	13,830	1552	91.6
2014	181,067	166,033	13,421	1613	91.7
2015	184,000	165,042	17,261	1697	89.7
2016	188,538	168,268	18,543	1727	89.2
2017	204,263	181,012	21,273	1978	88.6
2018	250,701	219,815	28,213	2673	87.7
2019	289,625	258,125	28,091	3409	89.1
2020	316,611	288,730	24,806	3075	91.2
2021	347,623	317,496	27,039	3088	91.3
2022	396,807	361,613	31,576	3618	91.1
2023	457,163	414,975	37,214	4974	90.8
2024	535,577	488,192	42,033	5352	91.2

압수수색영장 공식 발부율은 '눈속임'

발부율 90%, 10건 청구에 9건 발부. 엄청 높은 비율이다. 그런데 지난 12년 간 87%~91% 박스권을 형성한 발부율도 좀 더 정밀하게 들여다보면 사실 눈속임이나 마찬가지다. 사법연감 통계에서 '일부기각'으로 분류한 영장도 실제는 발부한 것이기 때문이다. 앞서 언급했듯이 필자를 대상으로 서울중앙지검 반부패수사부가 청구해 법원이 발부한 영장을 보면 압수수색 대상에 줄이 그어진 곳이 눈에 띈다. 검사가 청구한 압수수색 대상을 판사가 불허한 대목이다. 검찰이 무리하게 압수수색 범위를 설정해, 법원이 너무 심하다는 판단으로 해당 부분을 기각한 것이다. 이것이 '일부기각'이다. 압수수색 자체를 불허한 건 아니다.

▶ 이른바 '윤석열 명예훼손' 사건 관련자에 대한 압수수색영장이다. 맨 아래 '일부기각 및 기각의 취지'에 장소와 물건, 압수 대상 및 방법 제한 부분이 체크돼 있다.

[별지 2]
■ 압수할 물건

압수의 대상 및 방법 제한이 있음(별지)

가. 본건 범죄사실과 관련된, 범행 계획, 공모, 경과, 결과, 범행방법, 증거인멸 내용이 기재된 문건, 회의록, 보고서, 내부 검토자료, 결재문서, 편지(이메일 포함), 계약서, 약정서, 합의서, 정산서, 일정표, 다이어리, 책, 장부, 수첩, 업무일지, 사실확인서, 업무연락 자료, 일기장, 노트, 달력, 메모, 녹취록(녹음파일 포함), 명함, 사진, 통장, 신용카드, 체크카드, 현금, 수표(사본 포함), 상품권, 카타 ~~유가증권~~, 지갑 및 내용물, 현금출납부, 영수증, 전표, 지출결의서, 회계장부, 사건 관련 수기가 기재된 책자 및 종이 기타 물건, ~~금·다이아몬드 등 보석류, 고가의 시계, 가중 회원권 및 위 물건·권리 구입과 관련된 서류~~

나. 위 가항의 자료가 컴퓨터(노트북, 태블릿PC 포함), USB, 하드디스크, 메모리카드, 메인보드 등 이동식 저장장치, 모바일 기기, 녹음기 등 정보저장매체, 전산서버, 가상 저장공간 등에 저장되어 있는 경우에는 본건과 관련성이 인정되는 범위 내의 전자정보(해당 저장장치 등에 잠금장치가 되어 있는 경우에는 비밀번호 등 잠금 해제 장치 및 관련 정보 포함)

▶ 검찰이 청구한 압수 대상 물건 목록 중 일부에 줄이 그어지고 날인돼 있다. 판사가 기각한 부분이다.

실제 압색영장 발부율 99%, 법원은 '영장 자판기'

앞에서 제시한 실제 압수수색영장 사본에서 봤듯이 '일부기각'도 영장은 발부한 것이다. 그러나 대한민국법원이 매년 발간하는 <사법연감>은 '일부기각'을 발부에 넣지 않고 '기각'으로 집계해서 통계를 만든다. 그래서 압색영장 발부율이 80%대 후반에서 90%대 초반으로 나오게 된다. 하지만 일부기각도 발부 건수에 포함해야 한다. 이를 감안하면 실제 발부율은 사법연감 수치와 상당히 달라진다.

예를 들어 2022년 영장 청구 건수가 396,807건인데, 일부기각을 발부로 간주하면 실제 발부 건수는 393,189건이 된다. 이 경우 발부율이 99%를 웃돈다. 사법연감의 발부율 91%와는 온도차가 크다.

또 <사법연감>을 보면 2018년 발부율은 87.7%로 지난 10년 중 가장 낮다. 하지만 일부기각을 발부 건수에 포함하면 발부율은 98.9%로 치솟는다. 보여지는 발부율 87.7%가 실제는 99%라는 말이다. 검찰이 영장을 '쓱 넣으면' 법원에서 그대로 '쑥 나오는' 메커니즘이 굳어있다. 법원은 '압수수색영장 자판기'라는 말이 우스갯소리가 아님을 잘 보여준다.

그렇다면 검찰의 압수수색영장 청구 건수는 정권에 따라 얼마나 차이가 날까. 앞서 연도별 통계에서 봤지만 건수 비교는 큰 의미가 없다. 해가 갈수록 증가하기 때문이다. 다만 각 정권 시기에 따라 언론 보도에서 압수수색을 언급하는 양으로 압수수색에 대한 사회 주목도 차이는 가늠할 수 있겠다. 일반 범죄 수사를 위한 압수수색 집행은 사실 언론이 크게 주목하지도 않고 기사로 잘 다루지도 않는다. 압수수색을 기사화하는 경우는 대부분 정치적, 사회적 주목도가 높은 사건이거나, 무리한 압수수색 집행 등으로 물의를 빚을 때다.

구속영장 청구는 11년 전에 비해 크게 줄었다

우리는 영장이라고 하면 흔히 압수수색영장과 더불어 구속영장을 떠올린다. 앞서 살펴본 것처럼 압수수색영장은 급증하는데, 구속영장 청구는 어떨까. 아래 표를 보면 구속영장은 2013년에 33,116건을 청구했다. 그중 6010건은 기각, 27,089건을 발부했다. 발부율은 81.8%다.

11년 뒤인 2024년에는 27,948건이 청구돼, 6435건을 기각하고 21,488건을 발부했다. 발부율은 76.8%다. 청구 건수나 발부율 모두 11년 전에 비해 크게 줄었다.

대한민국법원 〈사법연감〉에서 취합

연도	청구	발부	기각	발부율
2013	33,116	27,089	6010	81.8
2014	35,767	28,438	7299	79.5
2015	38,061	31,158	6883	81.9
2016	39,624	32,395	7242	81.8
2017	35,126	28,400	6739	80.9
2018	30,065	24,457	5610	81.3
2019	29,646	24,044	5608	81.1
2020	25,777	21,141	4677	82.0
2021	21,988	18,034	3915	82.0
2022	22,590	18,384	4204	81.4
2023	26,272	20,881	5398	79.5
2024	27,948	21,488	6435	76.8

대검찰청 통계시스템[*]에 따르면 구속영장 실질심사 제도 도입 이듬해인 1998년에 구속영장 청구가 161,572건으로 정점을 찍었고, 이후 계속 하락했다. 1998년 전체 형사사건 접수 건수는 모두 2,341,913건으로, 접수 대비 구속영장 청구율은 6.9%였다. 청구율은 이후 계속 급감해 2020년에는 1.1%까지 떨어졌다가 2022년 1.5%로 다소 증가했다.

이렇게 구속영장 청구는 크게 줄어든 반면 압수수색영장 청구는 급증하는 데에는 중요한 함의가 있다. 사실 구속영장 '실질심사' 제도를 도입하기 전에는

---

[*] 대검찰청 통계, e-나라지표에서 재인용, https://www.index.go.kr/unity/potal/main/EachDtlPageDetail.do?idx_cd=1727

말 그대로 구속영장 '형식심사'가 이뤄졌다. 판사는 검사가 청구한 구속영장 서류만 보고 영장을 기계적으로 발부하는 경향이 컸다. 검찰은 기각될 우려를 크게 하지 않고 구속영장을 청구하고, 법원은 영장에 적힌 내용만 보고 큰 고민 없이 영장을 발부한 결과, 인신구속 남발에 인권침해 사례가 뒤따랐다.

그러나 법원이 피의자 인신구속 여부를 검찰이 낸 서면만 보고 판단하는 형식심사에서 탈피해 피의자를 직접 심문하는 실질심사로 결정하고, 나아가 공판중심주의 원칙을 강조하면서 인권침해 요소는 줄어들었다. 일단 구속하고 보자는 검찰의 무분별한 구속영장 청구도 급감했다.

영혼이 너무 쉽게 털린다

반면에 압수수색영장 발부 여부는 여전히 '실질심사'가 아닌 '형식심사'로 결정한다. 이런 관행 아래에선 수사 검사가 압수수색영장의 범죄사실에 상상과 추론으로 소설을 써도 판사가 이를 검증할 방법이 없다. 실제 김용진 대표 집 압수수색영장에 적힌 신학림과 '대선TF' 같은 대목이 전형적인 검찰의 '뇌피셜'이다. 하지만 판사는 이를 제대로 검증하지 않고 기계적으로 영장을 내준다. 검사가 써놓은 것만 보면 그럴싸하다. 현재 제도로는 검증할 방법 자체가 없다는 게 문제다. 발부율 99%는 이런 관행이 얼마나 고착돼있는지를 잘 보여준다. 검찰도 여기에 익숙해져서 '뇌피셜' 영장의 유혹에서 벗어나지 못한다.

휴대폰에는 한 사람의 인생이 담겨있다. 휴대폰을 압수당하는 건 '영혼이 털리는 것'과 마찬가지다. 지나친 검찰 편의주의 관행하에서 인간의 영혼이 너무 쉽게 털려나가고 있다. 검찰은 이른바 수사의 밀행성, 신속성을 위해 현재 시스템이 불가피하다고 주장하지만, 그런 기대 효과에 비해 초래하는 피해가 막대하다. 그래서 현행 압수수색 제도에 사법 통제가 필요한 시점이 됐다는 이석태 전 헌법재판소 재판관의 지적은 울림이 크다.*

인신구속 제도는 시간이 흐르면서 차츰 개선됐지만 압수·수색 제도는 여전히 수사권 남용 비판에서 자유롭지 못한 실정이다. 오히려 정보화가 대세가 된 오늘날 검찰의 영향력이 미치는 수사 범위는 한층 더 넓어진 것 같다. 수사기관은 수사에 필요한 단서와 증거를 얻기 위하여 법원으로부터 압수·수색영장을 발부받는다.

법원이 이를 적절하게 제약하지 않으면, 수사기관은 범죄와 연관되지 않은 피의자의 소지물 전체를 입수하고 이를 활용하려는 경향이 강화된다. '영혼까지 털린다'라는 말이 과장이 아닌 시대가 되었다. 특히 수사기관은 오늘날 '그 사람 자체'라고 할 정도로 많은 정보를 담고 있는 휴대폰을 압수하면, 한 사람을 둘러싼 유·무형의 인적·물적 관계 전부를 살펴볼 수 있다. 민감한 사생활 정보는 물론 의료 정보 등까지도 제3자에게 낱낱이 드러나게 된다.

따라서 개인정보보호를 위해서라도 압수·수색에 대한 사법적 통제가 필요한 시점이 되었다. 법원도 그런 문제의식에서 구속영장 심사 때처럼 압수·수색영장 심사 때도 당사자를 불러 직접 심문한 뒤 발부 여부를 결정하는 쪽으로 개선책을 모색하는 것으로 보인다. 그렇게 되면 압수·수색영장은 법관의 대면 심리를 통해 사전 검토를 받을 터이고, 남용이 제어될 가능성이 커진다. 이는 인신구속 제한에 한정돼 있던 공판중심주의의 미비점을 보완하는 계기가 될 수 있다.

---

* 〈이석태, 공판중심주의를 다시 생각한다〉, 한겨레 (2024.1.25.) https://www.hani.co.kr/arti/opinion/column/1125959.html

사법부에서도 전,현직 대법원장이 압수수색 제도 개선 의지를 여러 차례 밝히는 등 문제를 심각하게 여기고 있기는 하다. 제도 개선의 핵심은 사전심문 제도다.

대법원, 압색영장 '사전심문' 추진, 검찰은 극렬 반발

조희대 대법원장은 2023년 12월 5일 열린 국회 인사청문회에서 압수수색 문제가 굉장히 대두되고 있기 때문에 제도를 개선해야 한다고 밝혔다. 그는 "대법관으로 근무할 때 압수수색과 관련해 참여권을 획기적으로 보장하거나 압수된 자료의 반환을 청구하는 등의 획기적인 판결을 냈다"며 "여전히 문제가 된다면 앞으로 세심히 살펴서 필요한 조치를 강구하겠다"고 말했다. 조 후보자는 또 압수수색영장 사전심문 제도 도입과 관련해 "외국에서도 시행하는 제도이기 때문에 긍정적으로 검토하겠다"며 "대법원도 노력하겠지만 국회에서도 관련 입법 조치가 가능한지 함께 검토했으면 좋겠다"고 말했다.

조희대 대법원장은 2024년 연초 법원 시무식에서도 헌법상 신체의 자유와 무죄 추정의 원칙을 언급하며 "헌법 정신에 따라 인신구속과 압수·수색 제도를 개선하고 적정하게 운용해 국민의 기본권을 보호하고, 피고인의 방어권 보장과 실체적 진실 발견을 조화롭게 구현하겠다"고 밝혔다. 또 "증거의 구조적 불균형이 불공정한 재판 결과로 이어지지 않도록 증거 수집 제도를 개선해 반칙과 거짓이 용납되지 않는 법정을 만들어나가겠다"고 강조했다. 검찰 등 수사기관의 지나친 강제수사를 적절히 제한하기 위한 사법 통제를 강화하겠다는 의지 표명이었다.

조희대 대법원장은 2024년 2월 15일 취임 후 첫 출입기자 간담회에서도 압수수색영장 사전심문 제도를 언급하며 여러 안을 만들고 검토했다고 말했다. 대법원장이 군불은 충분히 때고 있는 셈인데 아직 구체적 실행 방안은 나오지 않는다. 조희대 대법원장이 언급한 압수수색영장 사전심문 제도는 검찰이 압수수색영장을 청구하면 판사가 피의자 등 사건 관계인을 심문한 뒤 영장 발부 여부를 결정하는 제도다. 사법부는 수사기관에 대한 민주적 통제 강화를 강조하고 있지만 검찰은 수사의 밀행성과 신속성 등을 해칠 우려가 크다며 반발한다.

압수수색영장 사전심문 제도는 조희대 대법원장이 갑자기 꺼낸 얘기는 아니다. 큰 관심을 끌지는 못했지만 전임 김명수 대법관 시절에도 이를 추진한 적이 있다. 법원행정처는 2023년 3월 대법원 형사소송규칙 일부 개정안을 입법예고하고, 6월 1일부터 압수수색영장 사전심문 제도를 도입하겠다고 했다. 대법원의 규칙 개정은 입법예고 기간이 끝나면 대법관회의에서 의결한 뒤 시행이 가능하다. 그러나 검경 등 수사기관이 반발하자 첫걸음도 제대로 떼지 못했고, 그해 8월 김명수 대법원장이 퇴임하면서 흐지부지됐다.

이후 윤석열 전 대통령의 친구로 알려진 이균용 서울고법 부장판사가 대법원장 후보자로 지명됐다. 윤석열의 친구는 압수수색영장 사전심문 제도에 위헌 소지가 있다며 반대 입장을 분명히 했다. 만약 그가 대법원장이 됐다면 사전심문 제도는 물 건너 가고, 최소한 그의 임기 6년 동안 이 제도는 언급조차 안 될 뻔 했다. 하지만 이균용 후보자는 국회 청문 과정에서 재산 신고 누락, 증여세 탈루, 농지법 위반 등 각종 문제가 드러나 도덕성과 자질 논란 끝에 결국 국회 임명동의안이 부결돼 낙마했다. 이 때문에 꺼질 뻔한 압수수색영장 사전심문 제도 불씨가 조희대 대법원장에 의해 되살아났다. 하지만 윤석열 검찰정권하에서 검경 등 수사기관의 무분별한 강제수사권을 통제할 압수수색영장 사전심문 제도를 도입한다는 건 불가능했다. 조희대 대법원장은 2024년에 이어 2025년 1월 2일 시무식에서도 압수수색영장 발부 전 대면심리제도 도입을 위한 입법 지원 등 강제수사 개선 방안을 찾아가겠다고 했지만, 아직 별다른 움직임은 없다. 매년 시무식 때마다 같은 얘기를 반복하면서 공수표만 날리고 있다.

검찰 권력의 '화수분' 압수수색

대한민국 검찰 권력의 원천은 압수수색이라는 이름의 강제수사다. 검찰 권력은 압수수색으로부터 나온다. 압수수색은 검찰 권력의 '화수분'이다. 화수분이란 재물이 계속 나오는 보물단지를 일컫는다. 그 안에 온갖 물건을 담아 두면 끝없이 새끼를 쳐 내용물이 줄어들지 않는다는 설화상의 단지. 검찰 입장에서 이 화수분이라는 말처럼 압수수색을 적절하게 비유하는 표현도 없을 것이다. 압수수색은 끊임없이 검찰 권력에 새끼를 쳐 그 권력을 무소불위의 철옹성으로 만든다.

그러나 형사소송법 원칙은 '강제수사'가 아니다. 압수수색도 필요한 경우에 최소한으로 해야 한다.

'검찰사건사무규칙' 제14조에 '불구속 및 임의수사의 원칙'을 명시하고 있다. 검사와 검찰청 직원은 "피의자에 대한 수사는 불구속 상태에서 하는 것을 원칙으로 해야 한다"고 명확하게 규정한다. 또 검사와 검찰청 직원은 "수사를 할 때 수사 대상자의 자유로운 의사에 따른 임의수사를 원칙으로 해야 하고, 강제수사는 형사소송법 제199조제1항 단서에 따라 법 또는 관련 법률에서 정한 바에 따라 필요한 경우에만 최소한의 범위에서 하되, 수사 대상자의 권익 침해의 정도가 더 적은 절차와 방법을 선택해야 한다"라고 명시한다.

그러나 검찰이나 대통령실 등 대한민국 권력 기관의 원칙은 원칙과 반대로 가는 게 원칙이다.

앞서 살펴본 것처럼 검찰이 청구하는 압수수색검증영장 건수는 해마다 크게 늘고 있다. 임의수사가 원칙이지만 강제수사가 급증한다. 사실상 강제수사가 원칙이 됐다. 압수수색 남발로 인한 사생활 침해나 개인정보 유출 등도 큰 사회 문제가 되고 있지만 검찰은 개의치 않고, 법원은 영장 자판기 역할만 한다.

검찰이 압수한 휴대폰과 노트북 등 전자정보 저장장치에서 디지털정보를 복제한 뒤 이를 통째로 검찰 내 서버에 저장해 별건 수사에 활용하는 사례도 잇달아 드러나 충격을 줬다. 이른바 디지털 캐비닛 논란이다. 조희대 대법원장은 압수수색영장 제도 개선과 관련해 변죽만 울린 채 임기를 보내고 있다. 이러는 사이 압수수색 현장에서는 각종 불법 논란이 끊이질 않고 있다.

'윤석열 명예훼손' 사건을 수사한 서울중앙지검 반부패수사부의 압수수색영장 집행 현장도 마찬가지다. 대부분 언론인과 언론사 상대 압수수색이고, 변호사가 입회한 현장인데도 검찰이 버젓이 불법을 자행한 사실이 드러났다. 현장에서 변호사 조력을 받기 힘든 일반인은 어떤 취급을 받을지 상상이 되지 않을 정도다.

검찰, 법원이 기각한 노트북과 이메일 불법 수색

2023년 9월 14일 뉴스타파와 JTBC 압수수색으로 시작된 소위 '윤석열 명예훼손' 사건 수사는 경향신문, 뉴스버스, 리포액트 등으로 급속히 확대됐다. 전현직 기자 8명이 압수수색을 당했다. 대장동 업자 김만배와 금전 거래를 해 수사대상이 된 언론인 3명은 뺀 숫자다. 그런데 검찰은 수사 과정에서 여러 형태의 불법 행위를 자행했다.

뉴스타파 한상진 기자 집을 압수수색하는 과정에서는 영장에서 기각된 부분을 불법으로 수색했다. 검찰은 압수수색검증영장에 없는(법원이 불허한) 한상진 기자의 노트북과 이메일, 각종 서류를 뒤졌다. 검찰이 불법 압수수색을 하는 과정은 뉴스타파 카메라에 고스란히 담겼다. 검찰은 한상진 기자 집을 압수수색하기 위해 법원에 영장을 청구하면서 '압수 대상 물건'을 A4 용지 두 장에 걸쳐(가~사) 장황하게 적어놨다(137쪽 영장 사본 참조). 하지만 법원은 검찰이 신청한 목록 중 딱 하나, '바' 항만 압수수색을 허가했다. 영장 판사는 "'바' 항 제외 삭제"라고 일부러 써놨다. '바' 항에는 이렇게 기재돼 있다.

바. 피의자 한상진이 그 명의로 개통하거나, 보관·사용하거나 사용했던 휴대전화(유심칩 포함), 태블릿 PC 등 통신단말기, USB·외장하드 등 이동식저장장치, 저장매체(CD, DVD 등)에 저장되어 있는 본건 관련 전자정보(해당 단말기에 설치된 어플리케이션을 통하여 접속·확인할 수 있는 본건 관련 전자정보 포함)

PC와 노트북('라' 항), 이메일('다' 항)은 모두 압수수색 대상에서 배제됐다. 하지만 검찰은 한 기자 집을 압수수색하면서 법원이 발부한 영장 내용을 깡그리 무시했다.

검찰은 한 기자 집에 보관되어 있던 노트북 3대를 수색했다. 사용한 지 오래되어 부팅이 되지 않는 노트북은 아예 물리적으로 해체해 하드디스크를 추출한 뒤, 다른 기기에 연결해 수색했다.

검찰은 역시 법원이 압수수색을 허락하지 않은 한 기자의 이메일도 뒤졌다. 한상진 기자의 자녀가 쓰는 노트북을 통해 한 기자 이메일에 접근한 뒤, 2180개에 달하는 이메일에 '대장동', '김만배', '윤석열' 같은 키워드 10여 개를 넣어 수색했다.

[별지 2]
■ 압수할 물건

가. 본건 범죄사실과 관련된 문건, 회의록, 보고서, 내부 검토자료, 결재문서, 조직도, 업무분장내역, 임직원 인사이동내역 등 인사관련 자료, 편지(이메일 포함), 계약서, 약정서, 합의서, 정산서, 일정표, 다이어리, 책, 장부, 수첩, 업무일지, 사실확인서, 업무연락 자료, 일기장, 노트, 달력, 메모, 녹취록(녹음파일 포함), 명함, 사진

나. 이 사건 '22. 3. 6.자 보도 전 뉴스타파 내부에서 보도 여부 및 내용 등을 결정하기 위해 이루어진 회의록 등 의사결정 과정에서 작성된 서류, 뉴스타파 내부에서 위 '22. 3. 6.자 보도 전 그 내용의 진위 및 취재원 신빙성 등을 검토하는 과정에서 작성된 회의록, 보고서 등 서류, 위 '22. 3. 6.자 보도 이후 그에 대한 여론 및 타사 언론들의 반응에 대한 뉴스타파 내 후속조치 및 대응과정에서 작성된 회의록 등 서류 및 위 각 서류들에 대한 녹취파일, 녹취록

다. 뉴스타파에서 운영(임차)하는 이메일서버, 웹하드서버, 웹호스팅서버, 사내 메신저 서버 등 전산망 장비에 보관 중인 '22. 3. 6. 이 사건 보도 관계인들(피의자 한상진, 김용진)이 각각 사용 계정에서 '21. 9. 1.부터 '22. 3. 31.까지 사이에 제목, 내용 및 첨부파일에 범죄사실과 관련된 내용의 이메일 및 각 첨부서류, 저장데이터[보낸 편지함, 받은 편지함, 임시 보관함, 수신 확인함, 휴지통(삭제전 자료), 클라우드 서비스에 보관 중인 자료, 위 기간 동안 접속 로그 IP 포함]

라. 위 가. 내지 다.항 기재 각 자료가 PC, 노트북 컴퓨터, USB, CD/DVD, SSD(Solid State Drive), 외장하드디스크, 플래쉬메모리(Flash Memory), 이동식 하드디스크, 태블릿·스마트폰, 휴대폰 외장 메모리카드, 내장 메모리카드, 메인보드 등 저장장치, 모바일기기, 녹음기 등 정보저장매체, 전산서버, 가상 저장공간 등에 저장되어 있는 경우에는 본건과 관련성이 인정되는 범위 내의 전자정보, 해당 저장장치의 출력물 및 복사본(해당 저장장치에 잠금장치가 되어 있는 경우에는 비밀번호 등 잠금 해제 장치 및 관련 정보 포함)

마. 위 가. 내지 라.항 기재 자료 내지 위 자료의 저장·수록 매체가 금고·사물함 안에 보관되어 있으나 시정장치 해제 불능 등으로 반출이 불가능한 경우 그 금고·사물함

바. 피의자 한상진이 그 명의로 개통하거나, 보관·사용하거나 사용했던 휴대전화(유심칩 포함), 태블릿 PC 등 통신단말기, USB·외장하드 등 이동식저장장치, 저장매체(CD, DVD 등)에 저장되어 있는 본건 관련 전자정보(해당 단말기에 설치된 어플리케이션을 통하여 접속·확인할 수 있는 본건 관련 전자정보 포함)

사. 위 각 항의 자료의 소재를 파악하거나 증거를 인멸한 정황을 확인할 수 있는

▶ 2023년 9월 14일 검찰이 뉴스타파 한상진 기자 집을 압수수색할 때 제시한 영장. 검찰은 [별지 2] 압수할 물건을 '가'부터 '사'까지 모두 7개항에 걸쳐 기재했다. 그러나 법원은 '바항'만 살리고 나머지는 모두 기각했다. 담당 판사는 "'바'항 제외 삭제"라는 메모도 남겼다.

검찰, 알고도 불법수색

검찰은 한상진 기자의 노트북과 이메일을 수색하는 행위가 불법이라는 사실을 알고도 수색을 강행한 것으로 보인다. 한 기자와 같은 날 압수수색을 당한 뉴스타파 봉지욱 기자 집에서는 법원이 허용하지 않은 노트북 수색은 벌어지지 않았다. 검찰 스스로 "노트북은 압수수색 대상이 아니다"라고 봉지욱 기자에게 고지한 뒤 '노트북 수색'을 하지 않았다고 한다. 봉지욱 기자 집 압수수색영장에는 '피의자 봉지욱이 그 명의로 개통하거나 보관·사용한 휴대전화, 태블릿PC 같은 통신단말기, USB와 같은 이동식 저장장치'만 압수수색할 수 있다고 돼있다. 봉 기자는 압수수색 당시 상황을 이렇게 설명했다.

"집에 회사에서 쓰는 업무용 노트북이 있었는데, 검사가 제 영장 압수물 목록에는 노트북이 없다고 그러더라고요. '노트북은 왜 안 가져가세요?' 그랬더니 '이건 영장에 없어요' 하면서 굉장히 아쉬워하더라고요. 노트북을 얼마나 가져가고 싶었겠어요. 가장 많은 정보가 노트북에 있는데..."

▶ 2023년 9월 14일 뉴스타파 한상진 기자 집 압수수색 현장에서 검찰 수사관이 한 기자의 취재 노트북을 불법으로 분해해 수색하는 장면.

'불법 압색' 책임자 강백신 차장검사

검찰이 한상진 기자 집을 압수수색하면서 벌인 불법 행위는 더 있다. 법원은 한상진 기자에 대해 압수수색 영장을 발부하면서 어떤 서류나 문서도 압수수색하지 못하도록 못을 박았다. 검찰은 압수수색검증영장 '가' '나' '라' 항 등에서 서류, 문서, 출력물, 복사본 등도 수색·압수하겠다고 신청했지만 법원이 모두 기각했다. 하지만 검찰은 법원 영장 기각 내용을 무시하고 한상진 기자 집에 보관된 각종 취재 자료와 서류를 모조리 수색했다. 이 사건과 무관한, 한 기자의 사생활에 해당하는 우편물까지 샅샅이 뒤졌다.

심지어 압수수색을 담당한 검사는 "문서는 압수수색 대상이 아닌데 왜 수색하냐"는 한 기자의 문제 제기를 듣고도 "(노트북이나 PC에서 나온) 출력물은 압수수색 대상이다"라는 취지의 거짓말을 하기도 했다.

노트북 자체가 압수수색 대상이 아니었기 때문에, 노트북에 들어있는 파일을 출력한 서류 역시 압수수색 대상이 될 수 없는데도, 사실과 다른 주장을 한 것이다. 검사의 해당 발언, 각종 서류 압수수색에 문제를 제기하는 한상진 기자의 발언은 뉴스타파 카메라에 그대로 담겼다.

한상진 기자 집 압수수색을 담당한 검사는 서울중앙지검 반부패수사1부 소속 이건웅 검사다. 이 검사의 상관이자 검찰이 이른바 '윤석열 명예훼손' 사건 수사를 위해 10여 명의 검사를 투입해 꾸린 특별수사팀 책임자는 강백신 당시 서울중앙지검 반부패수사1부장이었다.* 그는 윤석열 명예훼손 사건 피의자 기소를 앞두고 무슨 이유에서인지 성남지청 차장검사로 인사발령이 났다. 2024년 6월 성남지청으로 자리를 옮긴 강백신에 대해 민주당은 '윤석열 명예훼손' 사건을 수사하면서 위법한 수사를 했다는 사유로 탄핵안을 발의하기도 했

---

* 2024년 6월, 강백신 서울중앙지검 반부패수사1부장이 성남지청 차장으로 자리를 옮겼다. 그 후임으로 이준동 부장검사가 왔다.

다. 강백신 차장검사는 탄핵안이 올라온 뒤인 7월 7일 검찰 내부 게시판 '이프로스'에 "자기편 범죄를 수사했다는 이유로 (민주당이) 형사사법시스템을 개악함으로써 국민들의 기본권 보호가 위기에 처했다", "위법하거나 과잉되었다는 (민주당)주장의 기준이 무엇인지, 검찰 수사가 그 기준을 어떻게 위반한 것인지에 대한 내용은 전혀 없다"는 글을 올렸다.

사건과 관련 없는 자료도 대량 압수

검찰이 윤석열 명예훼손 사건 피의자인 언론인에게서 압수한 휴대전화 등 전자정보 저장매체를 포렌식하는 과정에서도 불법행위가 전방위로 벌어졌다. 검찰 '윤석열 명예훼손' 사건 특별수사팀은 법원이 영장을 발부하면서 허용한 압수수색 범위를 벗어나 사건과 관련이 없는 내용도 마구 가져갔다. 뉴스타파가 확인해보니, 검찰은 수사 대상 언론인의 일상적인 취재 활동 결과물까지 사찰하듯 수색하고 압수했다.

2023년 10월 11일 '윤석열 명예훼손' 사건 특별수사팀인 서울중앙지검 반부패수사1부 소속 검사와 수사관들이 허재현 리포액트 기자 집에 들이닥쳤다. 이들은 변호사가 올 때까지 기다려달라는 허 기자의 말을 무시한 채 집 현관을 강제로 부수고 들어가 압수수색을 했다. 압수수색 영장에 기재된 허재현의 혐의는, 20대 대통령선거 직전인 2022년 3월 1일 허 기자가 쓴 '부산저축은행 수사 무마 의혹' 기사가 윤석열의 명예를 훼손했다는 것이었다.

법원은 노트북과 휴대전화, 취재 노트 등 검찰이 신청한 압수 대상 대부분에 압수수색을 허락했다. 다만, '압수할 물건'은 윤석열 대통령이 주임검사를 맡은 2011년 대검 중수부의 부산저축은행 수사 관련 자료와 윤석열 대통령후보 관련 자료로 한정했다.

검찰은 허재현 기자 집에서 노트북, 휴대전화, 그리고 하드디스크 2대를 압수했다. 그리고 세 달에 걸쳐 포렌식을 진행한 뒤 압수물을 선별했다. 뉴스타파는 허 기자로부터 검찰이 압수한 전자정보 목록을 받아 하나씩 확인했다.

검찰이 허 기자에게서 압수한 전자정보는 모두 5569건이다. 그런데 압수물 목록을 자세히 보니 이상한 점이 있었다. 법원이 허락한 '압수 대상 물건'이라고 보기 힘든 정보가 너무 많았다. 목록만으로 내용 파악이 가능한 것만 봤는데도 최소 100건이 넘는 무관 정보가 털린 사실이 확인됐다. 검찰 내부 비판에 적극적인 임은정 검사와의 통화 내용, 추미애 의원 보좌관 등 더불어민주당 관계자와 주고받은 각종 자료, 허 기자 개인정보가 담긴 자료, 민주당 모 의원실이 작성한 한동훈 전 법무부장관 인사청문회 자료 등이다. '대선후보 윤석열', '대통령 윤석열'과 관련 있다고 볼 수 없는 정보였다.

검찰이 허 기자 집에서 압수한 전자정보 중에는 이른바 '대선개입 여론조작 사건' 특별수사팀이 문제삼는 보도 이후 발생한 사건 관련 자료도 수두룩했다. 김건희 여사 일가와 관련한 양평고속도로 특혜 의혹 사건 자료, 이화영 전 경기도 부지사와 쌍방울그룹 관련 사건 취재 자료가 대표적이다.

뉴스타파가 확인한 압수 목록은 검찰이 허재현 기자 노트북에서 압수한 정보들이다. 검찰이 허재현의 휴대전화나 USB 등 저장장치에서 압수한 목록은 확인하지 못했다. 이 때문에 검찰이 허 기자에게서 털어간, '윤석열 명예훼손' 사건과 무관한 취재 관련 정보는 뉴스타파가 확인한 것보다 훨씬 많을 것으로 추정한다.

고발사주 사건 취재 파일도 압수

2023년 12월 26일, 검찰은 뉴스버스 이진동 대표 집과 뉴스버스 사무실을

'윤석열 명예훼손' 혐의로 동시에 압수수색했다. 압수수색이 끝난 뒤 이진동 대표는 검찰이 영장 범위를 벗어난 각종 취재 자료를 압수했다고 말했다. '윤석열 명예훼손' 사건과 전혀 관련이 없는, 뉴스버스가 지난 20대 대선 한참 전에 특종 보도한 이른바 윤석열 사단의 '고발사주' 의혹 관련 취재 자료를 무더기로 털어갔다고 밝혔다.

> 나하고 뉴스버스 취재 기자들이 공유해서 쓰는 텔레그램방이 있습니다. 거기에는 '윤석열 명예훼손' 사건과 관련이 없는 정보들, '고발사주' 정보부터 다 포함돼 있는데 검찰은 텔레그램방 전체를 가져가려고 했습니다. '방 전체를 다 가져가면 안 되지 않냐'고 했더니 '분리가 안 된다'는 거예요. 그거 다 거짓말이거든요. 근데 압수수색을 당해보면 알지만, 검찰이 가져가겠다고 하면 어쩔 수가 없어요.
>
> 이진동 뉴스버스 대표

JTBC 기자로 일할 때 '윤석열 부장검사의 부산저축은행 브로커 수사 무마 의혹'을 보도한 뉴스타파 봉지욱 기자도 '윤석열 명예훼손' 사건과 무관한 취재 자료를 털렸다. 검찰이 압수수색과 포렌식 절차를 마친 뒤 봉지욱 기자에게 준 전자정보 압수물 목록을 보면, 문제의 '윤석열 명예훼손' 의혹 기사와 관련 없는 자료가 수두룩했다. 김건희 일가와 관련한 양평고속도로 취재 자료는 물론 봉지욱 기자가 여러 취재처에서 제공받은 각종 보도자료까지 털어갔다. 압수수색을 빌미로 사실상 봉 기자의 기자 활동 전반을 사찰한 것이나 마찬가지였다. 법원이 봉지욱 기자에 대한 압수수색영장을 발부할 때 허락하지 않은 명백한 불법행위다.

검찰이 기세등등하게 시작한 이른바 '대선개입 여론조작' 사건은 '윤석열 명예훼손' 사건으로, 그리고 공판준비기일 등을 거치면서 윤석열의 '부산저축은행 수사 무마 의혹' 규명 사건으로 정체성이 가다듬어지고 있다. 이 사건이 1년간 진행되면서 기존에 검찰이 수사한 다른 정치적 사건과 뚜렷하게 구분되는 지점은 검찰이 언론인을 무더기로 강제수사하면서 본래 사건과 무관한 취재 자료, 특히 현 정권과 관련한 자료를 무차별 수색하고 압수했다는 사실이다. 또 여러 기자를 수사 대상에 올리고, 이들의 통신 내역을 뒤지고, 이들과 연락한 취재원 정보 등을 무차별 수집했다는 점이다.

05

망상

망상

범죄사실 허위 기재

서울중앙지검 '대선개입 여론조작 특별수사팀'은 2023년 12월 6일, 김용진 뉴스타파 대표 집을 압수수색했다. 다음 날인 12월 7일, 고형곤 서울중앙지검 4차장은 출입기자 간담회에서 뉴스타파가 수사에 협조하지 않아서 어쩔 수 없이 강제수사를 했다고 밝혔다. 그러나 이는 거짓이다. 압수수색에 앞서 검찰은 김 대표에게 어떠한 협조 요청도 한 적이 없다.

검찰은 또 뉴스타파 구성원 여럿에게 참고인 신분으로 조사를 받으라고 통보했다. 그러나 이들은 검찰이 현직 대통령의 명예를 훼손했다고 보는 2022년 3월 6일 자 뉴스타파의 '윤석열 부산저축은행 사건 수사 무마 의혹' 보도와는 관련이 없다. 검찰은 이들에게 우편으로 일방적인 출석요구서를 보냈을 뿐, 왜 부르는 건지 설명도 하지 않았다. 참고인 조사를 하겠으니 들어오라는 요구서는 받았으나 전화는 한 통도 받지 못한 기자도 있었다. 하지만 검찰은 마치 뉴스타파가 수사 협조를 하지 않아 강제수사를 할 수밖에 없다는 언론플레이를 했고, 대다수 매체는 고형곤 차장검사의 말을 그대로 받아썼다. 뉴스타파에 고 차장검사의 발언이 사실인지 확인한 기자는 단 한 명도 없었다.

검찰이 영장 내용에 다수의 '허위사실'을 포함하고, 사전에 참고인 조사 소환장을 남발한 것은 결국 김용진 대표에 대한 압수수색검증영장을 받아내기 위해 밑그림을 치밀하게 그린 게 아니냐는 의심까지 불러일으켰다.

실제로 김용진 대표 압수수색검증영장에 있는 소위 '범죄사실'에는 검찰의 억지 주장과 단정적 표현, 확인되지 않은 허위 정보와 스스로의 주장을 뒤집는 모순된 내용으로 가득했다. 그럼에도 법원은 영장 내용이 사실인지 제대로 검증하지 않은 채, 압수수색영장을 발부했다.

피해자가 윤석열 대통령 단 한 명인 '윤석열 명예훼손' 사건 수사를 위해 검찰은 5개 언론사, 8명의 기자를 대상으로 광범위한 압수수색을 했다. 기자들에 대한 출국금지도 동시에 이뤄졌다. 피해자가 대통령이 아니었다면 검찰 스스로 귀찮아서라도 압수수색은 하지 않았을 것이다. 명예훼손 사건을 검찰이 직접 수사하는 것도 현행법상 금지돼있다. 경찰 수사 관할이다. 하지만 검찰은 마치 뉴스타파 보도가 김만배-신학림 사건과 연결된 것처럼 압수수색영장을 만들었고, 법원은 검찰이 지어서 적어낸 영장 내용을 그대로 믿고 압수수색을 허가해줬다.

'윤석열 명예훼손' 사건은 대한민국 검찰과 법원에 내재한 위법과 편법, 수십 년간 굳어진 관행이 총망라된 부조리 종합 세트다.

검찰은 '독심술사'

검찰은 자신들이 주장하는 '김만배-신학림 허위 인터뷰'를 기획한 배후가 김만배 화천대유 회장이라고 주장한다. 김만배가 신학림 전 언론노조위원장(전 뉴스타파 전문위원)에게 거액을 주고 대장동 사건 책임을 이재명에서 윤석열로 돌리는 허위 인터뷰를 하게 한 뒤 뉴스타파를 통해 이른바 '윤석열 커피' 등의 내용을 담은 보도가 나가도록 사주했다고 한다. 수사 초기에는 김만배가 민주당 대선캠프와 소통한 정황을 검찰이 수사하고 있다는 언론 보도도 나왔다. 결국, 검찰이 김만배-신학림 녹취록 보도를 수사 대상에 올려서 그린 사건 구조는 민주당→김만배→신학림→뉴스타파로 이어지는 '대선개입 여론조작'이다.

검찰이 김만배 계좌 추적을 해 김만배와 신학림의 금전 거래 사실을 확인했을 때부터 이런 장대한 그림을 그리진 않았을 거라고 본다. 하지만 이 '물건'을 가지고 뭔가 만들어보려는 공명심과 충성심이 정치검찰 사이에서 꿈틀거렸을 테고, 3장 '공모'에서 다뤘듯이 검찰, 대통령실, 국민의힘, 방통위, 방심위 등 각종 관계 그룹의 이해가 맞물리고 상승 작용을 하면서 큰 그림이 기획된 것으로 추정한다. 신학림 전 위원장 집을 압수수색할 때만 해도 '대선개입 여론조작 특별수사팀'은 없었다. 그런데 대통령실, 국민의힘, 방통위 등이 극언 경쟁을 가속화하면서 검찰이 갑자기 특별수사팀을 만들었다. 그리고 대장동 사건의 주범은 이재명 후보인데 김만배와 뉴스타파가 짜고 배후를 윤석열 후보로 돌리는 대선공작을 했다는 정치검찰다운 시각을 확고하게 갖췄다.

김용진 대표 압수수색검증영장에서 검찰은 '김만배-신학림' 72분 대화 음성파일을 김용진 대표와 한상진 기자가 공모해 악의적으로 발췌하고 편집했다고 적었다. 검찰 영장에 따르면, 원래 대화 내용은 조우형을 만난 사람은 윤석열이 아니고 박길배 검사다→직원들이 조우형에게 커피를 타줬는데 조우형은 마시지도 못하고 나왔다→박길배가 조우형을 엮어놓지 않고 봐줬다는 것인데, 김용진과 한상진이 윤석열 주임검사가 커피도 타주고 봐준 것으로 편집해서 내용을 조작했다는 취지다.(물론 뉴스타파는 윤석열이 커피를 타줬다는 보도를 한 적도 없다.)

여기서 검찰의 모순이 나온다. 검찰은 애초부터 김만배와 신학림, 그리고 뉴스타파 측이 한통속이었다고 주장했다. 그리고 김만배와 신학림이 짜고 '허위 인터뷰'를 해서 뉴스타파가 보도하도록 했다고 상정한다. 그렇다면 굳이 뉴스타파가 발췌 편집을 할 이유가 없다. 김만배가 처음부터 '윤석열 주임검사가 커피를 타줬다'고 명확히 발언한 뒤, 아무런 편집 없이 그대로 보도하면 됐을 일이다. 같은 편끼리 이미 짜고 한 대화 파일을 또다시 어떤 목적을 위해 발췌 편집했다는 건 상식을 벗어난 주장이다. 왜 그렇게 일을 복잡하게 꾸미겠는가. 검찰이 이미 답을 정해놓고 조각을 끼워맞추려고 하다보니 생긴 모순이다.

검찰이 유달리 '윤석열 커피'에 집착하는 모습도 보인다. 윤석열 검찰은 김용진 대표 압수수색영장(151쪽 영장 참조)에 김만배가 신학림에게 '검찰 직원들이 조우형에게 커피를 타줬고, 박길배 검사가 조우형을 봐줬다'고 말했다고 적었다. 국민의힘이나 조선일보 등도 뉴스타파가 "윤석열이 커피를 타줬다"고 보도했다는 허위 정보를 되뇌고 있다. 뉴스타파가 그런 보도를 한 바도 없지만, 사실 커피를 누가 타줬냐가 사건의 본질도 아니다. 윤석열 명예훼손 사건 담당 재판부(부장판사 허경무)도 공판준비기일에 "커피는 문제의 본질이 아니며 핵심은 윤석열 주임검사가 조우형의 범죄 혐의점을 알고도 봐줬는지 여부"라고 말했다.

또 만약 검찰 주장처럼, 검찰 직원들이 커피를 타줬고 박길배 검사가 조우형을 봐준 것이라면 아무런 문제가 없을까. 당시 부산저축은행 수사팀을 이끈 건 윤석열 주임검사였고, 책임자인 대검 중수부장 김홍일은 후일 윤석열 정권이 들어선 뒤 윤석열 대통령에 의해 국민권익위원장과 방송통신위원장으로 임명된다. 거기에다 윤석열 검사의 상관이던 박영수라는 거물이 조우형의 변호인으로 등장한다. 평검사인 박길배 검사가 부산저축은행 사건에서 조우형을 봐줬어도 윗선이 책임져야 할 문제라는 얘기다. 그러나 박길배 검사는 검찰 조사에서 조우형을 봐준 적도 없고, 커피를 타준 적도 없다고 진술했다.

검찰 논리에 따르면 조우형은 2011년 대검 중수부 수사망을 빠져나갔는데, 결과적으로 그를 봐준 사람은 아무도 없게 된다. 검찰은 조우형이 애초에 수사 대상이 아니었다고도 주장했다. 그러나 뉴스타파 취재 결과, 조우형의 범죄 혐의점은 너무도 많았다. 그간 언론에는 조우형이 부산저축은행 대출을 대장동 사업에 알선한 브로커 정도로 알려졌다. 하지만 조우형은 대검 중수부 수사 당시에 대장동 시행 사업권을 완전히 인수한 상태였다. 즉, 대장동 사업의 주인이었던 것이다.

조우형은 부산저축은행 박연호 회장의 처남이고, 김양 부회장 지시를 받아 여러 차명 사업장을 직접 운영한 핵심 인물이었다. 따라서 조우형이 대장동 사업권 인수를 위해 지불한 10억 원도 부산저축은행에서 나왔을 확률이 크다. 이에 더해 조우형은 부산저축은행이 정관계 로비를 위해 비자금을 만들 때 돈세탁을 하는 역할로 관여한 사실도 확인됐다. 이는 예금보험공사가 조우형에 대해 민사소송을 제기하면서 법원 판결로 확인된 내용이다.

검찰이 김용진 대표 압수수색검증영장을 자신들의 공상 속에서 작성했다는 건 이런 대목에서도 알 수 있다.

> 그럼에도 불구하고 피의자 김용진은 위 녹음파일 중 윤석열 후보가 주임검사로 부산저축은행 사건을 수사하면서 조우형에 대한 알선수재 혐의를 발견하고도 박영수의 요청에 따라 조우형을 직접 면담한 후 이를 수사하지 않고 덮은 것처럼 오인될 수 있는 부분만 발췌편집하여 보도하기로 마음먹었다.

검찰은 김용진 대표에게 단 한 번도 보도 과정을 묻거나 조사한 적이 없으면서도 법원에 청구한 영장에 "보도하기로 마음먹었다"라는 표현을 거리낌 없이 썼다. 마치 김용진의 마음을 훤히 들여다본 것처럼. 검찰이 독심술까지 구사하는 존재가 됐다. "오인될 수 있는 부분" 앞에 기술한 내용도 실제 뉴스타파 보도에는 없는 내용이다. 검찰은 영장을 받아내려고 이런 기만적 술수까지 썼다.

> 가. 피의자 김만배, 피의자 신학림, 피의자 한상진, 피의자 김용진의 정보통신망이용촉진및정보보호등에관한법률위반(명예훼손)
>
> 피의자 김용진은 2022. 2. 하순경 피의자 신학림으로부터 부산저축은행 수사 무마 의혹과 관련된 위 2021. 9. 15.자 김만배와의 녹음파일 등에 대해 보고받았고, 2022. 3. 초순경 피의자 한상진과 함께 신학림으로부터 전달받은 위 녹음파일 및 녹취서를 검토하였으므로, 실제로는 피의자 김만배가 피의자 신학림에게 「조우형을 만난 것은 윤석열이 아니고 박길배 검사다. 직원들이 조우형에게 커피를 타 주었는데 조우형은 마시지도 못하고 나왔다. 박길배가 조우형을 얽어놓지 않고 봐주었다」는 취지로 이야기한 사실을 알고 있었다.
>
> 그럼에도 불구하고 피의자 김용진은 위 녹음파일 중 윤석열 후보가 주임검사로 부산저축은행 사건을 수사하면서 조우형에 대한 알선수재 혐의를 발견하고도 박영수의 요청에 따라 조우형을 직접 면담한 후 이를 수사하지 않고 덮은 것처럼 오인될 수 있는 부분만 발췌·편집하여 보도하기로 마음먹었다.

▶ 뉴스타파 김용진 대표에 대한 검찰 압수수색검증영장 9쪽(총 13쪽) 내용.

망상의 늪에 빠지다

검찰은 또 김용진 대표 압수수색검증영장에서 신학림 전 위원장이 뉴스타파 대선TF에서 활동했다고 적었다. 전혀 사실이 아니다. 그런데도 검찰은 영장에 '전제사실'이란 소제목까지 써가며 허위사실을 적시했다. 검찰이 적어낸 내용만 보고 영장을 심사하는 판사는 이러한 내용이 사실인지 아닌지 확인할 길이 없다.

　검찰은 뉴스타파가 대선TF를 구성한 시점이나 배경에도 모종의 의도가 있는 것처럼 영장을 꾸몄다. 대장동 개발 비리 사건이 20대 대통령 선거 핵심 이슈로 부각되고, 이재명 후보와의 관련성을 지적하는 보도가 쏟아질 무렵에 대선TF를 꾸렸다는 식이다. 뉘앙스가 묘하지 않은가. 대선을 앞두고 언론사가 TF를 만드는 건 당연한 일인데 말이다. 당시 뉴스타파 대선TF가 대장동 사건과 관련해 쓴 기사는 단 3건이다. 대장동 불법 수익이 쌍방울로 흘러가 불법 기업 인수와 주가조작에 쓰였다는 내용도 있다. 오히려 이재명 후보에게 불리한 기사였다. 그래서일까. 검찰은 뉴스타파 대선TF가 실제로 어떤 기사를 썼는지는 영장에 한 줄도 적지 않았다. 압색영장 발부를 위해 거짓말도 서슴지 않은 것이다. 결론을 정해 놓고 수사에 착수한 검찰은 자기 주장을 합리화하기 위해 스스로를 '망상의 늪'에 빠트리고 말았다.

> **2. 전제사실**
>
> 　피의자 김용진은 2021. 8. 31.경 경기경제신문, 「[기자수첩] 이재명 후보님, "(주)화천대유자산관리는 누구 것입니까?"의 대장동 개발 비리 관련 보도를 시작으로 2021. 9. 14. 조선일보 등 각종 언론사에서 대장동 개발 비리 사건과 여당 유력 대선후보인 이재명의 관련성을 지적하는 보도를 쏟아내자 2021. 9. 15.경 이재명이 직접 이를 해명하기 위한 기자회견을 여는 등 대장동 개발 비리 사건이 제20대 대통령 선거의 핵심 이슈로 부각되는 상황에서 그 무렵 서울 중구 퇴계로 212-13에 있는 뉴스타파 사무실에서 2022. 3. 9.경 있을 제20대 대통령 선거 관련 탐사보도를 진행할 대선 태스크 포스(Task Force, 이하 '대선 T/F', 팀장 박　　)를 구성하고 대선 관련 언론보도 진행을 준비하였으며 뉴스타파 전문위원이던 피의자 신학림도 위 대선 T/F와 함께 일하기로 하였다.

▶ 뉴스타파 김용진 대표에 대한 검찰 압수수색검증영장 6쪽(총 13쪽) 내용.

조우형은 부산저축은행 차명 SPC 대표였다

김용진 대표 압수수색검증영장은 2023년 9월 14일, 검찰이 뉴스타파 사무실을 압수수색하면서 제시한 영장에 비해 진일보한 측면도 있다. 검찰은 김 대표 영장에서 조우형이 부산저축은행그룹이 지배하는 차명 SPC인 (주)뮤지엄양지의 대표였다고 적었다. 여태까지 검찰은 조우형은 단순 참고인이자 뇌물 심부름꾼에 불과하다고 말해왔는데, 스스로 기존 주장을 뒤집은 것이다. 뉴스타파가 조우형의 실체를 폭로하는 보도를 지속하는 상황에서 자신들의 거짓 주장을 더 이상 유지할 수는 없었을 것이다.

뉴스타파는 2023년 10월 6일, <대검 중수부의 수사 대상 75번은 조우형 회사였다>라는 제목의 기사에서 조우형이 부산저축은행이 지배하는 4개의 차명 SPC를 운영했으며, 부산저축은행이 조우형 회사로 1000억 원이 넘는 불법 대출을 해줬고, 대부분 부실로 드러났지만 대검 중수부가 수사를 하지 않았다고 밝혔다.

2011년 3월 15일 부산저축은행 비리 사건 수사에 착수한 대검 중수부는 같은 해 5월 1일 관련자들을 기소한다. 그리고 다음 날인 5월 2일 언론에 자료를 배포한다. 제목은 '부산저축은행그룹 비리 사건 기소 관련 설명 자료'. 총 20쪽 분량의 이 자료에는 부산저축은행 임원진의 범죄사실이 상세히 기술돼있다. 부산저축은행이 그룹 차원에서 120개에 달하는 차명 SPC(특수목적법인)를 만들어 각종 사업을 직접 운영했고, 여기에 4조 5000억 원이 넘는 고객 예금까지 대출해줬다는 내용이다.

대검은 이 설명 자료에 검찰이 확인한 부산저축은행의 120개 차명 SPC 명단도 첨부했다. 첨부 자료에는 부산저축은행이 세운 차명 회사 설립연도와 법인명, 사업 목적, 자본금, 대출금 등이 있다.

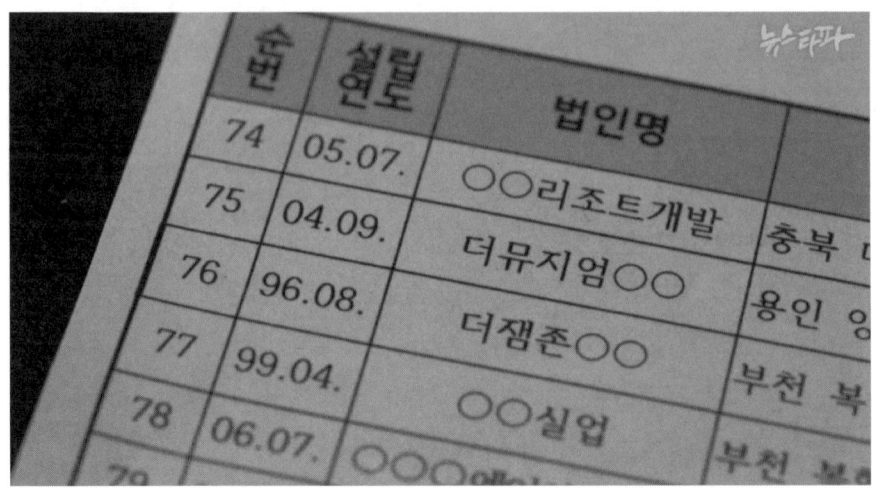

▶ 2011년 5월 2일 대검찰청 중앙수사부가 발표한 수사 설명 자료 일부. 당시 검찰은 부산저축은행의 차명 특수목적법인 120개를 특정해 발표했는데, 이 중 75번이 바로 조우형이 대표로 있던 '더뮤지엄양지'다. 검찰은 더뮤지엄양지에 대출 금액이 약 552억 원이라고도 특정한 상태였다.

뉴스타파는 여기서 조우형이 운영하던 차명 회사를 발견했다. SPC 명단 75번에 '더뮤지엄○○'이라고 나와 있는 회사다. 설립연도는 2004년 9월이고, 경기도 용인에서 전원주택 개발 사업을 했다. 확인 결과, 이 회사는 조우형이 대표로 있던 부산저축은행의 차명 회사 '더뮤지엄양지'였다.

부산저축은행 박연호 회장은 친인척인 조우형을 내세워 더뮤지엄양지를 세운 뒤 경기도 용인에 고급 주택단지인 '발트하우스'를 만들었고, 이후에는 경기도 양평에 리조트단지도 개발하려고 했다. 이 과정에서 부산저축은행은 더뮤지엄양지에 수백억 원이 넘는 불법 대출을 해줬다.

2011년 대검이 만든 자료에는 더뮤지엄양지의 대출금이 2010년 12월 기준 약 552억 원이라고 적혀있다. 이는 2011년 대검 중수부가 당시 이미 조우형의 차명 회사를 인지했을 뿐 아니라, 이 회사로 나간 불법 대출금 규모까지 구체적으로 파악하고 있었다는 명백한 증거다. 그럼에도 검찰은 조우형의 회사가 대검이 직접 작성한 리스트에 있었다는 사실을 숨기고, '조우형은 수사 대상이 아니었다'는 말만 반복해왔다.

조우형은 수사 대상이었다

검찰은 김용진 대표 압수수색검증영장에서 조우형과 같은 차명 SPC 관계자들은 당시 수사 대상이 아니었으며, 대검 중수부가 처벌한 SPC 관계자도 없었다고 적시했다. 이 또한 거짓말이었다.

뉴스타파는 2023년 10월 16일 자 <부산저축은행 협력자들 줄줄이 처벌…조우형은 왜 빠졌을까>라는 제목의 기사에서 조우형과 비슷한 역할을 한 SPC 관계자가 어떤 처벌을 받았는지 상세하게 보도했다. 대검 중부수의 첫 수사 타깃은 부산저축은행 경영진이었다. 이들은 2011년 5월 1일에 기소됐다. 이후 대검은 2011년 11월까지 뇌물을 받은 정관계 인사와 SPC 관계자로 수사를 확대했다.

뉴스타파는 법원 판결문 검색을 해, 당시 대검 중수부가 수사한 차명 SPC 관계자들이 어떤 처벌을 받았는지 살펴봤다. 관련 판결문에는 횡령과 배임, 불법대출, 사기, 알선 등 조우형과 비슷한 위치에 있던 인물들의 다양한 혐의가 드러난다.

법원 판결문 내용은 아래와 같다.

> 경남 거제와 경기 안성 등에서 골프장 사업을 진행했던 태양시티건설의 대표이사와 상무는 횡령 및 배임 혐의로 기소돼 유죄가 확정됐다.(서울중앙지법 2011고합403, 서울중앙지법 2011고합1102, 서울고법 2011노3505)
> 인천에서 아파트 개발을 추진했던 효성도시개발 대표는 배임으로 기소돼 징역 1년에 추징

> 금 5억 원을 선고받았다.(서울중앙지법 2011고합541, 서울중앙지법 2011고합 575, 서울고법 2011노2334)
>
> 전남 순천에서 아파트 건설을 맡았던 낙원주택건설 대표는 사기로 기소돼 벌금 2천만 원을 선고받았다.(서울중앙지법 2011고단 5759)
>
> 캄보디아에서 신도시 건설을 추진하던 랜드마크월드와이드(LMW) 대표와 전남 신안군 개발 사업을 추진하던 신안월드 대표는 각각 횡령으로 기소돼 징역형의 유죄를 선고받았다.(서울중앙지법 2011고합403, 서울중앙지법 2011고합1379)

한편, 세무조사 무마를 위해 부산저축은행 임원진으로부터 금품을 받은 박형선 해동건설 회장은 알선수재 혐의로 유죄를 받았는데(서울중앙지법 2011고합562), 조우형의 대장동 대출 알선수재 혐의와 가장 유사하다. 조우형은 대검 중수부가 박형선을 수사할 때 핵심 참고인 역할을 했다. 남욱 변호사는 2021~2022년에 이뤄진 검찰의 대장동 수사에서 "조우형이 대검 수사에 협조를 하고 선처를 받았다"고 진술했는데, 이 같은 사실을 알고 진술한 것으로 보인다.

위의 사례를 종합하면, 대검 중수부는 부산저축은행 차명 SPC 자금 흐름을 폭넓게 수사하면서 조우형과 같은 임원진이 저지른 개인 비리까지 적발해서 재판에 넘겼다.

대검 중수부가 기소한 SPC 관련자

2011년 5월부터 11월까지 대검 중수부가 기소한 76명 중 부산저축은행 차명 SPC 관련자

대상	검찰 기소 내용	법원 판결
정○○ 태양시티건설 대표	부산저축은행 대주주 일가의 100억원 대출에 무상담보 제공, SPC 자금 89억원 횡령	미확인
정○○ 태양시티건설 상무	SPC 자금 131억원, 150억원 각각 횡령	횡령 일부 유죄
장○○ 효성도시개발 대표	효성도시개발이 다른 법인으로부터 사업권을 비싸게 사도록 하고, 그 대가로 15억원을 받아 윤○○과 나눠가짐	배임 유죄
윤○○ 브로커	효성도시개발이 다른 법인으로부터 사업권을 비싸게 사도록 하고, 그 대가로 15억원을 받아 장○○과 나눠가짐	배임 유죄
박○○ 해동건설 회장 겸 부산저축은행 2대 주주	부산저축은행이 SPC에 부당대출하도록 관여. SPC 관련자에 대한 세무조사를 무마하는 대가로 부산저축은행에서 1억 5000만원을 받음	배임 및 횡령은 무죄, 알선수재는 유죄
임○○ 낙원주택건설 대표	아파트 사업과 관련해 지자체에 승인을 청탁하겠다고 속여 부산저축은행으로부터 3억원 받음	사기 유죄
이○○ LA&A 대표	캄보디아 신도시 사업 등에 부산저축은행이 불법대출하도록 관여. 국내 시행법인 자금 42억원 횡령	배임 및 사기는 무죄, 횡령은 유죄
이○○ LMW 대표	캄보디아 신도시 사업 등에 부산저축은행이 불법대출하도록 관여. 국내 시행법인 자금 42억원 횡령	배임은 무죄, 횡령은 유죄
김○○ 신안월드 대표	신안월드 법인자금 중 13억원을 개인 변호사 비용 등으로 사용해 횡령	횡령 유죄

▶ 2011년 대검 중앙수사부가 수사해서 재판에 넘긴 부산저축은행 차명 SPC 관계자 목록. 조우형은 차명 SPC 운영자였고, 조우형의 회사가 수사 대상에도 포함됐지만 조우형은 수사조차 받지 않았다. 차명 SPC 관계자들은 당시 수사 대상이 아니었다는 지금의 검찰 주장을 뒤집는 증거다. (출처: 뉴스타파)

이들의 범죄 액수는 조우형에 비해서 턱없이 적었다. 조우형이 차명 SPC 시행사인 벨리타하우스를 운영하며 저지른 배임 금액은 80억 원, 대장동과 망포

동 사업장에 대출금 알선을 해주고 받은 대가는 20억 4500만 원 등 총 범죄 금액이 100억 원을 넘는다. 실상이 이런데도 대검 중수부는 수사 대상 목록에 있던 조우형의 (주)더뮤지엄양지에 대해서는 별다른 수사를 하지 않았고, 벨리타하우스는 아예 수사 대상 목록에도 올리지 않았다.

> **3. 대검찰청 중앙수사부의 부산저축은행그룹 부실대출 사건 수사 진행 경과**
>
> 대검찰청 중앙수사부(이하, '대검 중수부')는 2011. 3. 11.경부터 부산저축은행그룹의 대주주와 경영진이 사실상 지배하는 SPC에 대출을 해 줌으로써 부산저축은행그룹의 부실을 초래한 대주주와 경영진의 책임 소재를 명확히 규명하고자 부산저축은행그룹 부실대출 사건에 대한 수사를 진행하여 2011. 5. 1.경 부산저축은행그룹의 회장 등 21명을 상호저축은행법위반죄 등으로 기소하여 부실 대출 관련 수사를 마무리하고, 이후 위 사건 수사 과정에서 단서가 확인된 「부산저축은행그룹 임직원의 공무원에 대한 '금융감독원, 예금보험공사, 감사원 등의 감사 무마 등 명목' 금품비리」 등 사건으로 수사를 확대하였다.
>
> 한편 부산저축은행그룹의 SPC인 ㈜더뮤지엄양지의 대표였던 조우형은 2011. 2. 19.경 부산2저축은행이 영업정지 처분을 받게 되어 검찰의 수사가 이어질 것이 예상되는 상황에서, 자신도 부산저축은행그룹의 경영진과 상호저축은행법위반죄의 공범으로 처벌받을 것을 우려하여, 2011. 3. 1.경 배성준을 통해 알게 된 김만배로부터 소개받은 법무법인 산호(대표변호사 박영수)를 변호사로 선임하였다. 그러나 부산저축은행 대주주 등의 부실대출 사건 수사는 부산저축은행의 경영진과 대주주의 상호저축은행법위반 등 혐의에 대한 것으로, 조우형과 같은 부산저축은행그룹의 SPC 관계자는 대검 중수부 수사 시 입건 대상이 아니었고, 실제로 부산저축은행그룹의 경영진과 상호저축은행법위반죄의 공범으로 처벌받은 SPC 관계자도 없었으며, 대장프로젝트금융투자(이다 '대장PFV') 대표 이강길은 2011. 4. 11. '부산저축은행에 금융자문수수료로 100억 원을 선지급하였고 부산저축은행은 대출과 관련하여 사업지에 지분이 참여되어 있지 않다.'는 취지의 확인서와 인적·물적 담보 제공 약정이 포함된 대출 및 업무약정서 등을 제출하였고, 2011. 4. 18.경 참고인 신분으로 출석하여 대장프로젝트금융투자가 부산저축은행으로부터 대출을 받으면서 지급한 금융자문수수료에 대해서 조사를 받으면서 당시 작성된 금융자문약정서 등 자료를

▶ 뉴스타파 김용진 대표에 대한 검찰 압수수색검증영장 내용.

더뮤지엄양지는 부산저축은행 사태가 터질 무렵 재정이 매우 심각한 상태였다. 이 회사 <2010년도 감사보고서>에는 "회사의 계속기업으로서의 존속 능력에 중대한 의문을 제기한다"는 문장이 등장한다. 2010년 영업손실 11억 8100만 원, 당기순손실 59억 100만 원, 총자산을 초과한 부채가 187억 2200만 원 등 모든 지표가 엉망이었다.

2011년 대검 중수부는 더뮤지엄양지 주주와 임원진을 불러 조사했다. 하지만 대표이사까지 역임한 조우형은 당시 수사 대상이 아니었다는 게 현재의 검찰 설명이다. 결과적으로 당시 형사처벌을 받은 더뮤지엄양지 관계자는 단 한 명도 없었다. 심각한 부실을 제대로 수사하지 않은 결과는 저축은행 예금자들의 추가 피해로 이어졌다. 부산저축은행이 2010년까지 더뮤지엄양지에 대출해준 금액은 552억 원에 달한다. 조우형은 성공한 '타운하우스' 개발이었다고 주장했지만, 감사보고서 속 더뮤지엄양지는 2006년 한 해를 제외하곤 매년 수십억 원 적자를 기록했다.

부산저축은행이 파산한 뒤인 2013년, 예금보험공사(예보)는 더뮤지엄양지에 2건의 소송을 제기한다. 이를 통해 예보는 더뮤지엄양지에 남은 대출금 잔액 140억 원 중 일부인 27억 원을 받아내는 판결을 이끌어냈다. 하지만 10년이 지난 현재까지도 예보는 잔액을 회수하지 못하고 있다. 그때 대검 중수부가 조우형을 제대로 수사했더라면 오늘날 대장동 개발 비리는 시작조차 할 수 없었다.

조우형 경찰 진술서 공개 "검찰 수사 받았다"

2023년 11월 3일, 뉴스타파는 경기지방경찰청이 2014년 1월 15일에 대장동 자금책 조우형 씨를 조사할 때 작성한 진술조서 18쪽을 홈페이지에 공개했다. 당시 조 씨는 대장동 최초 사업자인 이강길 씨의 대장동 대출금 횡령 및 정치권 뇌물 혐의 사건의 참고인으로 조사를 받았다. 경찰 조사에서 조 씨는 "앞서 검찰이 대장동 대출 및 자신의 불법 대출 알선 혐의를 수사했고, 관련 자료도 모두 제출했다"고 말했다.

조 씨는 이 같은 진술을 5번이나 반복했다. 그는 계좌 압수수색과 관련해선 2011년 대검 중수부, 2012년 서울중앙지검과 경기분당경찰서가 자신과 회사, 가족 계좌까지 모두 들여다봤다고 말했다. 하지만 연이은 수사에도 별다른 혐의점이 발견되지 않아 그냥 넘어갔다는 것이다. 그러나 경찰은 조 씨의 대장동 대출 알선료 10억 3천만 원을 단숨에 적발했다. 2015년 수원지방법원은 조 씨에게 징역 2년 6개월의 실형을 선고했다.

▶ 경기지방경찰청 참고인 조우형 진술조서.(1회, 2014년 1월 15일)

2013년 8월, 경기지방경찰청은 대장동 개발 시행사 최초 대표인 이강길 씨 내사에 착수했다. 당시 새누리당 소속이던 성남시의회 의원이 이강길 씨와 나눈 대화 녹음파일을 제보했기 때문이다. 경찰은 대장동 대출금 횡령 및 정치권 뇌물 상납 혐의로 이강길을 불러 조사했다.

수사 초반인 2014년 1월 15일, 경찰은 대장동 자금책 조우형을 참고인으로 불렀다. 이강길의 뇌물 자금 중 1억 원이 조우형의 회사를 통해서 마련됐기 때문이다. 조우형은 대장동 시행사에서 용역비 명목으로 3억 원을 받은 뒤, 1억 원을 돌려줬다. 따라서 경찰 조사 목적은 이강길의 뇌물 조성 과정이었다.

조우형은 용역비가 대장동 타운하우스 설계 용역을 해주고 받은 정당한 대가라고 주장했다. 이어 자신이 2011년 대검 중수부에서도 똑같은 조사를 받았으며, 그때도 용역 결과물을 모두 제출했다고 설명했다. 또 대검 중수부가 대장동 대출의 불법성(금융자문수수료 선취)을 두고도 수사를 했다고 진술했다.

문	진술인이 부산저축은행 오너의 일가로서 대출을 수월하게 받을수 있게 해주는 그런 내용이 아니라는 것인가요
답	예 그런 것은 절대 아니고 최초 삼성물산이 시공사로 결정되는데 역할을 한 것이기 때문에 용역계약서에 어필을 했던 것 뿐입니다. 제가 부산저축은행 박연호 회장의 처남이긴 하지만 대출문제에 절대 관여한 바 없고 할수도 없는 것입니다. 저는 정말 타운하우스 전문가이고 매일경제신문에서 선정한 살기좋은집으로 선정되기도 했습니다. 그만큼 이 계통에서는 최고라고 자부합니다
문	그렇다면 그 용역에 대한 용역결과물은 제출했나요
답	예 '10. 7월경 (주)대장AMC 사무실로 제출했어요. 20개 설계타입 전체를 제공 했습니다. 그리고 그 부분에 대해서는 이미 부산저축은행 수사시 검찰에도 용역결과물을 모두 제출했던 것입니다.
문	진술인은 3억원을 받긴 받았나요
답	예 받았고요 3억원은 현재에도 (주)ADD&C 법인에서 정상적으로 사용이 되었습니다.
문	김연규 또는 김용원이가 1억원을 받아가지는 않았나요
답	아니요 그런 사실 없습니다.
문	진술인은 '12년도 분당서 수사도 받았지요.
답	예 분당서 뿐만 아니라 검찰수사까지도 받아서 제가 운영하고 있던 회사 4개소가 모두 계좌에 대한 압수수색이 이루어졌고 저도 소환이 되어서 조사를 받았습니다.
문	분당경찰서 수사시에 용역결과물이라고 하면서 자료를 제출했는데 그것은 무엇인가요
답	그것은 PPT자료를 제출했던 것이고요 그것은 용역결과물의 아주 일부분입니다. 제가 제출한게 아니고 AMC측에서 제출한 걸로 알고 있어요.

▶ 경기지방경찰청 참고인 조우형 진술조서.(1회, 2014년 1월 15일)

계좌 압수수색까지 실토한 조우형

앞서 언급했듯이 조우형은 부산저축은행 박연호 회장의 처남이고 여러 시행사에 부산저축은행 대출을 알선해주고 수수료를 챙겼다. 경찰에서 확인한 것만 20억 4500만 원에 이른다. 그는 거액의 알선 수수료를 차명 SPC 계좌로 받았다.

차명 SPC는 대검 중수부 주요 수사 타깃이었다. 따라서 조우형의 회사 계좌를 대검이 들여다봤다면, 불법 알선 수수료의 존재를 모를 수가 없는 상황이었다. 조우형은 2014년 경기경찰청 조사에서 묻지도 않은 '부산저축은행 비자금' 얘기를 꺼냈다. 부산저축은행 경영진의 비자금 조성과 세탁에 자신이 연루됐는지를 검찰이 수사했다는 것이다. 그 과정에서 "검찰 수사 결과 자신뿐만 아니라 회사, 가족의 모든 계좌를 압수수색"했지만 혐의가 없다는 결과가 나왔다고 설명했다. 그럼에도 '윤석열 명예훼손' 사건을 수사하는 검찰은 뉴스타파 압수수색영장에서 "대검 중수부가 조우형의 계좌를 압수수색한 적이 없다"는 주장만 반복했다. 검찰은 윤석열 명예훼손 사건을 재판에 넘기면서 대검 중수부의 부산저축은행 수사 자료 일부만 법원에 제출했다. 뉴스타파는 수사 기록을 추가로 요청했다.

문	진술인이 검찰에서 부산저축은행 건에 대해서 수사를 받았다고 하는데요 조사를 받은 내용은 구체적으로 무엇인가요
답	당시 부산저축은행의 부실대출건 뿐만 아니라 박연호 회장이 비자금을 조성해서 뇌물등을 전달한게 아니냐 그리고 비자금 조성과정에서 ~~대장동 사업 등도 관련이 있었는데~~ 박연호 회장이 비자금을 만들때 대출을 해준 회사로부터 저를 돈세탁에 이용하지 않았냐 라는 내용으로 수사를 받았어요
문	수사결과는요
답	박연호, 김양 부회장이 배임과 뇌물공여 등의 혐의로 구속되어 형을 선고받았고요 이사 3~4명이었는데 그 사람들도 모두 무혐의처분되었고요, 뇌물을 전달했다는 브로커 2명이 구속되었습니다. 그렇지만 뇌물을 받았다는 사람이 없어서 뇌물부분은 수사가 종결되었던 것입니다.

> 그리고 검찰수사결과 지분만 아니라 회사, 가족들의 모든 계좌를 압수수색하고 소환되어 조사를 받아 저에게 혐의가 없다는 결과가 나왔습니다. 만약 제가 그런 행위를 했으면 벌써 검찰에서 처벌을 받았을 겁니다. 검찰수사에서도 제가 마치 김용부 이사나 김용 부회장을 매수한 것처럼 물어보던데 그런 것은 절대 아니고 저는 조금전 말한 것처럼 부산저축은행과는 전혀 무관하고 로비를 할줄도 모르고 하지도 않았습니다.
>
> 이강길의 말대로라면 제가 마치 은행측 사람들과 결탁이 되어서 지출이 안될 부분을 되게끔 한 것이라는 것인데 그것은 말도 안되고 그런 행위를 했으면 제가 벌써 잡혀갔을 겁니다.

▶ 경기지방경찰청 참고인 조우형 진술조서.(1회, 2014년 1월 15일)

검찰은 대장동 사건 수사 초반인 2022년 11월에 이미 조우형이 천화동인 6호 실소유자란 사실을 파악했다. 그러나 검찰이 조우형을 피의자로 전환한 건 2023년 4월이다. 참고인이던 조우형이 피의자로 신분이 전환되기까지 무려 18개월이 걸렸다. 수사가 시작된 지 1년 5개월이 지났지만 검찰은 아직까지도 조우형을 재판에 넘기지 않고 있다.

검찰은 뉴스타파 김용진 대표와 한상진, 봉지욱 기자를 기소하면서까지 대장동 사건의 주범은 이재명인데 김만배, 신학림, 뉴스타파가 짜고 윤석열 후보에게 책임을 돌리는 '대선공작'을 했다는 '망상'에서 끝내 벗어나지 못했다. 윤석열 명예훼손 사건 재판부는 부산저축은행 비리를 대검 중수부가 봐줬는지 여부가 이번 사건의 핵심이라고 거듭 밝혔다. 검찰의 망상은 스스로를 덫에 걸리게 만들고, 빠져나오기 힘든 수렁으로 몰아넣었다.

고 채수근 해병 사건에 임성근 사단장이 있다면 대장동 사건에는 조우형이 있다. 이 두 사람의 진실이 밝혀지는 순간 윤석열 정권의 운명도 사실상 다할 수밖에 없을 것이다.

06

新公安
디지털신공안

디지털신공안 新公安

2023년 9월 19일~21일, 서울중앙지검 포렌식방, 한상진

검찰에서 연락이 온 건 압수수색 이틀쯤 뒤였다. 압수한 내 휴대폰을 디지털 포렌식할 테니 와서 참관하라고 했다. 검찰과 협의해 9월 19일부터 변호사 입회하에 포렌식을 하기로 했다.

9월 19일 오후 1시경, 나는 장종오 변호사와 함께 서울중앙지검에 갔다. 1층 로비에 젊은 기자 몇 명이 기다리고 있었다. "검찰이 내 수사 일정을 흘렸구나" 생각했다. 쭈뼛거리며 다가온 기자들과 몇 마디 말을 나눴다. "오늘 조사받으러 오셨어요?"라고 묻길래 "제가 누군지는 알고 질문하시는 거죠?"라고 되물었다. "검찰 수사를 받는 소회"를 묻는 질문에는 선뜻 답을 못했다. 떠오르는 소회(所懷, 마음에 품은 생각)가 딱히 없어서였다. 분노라면 또 모를까.

이어지는 질문은 대부분 '허위 기획 인터뷰', '짜깁기 허위 보도' 같은 검찰 주장에 대한 입장을 묻는 것이었다. 나는 "김만배 녹음파일은 사건 당사자가 직접 증언한 내용으로 보도 가치가 있었다", "김만배 발언 취지를 훼손하지 않은 보도였다", "박영수 전 특검 측도 대장동 대출 브로커 조우형을 변호한 사실을 인정했다"고 답했다. 그리고 이런 취지의 말을 더했다.

"지금 이곳이 바로 역사에 기록될 윤석열 정권 언론탄압 현장입니다. 여러분이 잘 지켜보고 기록해 주세요. 부탁드립니다."

기자들과 몇 마디 주고받고 돌아서는데, 문득 서울중앙지검을 무시로 드나들던 때가 떠올랐다. 10년도 더 전의 일이다. 단 하루도 '출입기자'였던 적은 없지만, 난 오랫동안 이 주변을 떠돌며 살았다. 아는 검사와 수사관도 제법 많았다.

클래식을 좋아하던 한 부장검사가 떠올랐다. 어느 날 그의 방에서 들은 클래식 한 소절이 귓가를 맴돌았다. 베토벤인지 쇼팽인지 기억나지 않지만, 아름다운 곡이었다. 갈 때마다 문전박대하던 검사, 반대로 늘 반갑게 맞아주던 검사도 생각났다. 몇 번이나 내게 "한 기자는 검사가 됐으면 잘했겠다"고 말하던 검사장도 있었다. 검사님이 주신 기삿거리를 받아들고 뿌듯해하며 집에 가던 먼 옛날 내 모습도 아련하게 떠올랐다.

그렇게 추억이 많은 곳을, '사형에 처해야 할 국가반역죄'를 저지른 피의자가 되어 들어선 것이다. 엘리베이터를 기다리는데 가슴속 어딘가에서 뒤섞여 올라오는 슬픔과 분노가 느껴졌다.

압수물 선별 키워드 '손석희'

서울중앙지검 10층 디지털포렌식방은 작아도 너무 작았다. 책상 2개, 컴퓨터 2대, 의자 3개로 이미 꽉 차 있었다. 검사(혹은 검찰 수사관)와 피의자, 변호인이 다 같이 앉으면 답답해 문을 닫을 수 없는 정도였다. 나는 수사관과 나란히 앉아 압수물을 선별했고, 수사관 뒤에 있는 의자에 장종오 변호사가 앉았다.

첫날 포렌식은 싱겁게 끝났다. 압수한 내 휴대폰을 이미징 장비에 물려만 놓고 바로 나왔다. 이미징에만 10시간 넘게 걸린다고 해 기다릴 수 없었다. 나오면서 포렌식방에 봉인 스티커를 붙였다. 봉인 시간을 적고 포렌식 수사관과 내가 사인했다.

본격적인 포렌식은 이튿날 오전 10시부터 시작했다. 전날 붙인 봉인 스티커를 뜯고 들어가 컴퓨터를 켜니 휴대폰 이미징이 끝났다는 내용과 함께 팝업창

하나가 반짝였다. 내 휴대폰에 안티포렌식 앱이 깔려 있다는 내용이었다.

나는 압수수색 며칠 전 세계적으로 유명하다는 안티포렌식 앱을 깔았다. 압수수색에 대비해 휴대폰을 폐기하는 등 수사를 방해할 생각은 없었지만, 그래도 최소한의 휴대폰 청소는 하는 게 좋겠다 싶었다. 안티포렌식 앱이 어떻게 작동하고, 작동하면 어떤 결과를 가져오는지 알아보지도 않고 한 일이었다. 앱을 깔고 며칠간 여러 번 구동했다. 검찰 수사관은 내 휴대폰에 안티포렌식 앱이 깔려 있다는 것을 매우 중요하게 생각하는 것 같았다. 본격적인 포렌식(전자정보 선별)에 앞서 안티포렌식 앱이 깔린 시간과 작동 시간을 확인하는 절차를 별도로 진행했다. 결과적으로 안티포렌식 앱은 검찰 수사를 방어하는 데 아무 도움도 되지 못했다. 일만 많아지고 시간만 더 걸렸다.

현행법에 따르면, 피의자 스스로 자기 증거를 인멸하거나 훼손하는 건 죄가 되지 않는다. 하지만 법조인들은 "가능하면 자기 증거도 인멸하지 말라"고 조언한다. 검찰이 구속영장을 청구하거나, 법원이 유죄 선고를 내릴 때 양형 요소가 될 수도 있다는 것이다. 압수수색을 예상했으면서도, 내가 증거를 은폐하거나 인멸하지 않은 이유다. "숨길 게 없다"는 자신감도 있었다. 지금 생각하면 다 부질없는 말이지만. 검사도 수사가 들어오면 휴대폰을 없애거나 갑자기 분실하거나, 망치로 깨부수는 세상이다. 하여튼 난 휴대폰에 안티포렌식 앱 깐 것을 후회했다. 돈만 날렸다.

포렌식 결과를 보니 내 휴대폰에 무려 26만 6578개의 전자정보가 있었다. 사용한 지 4~5개월밖에 안 됐는데도 그랬다. 휴대폰을 열어 저장공간을 확인해보면 휴대폰 저장용량의 3분의 1 정도만 사용하는 걸로 보이는데, 실제로는 저장공간 대부분이 무언가로 채워져 있다고 나왔다. 중복 저장된 것, 저장된 정보의 백업파일, 지웠지만 휴대폰 저장공간 어딘가에 지워지지 않고 보관된 정보 때문인 것 같았다.

포렌식 실무는 선량한 인상에 베테랑 느낌을 주는 중년 수사관이 맡았다. 내 집 압수수색 때도 온 사람이었다. 법원이 허락한 영장 범위를 벗어난 불법 압수수색에 적극 나섰던 사람이다. 겉으로 보이는 선량함에 속지 말아야 했다. 수사관은 나에게 검사가 내려준 것이라며 30여 개 키워드*와 검색 기간을 알려줬다. 이 키워드를 넣어 뽑아낸 전자정보 중에서 압수물을 선별한다고 했다. 키워드를 본 순간 나는 당황했다. 이름도 못 들어본 JTBC 등 다른 언론사 소속 기자와 PD 이름이 수두룩했다. 손석희 전 JTBC 사장 이름도 있어 웃었다. 설마 내가 손 사장과 작당했다고 의심하나. '검찰', '수사' 같은 구체성 없는 단어도 많아 화가 났다. 이럴거면 왜 키워드를 넣어 선별 작업을 하는지 모르겠다는 생각이 들었다. 당황한 건 수사관도 마찬가지였다. 수사관이 검사에게 전화를 걸었다. "검사님, 이렇게 키워드를 많이 넣으면 시간이 너무 오래 걸릴 것 같은데요."

"그냥 진행하세요"라는 검사의 말이 수화기 너머 들려왔다.

검사가 줬다는 30여 개 키워드에 걸려 나온 전자정보는 6만 건이 넘었다. 이제 이걸 하나하나 확인해 압수대상물을 선별할 차례였다.

포렌식 프로그램을 켜니, 내 휴대폰 속 각종 정보가 모니터에 일목요연하게 정리되어 나왔다. 문자는 문자대로, 카카오톡은 카카오톡대로, 사진은 사진대로, 각 항목을 누르면 그 항목에 들어있는 정보 전체가 시간순으로 모니터에 떴다. 입이 쩍 벌어졌다. 선별 작업은 통화내역, 문자, 카카오톡, 텔레그램, 사진, 녹음파일 등을 차례차례 열어 보는 식으로 진행됐다.

수사관은 압수할 필요가 있다고 판단되는 전자정보를 발견하면 나에게 "이

---

* 압수물 선별 과정에서 내 휴대폰에 넣은 키워드 수와 관련, 2023년 9월 22일 만들어진 검찰 수사보고서에는 "90개 정도의 키워드를 넣어 선별했다"고 기록돼있다.

건 가져가겠습니다"라고 말한 뒤 체크했다. 나는 그때마다 의견을 냈다. "이걸 왜 가져갑니까"라고 하거나 "그러세요"라고 하거나. 기계적인 일이 무한 반복됐다.

김OO, 조O, 최OO, 황OO

9월 19일부터 21일까지 3일간 진행된 포렌식에서 총 300개 넘는 전자정보를 압수당했다. 누군가와 나눈 문자메시지, 내가 포함된 단체 대화방 대화 내용이 대부분이었다. 뉴스타파 내부 회의 자료, 자유토론방 글이 모조리 털렸다. 포렌식이 끝날 때쯤 한 수사관이 "분석량에 비해 압수물이 적네요"라고 했는데, 그래서 좋다는 건지 나쁘다는 건지 알 수 없었다.

압수물 선별 작업은 비교적 우호적인 분위기에서 시작했다. 실무를 맡은 수사관은 무리하지 않았고, 대화가 통했다. 하지만 좋은 분위기는 오래가지 못했다. 둘째 날이 채 끝나기도 전에 다툼이 시작됐다. 2022년 3월 6일 오후 9시 22분 뉴스타파가 '김만배 녹취록' 보도를 공개한 이후 내가 정치인 4명, 지인 1명과 주고받은 문자 때문이었다.

많은 기자가 그렇듯, 나도 내가 쓴 기사를 많은 사람이 읽고 우리 사회에 작은 변화라도 가져다주길 소망한다. 그래서 기사를 낼 때마다 기사에 관심이 있을 법한 지인들에게 내가 쓴 기사를 보내주곤 했다. 읽어보고 하는 일에 참고하라는 뜻이다. '셀럽'으로 불리는 정치인이나 전문가에게 보낼 때는 은근히 홍보 효과도 기대했다.

'김만배 녹취록' 보도도 마찬가지였다. 보도 직후 나는 지인, 아는 정치인, 학교 동창 몇 명에게 기사를 전달했다. 당시 이 기사는 유튜브 조회수 집계가 실제 조회수를 바로 따라가지 못할 정도로 많은 관심을 받았다.

포렌식을 하면서 보니, '김만배 녹취록' 보도와 관련 나와 연락한 정치인이 총 4명이었다. 잊고 있던 기억이었다. 그런데 공교롭게도 이 4명 모두 검찰과 척을진 사람이었다. 김OO·황OO·최OO 당시 더불어민주당 의원, 조O 전 법무부장관이다. 모두 나와 개인적으로 가깝거나, 오랫동안 취재원으로 연락해온 사람이었다.

김OO 의원은 보도가 나간 직후 나에게 먼저 문자를 보내 신학림 연락처를 물었다. 나는 신학림의 허락을 받아 전달했다. 최OO 의원은 내가 기사 링크를 보내주고 얼마 후 나와 전화통화를 했다. 기사가 나간 경위와 내용을 두고 한참을 얘기한 걸로 기억한다. 조O 전 장관은 내가 보낸 기사 링크에 딱 한 줄 답을 보내왔다. "기가 막히네요!" 황OO 의원은 "수고많으셨습니다"라는 답을 보냈다.

포렌식 수사관은 이 문자들을 '뉴스타파(혹은 한상진)와 민주당 사이의 사전 공모 증거' 쯤으로 생각한 것 같았다. '한상진 기자 마음속에 '윤석열 비방' 목적이 있었음을 보여주는 결정적 증거'로 보는 것 같았다. 포렌식 수사관은 정치인 4명과 내가 주고받은 문자를 압수물에 넣으려고 기를 썼다.

논란이 된 또 다른 문자는 정치와 무관한 지인 OOO와 나눈 것이었다. 김만배 녹취록 보도 직후, 민주당 지지 성향의 사업가 OOO이 내게 먼저 문자를 보내왔다. "이렇게 예쁜 짓을"

나는 서너줄 답을 보냈는데, 그중에 "윤석열 잡아야죠"가 있었다. 수사관은 이 문자도 가져가려고 애를 썼다. '윤석열 잡아야죠'라는 말이 나의 '비방 목적' 혐의를 입증할 중요한 단서라고 했다. 난 '무관 증거', '사적 대화'라는 점을 강조하며 막아섰다.

"기가 막히네요"는 포기, "수고많으셨습니다"는 압수

정치인 4명, 지인 1명과 주고받은 문자를 두고 시작된 싸움은 쉽게 끝나지 않았다. 포렌식 두 번째 날(9월 20일) 시작된 싸움이 다음 날까지 이어졌다. 3일

째인 21일에는 검사까지 내려와 다퉜다. 검사는 내 집 압수수색영장을 제시하며 문자를 가져가야 하는 이유를 장황하게 설명했다. 정리하면 '윤석열 비방 목적'을 보여주는 중요한 단서라는 거였다. 나와 장종오 변호사는 "검찰이 사상 검열을 한다고 느껴진다"는 말까지 꺼내며 맞섰다. 목소리가 높아졌다. 검사도 나도 같은 말을 2시간 넘게 반복하며 싸우고 또 싸웠다.

한참을 싸우다 보니 이 상황이 참 한심하게 느껴졌다. 어쩌다 이런 곳에서, 이런 무의미한 말을, 이렇게 장황하게 하고 있나 자괴감이 들었다. 다 때려치우고 나가고 싶었다. "그냥 검사님이 원하는 대로 다 갖고 가세요. 니들 맘대로 하세요"라는 말이 목까지 차올랐다. 흥분하는 나를 장 변호사가 막았다.

문자 4개를 두고 3시간 가까이 싸운 뒤에야 슬슬 합의점이 찾아졌다. 검사가 4명의 정치인 문자 중 2개만 가져가고 나머지는 포기하겠다는 파격적인 제안을 내놓은 것이다. 가져갈 문자로 민주당 현역 국회의원 2명(김OO, 황OO)을 콕 찍었다. '윤석열 검찰'에 의해 일가 전체를 도륙당한 조O 전 장관, 불과 며칠 전(2023년 9월 18일) 의원직을 상실한 최OO 전 의원의 문자는 포기한다고 했다. 난 버티고 버티다가 결국 동의했다.

검찰 의도가 빤히 보였다. 한마디로 '살아있는 권력(현역 의원)은 어떻게든 엮겠다', '죽은 권력(조O 전 장관, 최OO 전 의원)엔 관심 없다'였다. 검찰이 대놓고 정치를 하는구나 싶었다. 이 사건의 본질이 '대통령 윤석열의 심기 경호', '민주당을 겨냥한 정치 수사'임을 확인받는 느낌이었다.

지인과 나눈 문자 "윤석열 잡아야죠"는 결국 안 가져가는 걸로 결론이 났다. 다만 나는 검사에게 "조사나 재판에서 이 문자에 대해 물으면 충분히 입장을 설명하겠다"고 약속했다. 검사는 받아들였다.

2023년 9월 21일, 디지털포렌식 마지막 일정은 저녁 7시가 다 되어서야 겨우 끝이 났다.

포렌식, 영혼을 털다

직접 당해보니, 디지털포렌식은 살을 벗겨내고 영혼을 터는 일이었다. 검사나 수사관과 나란히 앉아 내 사생활이 총망라된 휴대폰을 들여다보는 것 자체가 고통이었다. '휴대폰이 요물이구나', '그래서 검언유착 의혹으로 수사를 받은 한동훈 검사가 휴대폰 비밀번호를 수십 자리 걸어놓고 빼앗기지 않으려고 몸을 날렸구나', '그래서 룸살롱 접대 검사들이 수사를 앞두고 약속한 듯 휴대폰을 잃어버렸구나' 하는 생각이 들었다. '난 죄가 없다, 감출 게 없다'고 큰소리치며 당당하게 휴대폰을 내준 내가 참 바보같다고 생각했다.

생각한 것 이상으로 휴대폰에는 나의 모든 일상이 속속들이 들어있었다. 읽은 글과 본 영상, 영화와 드라마, SNS 방문 기록 등이 스틸컷처럼 저장돼 올라왔다. 지인 동료 친구와 나눈 시시껄렁한 대화, 휴대폰으로 사들인 것, 검색하고 기록한 것들이 빠짐없이 떴다. 신경이 곤두섰다.

뉴스타파 내부 대화방이 털릴 때는 긴장이 배가 됐다. 수사관이 "이런 대화도 있네요", "OOO PD님은 뉴스타파 보도에 대해 매우 부정적인 입장이시네요" 같은 말을 씩 웃으며 하는데, 나와 뉴스타파를 놀리는 소리로 들렸다. 한편으로 부끄럽고, 한편으론 화가 났다. 부끄러워하는 내가 부끄러웠다. 부끄러움의 악순환이었다.

포렌식을 하면서 아주 오래전 누군가에게 들은 말이 떠올랐다. "수사는 증거로 하는 게 아니라 의지로 하는 것"이란 말이었다. 내 휴대폰을 눈앞에 펼쳐놓고 시장에서 물건 고르듯 하나하나 끄집어내는 검사에게서 나는 '의지'를 느꼈다. '뉴스타파와 한상진을 반드시 처벌하고야 말겠다'는 의지다.

나중에 확인해보니, 이렇게 강한 의지를 보이며 내 휴대폰을 탈탈 턴 이건웅 검사는, 2022년 5월 법무부장관으로 영전하는 한동훈 검사장(전 국민의힘 대표)의 퇴임사에 아래와 같이 의지가 철철 넘치는 글을 헌정한 사람이었다.

얼어 죽더라도 곁불을 쬐지 않아야 하고 굶주려도 풀은 먹지 않는 호랑이가 되어야 하는 검사의 모범을 보여주셔서 진심으로 감사드립니다. 그에 더하여 결국 이겨내신 '조선제일검' 모습은 후배들에게 든든한 선례가 되었습니다.

이건웅 서울중앙지검 반부패수사1부 검사, 검찰 내부 게시판 이프로스, 2022년 5월

3일에 걸친 포렌식이 끝나고 서울중앙지검을 나서니 어둑어둑한 하늘에 보슬비가 내리고 있었다. 우산을 쓰기도 안 쓰기도 애매한 비였다. 지하철역을 향해 움직이는데 기운이 빠져 걷기가 힘들었다. 우산을 들 기운도 없고 어깨에 걸린 가방이 천근만근 느껴졌다. 힘든 마음이 몸도 힘들게 만든 것 같았다. 몸에 닿는 보슬비가 유리 조각처럼 느껴졌다.

겨우 3호선 교대역에 도착했을 때, 수년 전 인터뷰에서 정연주 전 KBS 사장이 한 말이 떠올랐다. 이명박 정권 때 KBS 사장에서 쫓겨나 배임 혐의로 기소돼 재판을 받을 때 얘기다. "법원이 있는 교대역 근처만 오면 견디기 힘들 만큼 머리가 아팠다"고 했다. 조국 전 장관도 사석에서 비슷한 말을 했다. "재판을 받기 위해 차를 몰고 교대 사거리(서울중앙지법 근처)에만 진입하면 온몸이 아팠다"고 했다.

윤석열 대통령이 후보 시절 어떤 자리에 나와 한 말도 생각났다. "검찰이 기소만 해도 인생이 절단난다"던가. 나는 교대역 역사로 꾸역꾸역 내려가며 생각했다. "절단나지 않고, 아프지 말고, 아름답게 잘 싸워 끝내 이겨야 한다"고.

2023년 9월 22일, 대검찰청 포렌식센터, 봉지욱

검찰은 압수수색으로 무얼 제일 뺏고 싶을까. 누가 뭐래도 1번 타깃은 나의

'휴대전화'다. 여기엔 한 사람의 인생이 통째로 저장돼있다. 내가 그때 뭘 했는지 나는 몰라도 휴대폰에는 모든 게 남아있다.

안드로이드폰이라면 구글 계정이 반드시 필요한데, 내 위치 정보를 구글이 자동으로 수집한다는 걸 아는 사람은 드물다. 베테랑 검사는 구글 위치 정보까지 들여다본다. 이 책을 보는 당신이 안드로이드폰 사용자라면 당장 폰을 열고 구글 계정 설정으로 들어가보시라. 위치 정보 수집 기능부터 꺼놓는 게 좋을 것이다.

대장동 개발 비리 사건이 터졌을 때 유동규 전 성남도시개발공사 본부장은 집 초인종이 울리자, 자신의 아이폰을 창밖으로 던졌다. 교체한 지 얼마 안 되는 새 폰이었다. 별 게 없었지만 검찰이 들이닥치자 두려움이 폭발한 것이다. 창밖으로 던진 그 폰은 어떻게 되었을까? 야호, 신형 아이폰이다. 라며 누군가 주워갔지만, 결국엔 검찰 품으로 돌아갔다.

라임 사건 변호사의 룸살롱 검사 접대 사건을 기억하는 분들이 있을 거다. 3명의 검사가 검사장 출신 변호사 선배로부터 유흥 접대를 받았다. 그런데 검찰 수사 결과가 거의 개그콘서트 수준이었다. 검사 1명당 접대받은 금액이 99만 원으로 조사됐다. 1인당 한 번에 100만 원 미만으로 접대를 받으면 현행 청탁금지법 처벌을 피할 수 있다. 불과 만 원 차이로 이들은 기소를 면했다. 청탁이 있었나 없었나는 파악조차 되지 않았다. 왜 그랬을까. 수사가 시작되자 이 검사들이 가장 먼저 한 일은 휴대전화 교체였다. 증거를 없앤 것이다.

피의자가 스스로 자신에게 불리한 증거를 없애는 건 죄가 되지 않는다. 법이 보장하는 방어권이다. 이 방어권의 폭은 생각보다 넓다. 쌍방울 대북송금 사건 핵심 인물인 안부수 아태평화교류협회장은 증거인멸교사 혐의가 적용됐으나, 1심에서 무죄를 받았다. 그는 아태협 직원들로 하여금 회사 컴퓨터 하드디스크를 새로 교체하라고 지시했다. 증거인멸을 하라고 시켰으니 '증거인멸교사죄'다. 하지만 재판부는 여러 대의 컴퓨터를 안부수 본인이 동시에 교체할 수 없는 상황에서, 자신을 방어하기 위해서 직원을 동원했다면 이는 자기방어권 범주에 속한다고 판단했다. 그렇다고 수사를 받는 처지에서 자신의 폰을 막 버리거나 함부로 교체해서는 안 된다. 구속영장이라는 변수가 있기 때문이다.

박영수 전 특검은 대장동 50억 클럽 멤버다. 2021년 10월에 이미 언론 보도로 알려진 사실이다. 그러나 박 전 특검에 대한 본격적인 검찰 수사는 2023년 4월부터 이뤄졌다. 검찰 수사 기록에 이미 박 전 특검의 혐의가 충분한데, 검찰이 아무런 수사를 하지 않고 있다고 뉴스타파가 수차례 폭로한 결과다.

박 전 특검은 2023년 검찰이 수사를 시작하자 자신의 휴대전화를 망치로 깨부쉈다. 일단 박 전 특검 자신이 직접 증거인멸을 했으므로 이 부분은 죄가 되지 않을 것이다. 그러나 검찰은 영리했다. 그의 망치 사건을 언론에 흘려 기사가 나오도록 한 것이다. 대검 중수부장 출신이 망치질을 하다니! 언론이 대서특필하면 영장을 심사하는 판사도 고민을 하지 않을 수 없다.

구속이 되느냐 마느냐는 딱 두 가지다. 증거인멸이나 도주 우려가 있으면 구속이다. 박 전 특검의 망치질은 비록 혐의가 되진 못하지만 구속 사유로는 충분했다. 대검 중수부장 출신이 까마득한 자신의 후배들에게 제대로 당한 것이다. 이 후배 검사들은 아마 선배에게 배운 대로 했을 테니, 결국 자업자득이다. 그가 왜 이렇게까지 해야 했을까. 전직 중수부장의 망치질 사건은 본인 스스로가 입을 열지 않는 한 영원한 미스터리로 남을 것이다.

휴대전화에는 한 사람의 인생이 통째로 들어있다. 요즘엔 클라우드 서버에 폰이 연결돼 거의 무한대로 기록을 저장할 수 있다. 심지어 나 자신도 모르게 내 정보를 수집하는 경우도 있다고 한다. 구글이나 페이스북 앱이 사용자 음성을 임의로 수집해서 이 사람이 원하는 물건이 무언지 파악하고, 앱을 사용할 때 자연스럽게 그와 관련한 광고를 노출한다는 주장도 있다. 아, 수박 먹고 싶다고 혼잣말을 했는데, 내 페북에 돌연 수박 주스 광고가 나오는 식이다.

그래서 검찰이 가장 먼저 압수하는 것이 휴대전화다. 검찰 수사관은 압수한 직후 폰을 '비행기 모드'로 바꾼다. 이렇게 하는 이유가 있다. 만약 내 폰이 통신망과 계속 연결돼있다면, 나는 원격으로 내 휴대전화를 초기화할 수 있다. 구글이나 삼성 계정을 통해 얼마든지 원격 초기화가 가능하다. '비행기 모드'는 검찰 입장에서 그런 불상사를 미연에 방지하기 위함이다.

압수된 폰은 검찰 마크가 찍힌 봉투로 들어간다. 이를 압수물 봉인이라고 한다. 봉투에는 압수한 장소와 날짜, 시각을 적고 피압수자 서명도 들어간다. 이 봉인지가 풀리는 건 이후 진행하는 디지털포렌식 과정에서다.

대검찰청 포렌식센터에서 생긴 일

노트북이나 휴대전화를 검찰이 압수하면 그다음에 하는 일이 디지털포렌식이다. 내가 압수수색을 당하고 일주일 후인 2023년 9월 22일부터 포렌식 작업이 시작됐다. 요즘 검찰 수사는 휴대전화 포렌식에 상당 부분 의존하기 때문에, 이 포렌식 작업 예약하기가 꽤 어렵다고 한다. 그런데 '윤석열 명예훼손' 사건은 국기문란 중대범죄인지라 다른 예약을 모두 제치고 우선 배정됐다.

앞서 3장 '침탈'에서 살펴봤듯이, 곱슬머리 수사관은 이미 우리 집에서 내 폰에 있는 정보를 열람했다. 자신이 중요하다고 생각한 건 사진이나 영상으로 찍고 어디론가 전송도 했다. 그런데 검찰이 이런 식으로 획득한 휴대전화 속 정보는 재판에서 유죄 증거로 쓸 수 없다.

그래서 디지털포렌식 과정이 반드시 필요하다. 포렌식은 이 폰의 정보가 위조되지 않은 진짜라고 보증하는 역할을 한다. 포렌식을 거쳐 채택된 폰 정보는 고유의 해시값을 갖는데, 이게 재판에서 일종의 '정품 보증서'가 된다.

나는 디지털포렌식 과정에서도 특별대우를 받았다. 윤석열 명예훼손 사건에서 대검 포렌식센터로 끌려간 피의자는 내가 유일했다. 대부분 중앙지검에서 포렌식을 했다. 여담이지만, 9월 14일 압수수색 당일 YTN 등 다수 언론이 '검찰, 봉지욱 기자 자택 압수수색'이라는 자막을 내보냈다고 한다. 동시에 압색을 받던 뉴스타파 한상진 기자는 실명이 아닌 '한모 기자'라고만 적었다는데 나는 이 얘기를 뒤늦게 들었다. 우리 집에는 TV가 없어서 미처 몰랐다. 한상진 기자는 이를 두고 "이것만 봐도 확실히 니가 주범"이라고 골려댔다.

대검 포렌식센터에서 오랜만에 만난 내 폰(갤럭시 S22)은 반투명 봉인지에 고이 싸여있었다. 홈 화면이 켜진 채였다. 봉인지 아래 놓인 무선 충전기가 내 폰에 계속 전원을 공급하고 있었다. 이날 곱슬머리 수사관을 다시 만났다. 이것도 인연이라고 반가웠다.

"아, 그런데 이게 뭐죠? 바로 포렌식을 안 합니까?"

폰이 놓인 탁자 위를 삼각대가 장착된 캠코더가 비추고 있었다. 곱슬머리 수사관은 "혹시나 포렌식에 실패할 수 있기 때문에 저희가 일단 폰 정보를 모두 촬영해두려고 합니다"라고 했다. 이걸 협조해야 하나 말아야 하나. 변호사와 상의했는데, 우리가 싫다고 해도 곱슬머리는 강행을 할 태세였다. 곱슬머리 옆에 있던 대검 포렌식 수사관은 "포렌식 과정에서 폰이 완전히 먹통이 될 수도 있기 때문에 필요한 작업"이라고 설명했다.

곱슬머리는 약 3시간 동안 캠코더로 내 폰 속 모든 정보를 촬영했다. 수십 기가바이트에 달하는 용량이었다. 본인도 힘든 기색이었다. 모든 앱을 일일이 열고 손으로 하나씩 드래그를 하며 넘겨야 했기 때문이다. 곱슬머리의 손가락이 애달파 보였다.

나중에 알았지만, 이러한 휴대전화 촬영 자체가 불법이다. 압수수색영장에 특별히 폰을 촬영해도 좋다고 써있지 않는 한 말이다. 그럼에도 검찰은 너무도 당연한 절차라는 듯, 꿔준 돈 받아가는 대부업자처럼 당당하게 촬영했다.

갤럭시 v. 아이폰 : 검찰 포렌식 방어력

내가 중앙지검이 아닌 대검찰청 포렌식센터로 간 이유는 나중에 알게 됐다. 내 폰의 화면 잠금을 검찰이 열었다고 해서 곧바로 포렌식이 되는 건 아니었다. 포렌식은 내 폰의 모든 정보를 사진 찍듯이 복사하는 과정이라고 한다. 검찰에선 이를 '이미징(Imaging)'이라고 칭했다. 포렌식 이미징을 하려면 검찰 포렌식 장비가 폰 내부 저장장치에 접근할 수 있어야 한다. 이때 내가 설정한 폰 비밀번호는 접근을 막는 일종의 자물쇠가 된다.

이번 압수수색으로 새롭게 안 사실 중 하나는 폰 비밀번호가 복잡하면 검찰 포렌식 장비가 이 자물쇠를 따기가 상당히 어렵다는 사실이다. 흔히 아이폰이 안티(Anti)포렌식에 더 강하다고 알려졌지만, 그것도 아니었다. 삼성 갤럭시 최신형 폰도 아이폰과 비슷한 수준이다. 이는 포렌식 전문가들을 통해서도 재차 확인한 사실이다.

한동훈 국민의힘 대표가 검사 시절에 일명 '고발사주' 사건으로 수사를 받으면서 자신의 아이폰을 압수당하고도 비밀번호를 끝까지 말하지 않아서 결국 포렌식에 실패한 사실은 널리 알려져있다. 이 사건을 두고 기자들이 "역시 아이폰이 보안이 세구나"라고 말하곤 했고, 어떤 기자는 일부러 아이폰으로 바꾸기도 했다.

아이폰이든 갤럭시든 관건은 출시 연도, 그리고 얼마나 어렵게 비밀번호를 설정하느냐다. 내가 압수당한 갤럭시 S22는 영어 대문자와 소문자, 특수기호 등 25자리 내외로 비밀번호가 설정돼있었다. 잠금화면을 푸는 방법은 지문 혹은 비밀번호였다. 이것만 해놔도 검찰 포렌식 장비가 내 폰을 쉽게 지배하지 못하게 막을 수 있다. 그런데 나의 경우엔 한 가지 문제가 있었다.

2023년 9월 14일 압수수색 당일, 곱슬머리 수사관은 실리콘 골무로 폰 잠금

화면을 풀었다. 만약 그들이 내 휴대폰을 잠금 상태로 압수했다면, 제 아무리 대검이라도 내 전화기를 뚫어 포렌식 이미징을 할 수 없었을 것이다. 사실 이 모든 건 다 훗날 알게 된 사실이다. 압수수색 경험에서 건진 소중한 자산이랄까. 그래서 독자들에게 이런저런 얘기를 할 수도 있는 것이고. 어쨌든 곱슬머리 수사관의 실리콘 골무가 큰 공을 세운 셈이다.

부부싸움 문자메시지가 강력한 증거?

여기서 한 가지 팁. 삼성 갤럭시에 '보안폴더' 기능이 있다. 이 폴더는 더욱 강력한 보안을 설정해 검찰이 포렌식으로 이미징하기가 쉽지 않다고 한다. 당신에게 정말 중요한 것이라면 보안폴더에 넣어둘 필요가 있다. 그게 뭐 대단한 거냐고 생각할지 모르겠지만, 막상 압수수색을 당해보면 생각이 확 달라진다. 그리고 내 혐의와 관계있는 것만 검찰이 증거로 가져갈 것이라고 착각해선 안 된다.

대검 포렌식 센터에서 이미징에 성공한 검찰은 이를 외장하드에 담는다. 그러고선 전자정보 증거 선별 작업에 나오라고 통보한다. 피의자에게 일종의 방어권을 행사할 수 있게 해주는 것인데, 별로 고맙지는 않다. 나는 이런 선별 작업에 세 번 참여했다. 증거 선별 과정은 서울중앙지검 10층에서 이뤄졌다. 반부패수사부 검사실 옆에 디지털포렌식센터가 있다. 그곳엔 두 명만 앉아도 꽉 차는 비좁은 방에 데스크톱 컴퓨터와 모니터 두 대가 설치돼있는데, 여기에 수사관과 나란히 앉아서 하루종일 화면을 쳐다봐야 한다. 컴퓨터가 내뿜는 열기에 수사관도, 나도, 변호사도 땀이 비오듯 했다.

포렌식 수사관은 데스크톱에 내 폰을 복사한 외장하드를 연결했다. 그러면 모니터에 나의 통화기록, 연락처, 사진, 동영상, 사용 이력 등 모든 정보가 폴더별로 쭉 뜬다. 내 휴대폰에는 약 6천 개의 연락처가 있었다. 그런데 화면에 나온 연락처 숫자는 10만 개가 넘었다. 이유가 있었다. 폰에 애플리케이션을 설치할 때, 내 연락처 정보에 접근을 허용해야만 설치가 되는 경우가 있다. 그러면 그 앱은 내 연락처의 모든 정보를 가져간다. 이런 식으로 수많은 앱이 내 연락처를 중복으로 저장하면서 연락처가 10만 개 넘게 나온 것이다.

검찰 포렌식 결과는 놀라웠다. 우선 각 앱 아이디와 비밀번호가 완전히 노출된다. 암호화해 저장되는 줄 알았는데 아닌 모양이다. 각 앱마다 내가 설정한 아이디와 비번이 아주 친절하게 원문 그대로 결괏값에 나왔다. 첫 선별 작업 이후 나는 대다수 앱의 비밀번호를 변경해야 했다.

곱슬머리 수사관은 전생에 나와 무슨 인연인지, 압수수색부터 포렌식까지 함께 했다. 내게 배정된 전담 요원 같았는데, 나중에 보니 나를 담당한 검사실의 수사관도 아니었다. 현장 압수수색에 뛰어난 곱슬머리를 우리 집으로 보낸 이유가 있을 터다. 그는 굉장히 깐깐하고 성실했다. 그 점은 인정할 수밖에 없다.

포렌식 결괏값은 단위 개수로 치면 수백만 건이다. 그래서 선별 작업은 주로 키워드를 넣어서 검색하는 방식으로 이뤄진다. 수백만 건을 다 볼 수 없기 때문이다. 하지만 곱슬머리는 키워드 없이 일일이 자신이 직접 봐야 한다고 말했다.

선별 작업 중에 큰 갈등이 벌어지기도 했다. 윤석열 명예훼손 사건과 전혀 관계없는 정보들을 증거랍시고 가져가려고 했기 때문이다. 예를 들어 내가 아내와 나눈 장문의 문자메시지를 곱슬머리는 한사코 가져가야 한다고 주장했다. "아니 여기에는 부부싸움하면서 나눈 내용도 있는데 이게 이 사건과 무슨 연관이 있단 말입니까" 곱슬머리는 제대로 대답을 못하면서도 자신의 뜻을 굽히지 않았다. 그때 옆에 있던 신인수 변호사가 벌떡 일어섰다. "봉 기자님, 우리 그냥 갑시다. 이렇게 수사관님 마음대로 할 거면 그냥 다 증거로 가져가든지 말든지 알아서 하세요. 우리는 선별 작업 참여하지 않겠습니다."

신 변호사가 오버액션을 취하자, 곱슬머리는 당황했다. "잠시만요. 검사님에게 물어보고 오겠습니다" 베테랑 수사관인 곱슬머리가 어린 검사의 지시를 받으러 자리를 떴다. 몇 분 뒤 돌아온 그는 "아내 분의 문자는 안 가져가겠습니다"라고 답했다. 선심을 좀 써준다는 표정이었다.

결국 제보자 색출이 목적

내가 JTBC에서 윤석열 주임검사의 대장동 브로커 조우형 봐주기 의혹을 보도한 건 2022년 2월이다. 윤석열 명예훼손 사건 수사는 2023년 9월부터 시작됐다. 그러니까 보도를 한 지 1년 7개월이 지난 뒤에야 뜬금없이 수사를 시작한 것이다. 나는 거의 매년 한 번씩 휴대전화를 교체하는데, 2023년 7월 초에 이미 갤럭시 S22로 기기 변경을 한 상태였다. 나는 기기 변경을 할 때 연락처와 애플리케이션 외에는 전에 쓰던 폰 정보를 거의 복사하지 않는다. 기자로 살면서 생긴 일종의 '보안' 의식이랄까. 그러니까 검찰이 압수한 내 폰은 두 달밖에 안 된 새 폰이었다. 그럼에도 내가 복사한 앱 속에 흔적이 남아있을 수도 있다. 내가 보도를 하면서 연락한 중요 취재원은 반드시 보호해야 했기 때문에 포렌식 선별 작업 때도 신경이 곤두섰다.

사실 언론 보도와 관련한 명예훼손 사건에 검찰이 압수수색영장을 청구하고, 법원이 발부한 것 자체가 이례적이다. 이미 나간 보도를 이제 와서 없애려 한다고 없어지겠는가. 사건의 증거들이 밖에 나와 있으니 검찰은 내가 한 보도가 왜 허위인지만 밝히면 된다. 범죄 입증은 검사에게 책임이 있다. 내가 무죄를 입증하는 것이 아니다.

검찰의 디지털포렌식 목적은 염불보다 잿밥이었다. 내 폰에서 어떻게든 나를 궁지로 몰 소재를 찾고자 했을 것이다. 그래서 내가 "아, 그것만은 제발"이라면서 스스로 범죄를 자백하는 상황을 만들고 싶었는지 모른다. 검찰청에서 수사받던 피의자가 투신했다는 소식을 우리는 가끔 뉴스로 접한다. 그게 온전히 그 사람만의 잘못 때문일까. 실제로 이들은 포렌식 증거 선별 과정에서 잿밥을 찾으려고 부단히 노력했다.

검찰 압수수색영장에는 20대 대선 당시 민주당이 내게 대장동 검찰 수사 기록 등을 제공했다고 포장돼있었다. 민주당이 나에게 남욱 변호사 피의자 신문조서 등을 줬고, 이를 바탕으로 사실 확인을 하지 않은 채, 그리고 당사자인 대장동 브로커 조우형의 반론을 싸그리 무시한 채 허위 보도를 했다는 것이다. 이재명 후보를 당선시키고, 윤석열 후보를 떨어뜨리려는 목적이 있다고도 했다. 상상력이 가미된 영장 내용을 판사는 아무런 사실 확인도 없이 허가해줬다.

포렌식 선별 작업에서 검찰은 민주당 그리고 윤석열이나 김건희와 조금이라도 관련이 있는 정보는 모두 증거랍시고 가져가려고 했다. 나는 2023년 7월에 양평고속도로 노선 변경 사건 내막을 다룬 적이 있다. 수천억 원이 드는 국책사업의 계획이 별다른 근거도 없이 하루아침에 바뀌었는데, 기자로서 어찌 관심을 두지 않을 수 있겠는가.

이에 더해 김건희 일가의 경기도 양평 일대 재산이 125억 원에 이른다는 기사도 냈다. 굉장히 보수적으로 계산했다. 양평고속도로가 변경되는 조건은 반영하지도 않았다. 실제로 노선이 변경된다면, 김건희 일가의 재산은 곧바로 몇 배로 폭등할 것이다. 이 기사를 도와준 감정평가사가 있었다. 일개 기자가 땅의 가치를 마음대로 계산할 수는 없으니 말이다. 그런데 보도 후 이분의 존재가 노출됐다. 몇 달 후 감정평가사협회는 나의 제보자를 징계했다. 나는 이 같은 제보자 색출이 윤석열 명예훼손 수사 목적 중 하나라고 생각한다.

어쨌든 양평고속도로 사건은 윤석열 명예훼손과는 아무런 상관이 없다. 그러나 곱슬머리 수사관은 내 폰이나 이메일에 있던 양평고속도로 관련 자료를 모조리 관련 증거라고 가져갔다. 폰 연락처에 '제보' 혹은 '제보자'라고 적힌 사람의 이름과 전화번호도 샅샅이 뒤졌다. 그중에는 현직 공무원도 있었는데, 역시 윤석열 명예훼손 사건과 아무런 관련이 없는 인물이다. 그럼에도 불구하고 검찰은 이들의 정보를 싹 다 가져갔다. 이쯤 되면 검찰이 압수수색과 디지털포렌식으로 무엇을 얻고자 했는지 짐작이 갈 것이다.

포렌식보다 무서운 것

20대 대선 당시 JTBC 내부에서 벌어진 일을 나는 생생히 기억한다. 국민은 언론을 통해 세상을 본다. 그런데 언론이 사안을 왜곡하거나 외면한다면 무슨 일이 벌어질까. 당시 나는 기자로서는 거의 유일하게 정영학 녹취록 전문과 관련 검찰 수사 기록을 입수했다. 하지만 윗선의 압력과 외면으로 충실하게 보도할 수 없었다.

2022년 10월, 나는 뉴스타파로 망명했다. 여기선 아이템이 없어서 못하면 못했지, 권력의 눈치를 보지 않는다. 2022년 11월부터 나는 '대장동 X파일'이란 제목의 시리즈 보도를 시작했다. 검찰이 대장동 사건을 수사한 기록을 바탕으로 한 심층 탐사보도다. 이 과정에서 나는 1325쪽에 달하는 '정영학 녹취록'을 뉴스타파 홈페이지에 공개했다. 녹취록을 공개한 이유는 하나다.

2021년 10월 동아일보는 "천화동인 1호 지분 절반은 그분 것"이란 기사를 썼고, 이후 JTBC를 비롯한 거의 모든 언론이 '대장동 그분' 찾기에 나섰다. 그 과정에서 웃지 못할 촌극도 벌어졌다. 한국일보는 정영학 녹취록을 입수했다며 녹취록에 나오는 그분은 현직 대법관이라고 보도했다. 이에 조재연 대법관은 펄쩍 뛰면서 나는 그분이 아니라고 기자회견까지 열었다.

20대 대선 당시 거의 모든 언론이 찾아나선 '대장동 그분'은 대선 결과를 뒤바꾼 결정적인 가짜뉴스였다. 정영학 녹취록 안에 숨은 주인이란 의미의 '그분'은 존재하지 않았다. 나는 JTBC에 있을 당시, 정영학 녹취록에 '그분'이 없다고 우리가 정확히 보도해 알려야 한다고 주장했다. 하지만 당시 보도국 윗선은 이를 부담스러워했다. 결국 제대로 된 보도를 하지 못했다.

윤석열 주임검사의 수사 무마 의혹도 대폭 축소된 형태로 보도됐다. 방송 뉴스 리포트가 길어야 3분인데, 리포트 몇 개로 이 복잡한 사건을 어찌 다 설명할 수 있단 말인가. 보도국 윗선은 시간을 더 주기는커녕, 내가 관련 발제를 할 때마다 리포트를 축소하려 애썼다.

    2023년 1월, 뉴스타파 홈페이지에 정영학 녹취록 전문을 공개한 이유는 일반 시민이 직접 녹취록을 보고 사건의 진실이 무언지 판단하길 바라는 마음에서였다. 뉴스타파가 아니었다면 녹취록 전면 공개는 불가능했을 것이다. 역시 망명하길 잘했다고 생각했다.
    검찰로서는 대장동 수사 기록을 내게 준 사람이 누군지 궁금했을 터다. 내 폰 속에 단서가 있을 것이라고 판단했을 텐데, 아마추어 같은 생각이다. 기자는 취재원 보호를 생명으로 여겨야 한다.
    그런데 나와 함께 일하던 일부 JTBC 기자는 그런 사명감을 가차없이 저버렸다. 그 당시 우리의 취재원이 누구였는지, 취재 자료는 어떻게 입수했는지 등을 검사 앞에서 시시콜콜 진술했다. 내막을 제대로 알고 진술한 것도 아니었다. 어디선가 전해들었다거나, 자신의 생각이 마치 사실인 것처럼 조작해서 진술하기도 했다. 그뿐만 아니라 JTBC는 서버에 저장된 관련 취재 자료 일체를 검찰에 제출했다.
    내가 가장 마음이 아픈 건, 이 과정에서 당시 나의 보도를 도와준 취재원들의 정보가 검찰에 오롯이 노출됐다는 것이다. 한 취재원은 집 압수수색에 출국금지 조치까지 당했다. 세 번의 소환 조사도 받았다. 너무나 미안했다. 검찰은 그때 수사에 적극 협조한 JTBC 기자들을 윤석열 명예훼손 사건의 검찰 측 증인으로 부를 것이다. 위증죄로 형사처벌될 수 있는 법정에서 그들이 어떤 말을 내뱉을지 무척 궁금하다.

    검찰은 디지털포렌식에서 별다른 증거를 찾지 못했다. 증거가 안 나오니 참고인 진술에만 의존하게 된다. 이럴 때 포렌식보다 무서운 게 인간의 거짓말이다.

07

중대범죄자

중대범죄자

출국금지

예고 없이 날아온 '출국금지 기간 연장 통지서'

2023년 9월 검찰의 강제수사 대상이 되면서 우리 일상에 크고 작은 변화가 일어났다. 꼬리를 물고 이어지는 의문도 생겼다. 우리는 진짜 범죄를 저질렀는가? 그렇다면 얼마나 중대한 범죄인가?

변화 중 하나는 집에 우편물이 자주 오기 시작했다는 것이다. 대부분 비슷하게 생겼는데, 흰 봉투에 가운데를 직사각형 투명 비닐로 만들어 안에 든 종이에 적힌 글씨를 보이게 했다. 등기 발신자는 보통 서울중앙지방검찰청, 서울중앙지방법원, 법무부 출입국관리사무소 등이다. 가끔 서울서부지방법원과 수원지방법원, 성남지원에서도 우편물이 온다. 대부분 등기로 발송하기 때문에 배달원이 그냥 우편함에 넣지 않고 초인종을 눌러 수취 확인을 받아간다.

2023년 9월 이후로 벨이 울리면 갑자기 심장이 뛴다. 조건반사다. 머릿속에는 문밖에서 벨을 누르는 검은 옷과 검은 마스크 차림의 괴한이 떠오른다. 문 열림 버튼을 누르기 전에 먼저 모니터를 살펴본다. 화면 속에 선한 얼굴의 평범해 보이는 배달원이 나타난다.

"누구세요?"

"등기 왔어요."

문을 열고 봉투를 받아든다. 이런 일이 이른바 '루틴'이 됐다. 낮에는 보통 집에 사람이 없기 때문에 저녁에 돌아오면 문에 딱지가 붙어있다. 우편물 배달을 왔는데 부재중이어서 내일 다시 오겠다는 메시지다. 며칠 못 만나면 우체국에 보관해둘 테니 찾아가라는 쪽지가 붙는다.

등기우편물 중에 정기적으로 '출국금지 기간 연장 통지서'가 온다. 나는 2024년 3월 처음으로 법무부 출입국관리사무소에서 보낸 '출국금지 기간 연장 통지서'를 받았다. 통지서를 받고 처음에는 상당히 어리둥절했다. '연장 통지서'라니? 출국금지를 시작하는 게 아니라 연장한다? 그렇다면 이미 출국금지를 당하고 있었다는 건가? 관련법을 찾아보니 내 추정이 맞았다.

출입국관리법에 따르면 법무부장관은 어떤 사람을 출국금지하거나, 출국금지 기간을 연장할 때는 즉시 당사자에게 그 사유와 기간을 명시해 서면으로 통지해야 한다. 그러나 예외가 있다. 첫째, 대한민국의 안전 또는 공공의 이익에 중대하고 명백한 위해를 끼칠 우려가 있다고 인정되는 경우, 둘째, 범죄수사에 중대하고 명백한 장애가 생길 우려가 있다고 인정되는 경우, 셋째 출국이 금지된 사람이 있는 곳을 알 수 없는 경우다. 다만 두 번째 경우에는 "연장 기간을 포함한 총 출국금지 기간이 3개월을 넘는 때에는 당사자에게 통지를 해야 한다"고 돼있다.

> **출입국관리법 제4조의4(출국금지결정 등의 통지)**
> ① 법무부장관은 제4조제1항 또는 제2항에 따라 출국을 금지하거나 제4조의2제1항에 따라 출국금지기간을 연장하였을 때에는 즉시 당사자에게 그 사유와 기간 등을 밝혀 서면으로 통지하여야 한다. 〈개정 2011. 7. 18.〉
> ② 법무부장관은 제4조의3제1항에 따라 출국금지를 해제하였을 때에는 이를 즉시 당사자에게 통지하여야 한다.
> ③ 법무부장관은 제1항에도 불구하고 다음 각 호의 어느 하나에 해당하는 경우에는 제1항

> 의 통지를 하지 아니할 수 있다. 〈개정 2011. 7. 18., 2014. 12. 30.〉
> 1. 대한민국의 안전 또는 공공의 이익에 중대하고 명백한 위해(危害)를 끼칠 우려가 있다고 인정되는 경우
> 2. 범죄수사에 중대하고 명백한 장애가 생길 우려가 있다고 인정되는 경우. 다만, 연장기간을 포함한 총 출국금지기간이 3개월을 넘는 때에는 당사자에게 통지하여야 한다.
> 3. 출국이 금지된 사람이 있는 곳을 알 수 없는 경우

미통보 사유 "범죄수사에 중대하고 명백한 장애"

김용진 한상진 봉지욱, 우리 셋 다 출국이 금지됐다. 그러나 출국금지 대상이 된 즉시 서면 통지를 받은 적이 없다. 시차가 있긴 하지만 모두 출국금지 기간 '연장 통지서'를 받았다. 우리를 '즉시 통지' 대상에서 예외(두 번째 예외 항목)로 분류했다는 의미다. 출국금지 조치를 하고도 3개월간은 우리에게 통지를 하지 않았다. 우리를 국내에 붙잡아두지 않으면 범죄수사에 중대하고 명백한 장애가 생길 우려가 있다고 판단했기 때문이다. 적어도 검찰이나 법무부는 그렇게 봤기 때문에 우리에게 출국금지를 걸고도 즉시 통지하지 않았고 미통보 최대 허용 기간인 3개월을 다 채운 뒤에야 연장 통지서를 보냈다. 나는 2024년 3월 13일 자로 첫 출국금지 연장 통지서를 받았으니 최초로 출국금지가 내려진 시점은 3개월 전인 2023년 12월 중순으로 추정했다. 실제 나중에 확인해보니 12월 20일부터 출국금지가 내려져 있었다. 검찰이 내 집을 압수수색하고 2주 뒤였다.

우리는 '즉시 통지' 예외 사유를 보면서 스스로의 정체성을 되돌아볼 수밖에 없었다. "우리는 정말 국가반란 세력이자 국기문란 행위자, 즉 '국사범' 취급을 받고 있구나" 절감했다. 2024년 3월부터 매달 한 번씩 연장 통지서가 날아왔다. 정기적으로 받다보니 혹시 하루 이틀이라도 늦게 오면 통지를 은연중에 기다리

게 되는 묘한 중독 증상이 오기도 했다.

출국금지가 한 달씩 연장되면서 우리 셋은 기존에 농반진반으로 결성한 '압색동지회'를 '압색출금동지회'로 바꿨다. 이런 일종의 놀이가 검찰의 폭압과 국민의힘 의원들의 언어 테러를 그래도 웃으며 맞설 수 있게 해줬다.

출국이 금지됐다는 사실이 머릿속에 각인되면서 왠지 갑갑해지는 느낌을 수시로 받았다. 언제인가부터 갇혀있다는 인식이 그럼 감정을 불러일으켰을 게다. 대한민국이라는 큰 감옥에 수감된 느낌이랄까. 사실 대한민국만 해도 안 가본 곳 천지다. 그런데도 뜬금없이 바다 건너 밖으로 나가고 싶은 욕구가 불시에 일었다가 사그러들다가 또 생기는 일이 반복됐다.

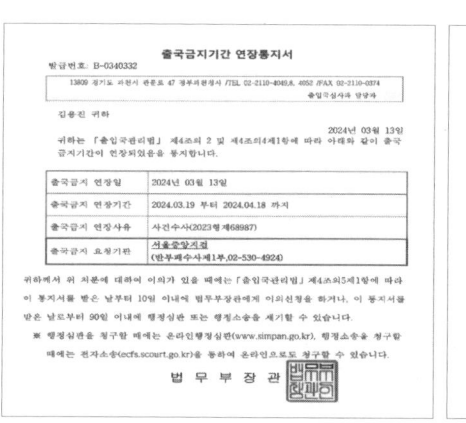
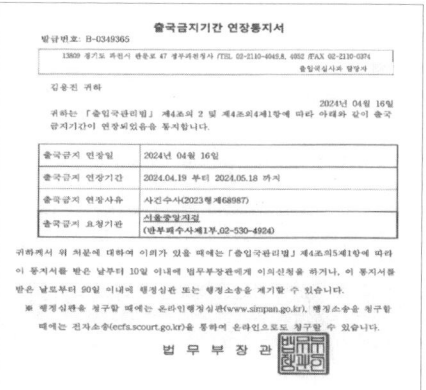
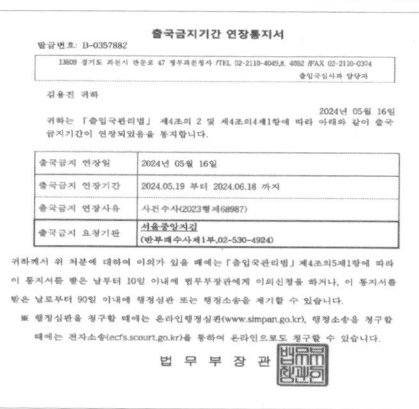
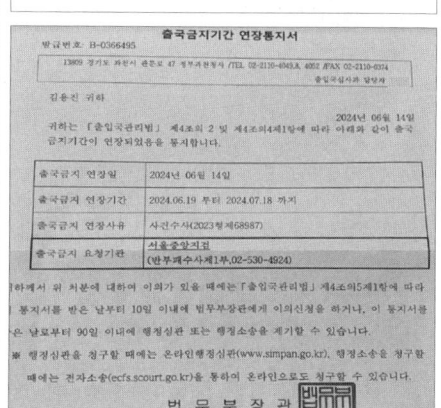

▶ 뉴스타파 김용진 대표가 받은 출국금지 기간 연장 통지서들.

우리 한국탐사저널리즘-뉴스타파는 국제탐사보도언론인협회(ICIJ) 같은 글로벌 언론단체나 여러 유수 해외매체와 협업 체계를 갖춰왔다. 그런데 대표와 기자들이 '대통령 명예를 훼손'했다는 혐의로 출국금지를 당했다는 사실이 알려지면 얼마나 나라 망신일까, 이런 생각도 들었다. 그간 취재 보도를 하면서 검찰이, 혹은 경찰이 누구누구를 출국금지했다는 내용을 수없이 썼다. 아무런 영혼 없이, 기계적으로, 가끔은 수사기관에 무의식적으로 동화돼서 '그래, 이 나쁜 놈은 출국금지해야 마땅하지' 이런 생각을 한 적도 적지 않다. 그러나 출국금지를 당하는 입장이 되니 과거의 내 모습이 몹시 부끄러워졌다. 검찰이 얼마나 무소불위의 권력을 휘둘러왔고, 기자들이 얼마나 그 앞잡이 역할을 해왔는지를 절실하게 깨달았다.

심리적 노예화

3월부터 매달 꼬박꼬박 출금 기간 연장 통지서가 날아오던 중, 6월 어느 날 한 일본인 교수에게서 연락이 왔다. 그는 2017년 남아프리카공화국에서 열린 국제 탐사보도 콘퍼런스 GIJC 때 만난 인연이 있었다. 기자 출신인 그는 현재 미국 캘리포니아의 한 대학에서 저널리즘을 가르치고 있다며 내게 7월에 일본 도쿄에서 열리는 국제 저널리즘 콘퍼런스에 강연자로 참석해달라고 요청했다.

'이걸 어떡하지?' 메일을 받고 고민했다. 나는 2023년 9월 스웨덴 예테보리에서 열린 글로벌탐사저널리즘네트워크(GIJN) 주최 국제 탐사보도 총회에서 2개 분야 세션에 연사로 초청받은 바 있다. 하지만 검찰 압수수색 때문에 불참했다. 그 때문에 전 세계에서 2000여 명의 탐사보도 기자가 모인 예테보리 탐사보도 총회에서 대한민국 검찰의 뉴스타파 침탈, 윤석열 정권의 언론탄압 등이 화제로 떠올랐다. 여러 해외 기자가 걱정하는 메일을 보내왔다. 한국 정부가 언론 관련 국제 무대에서 비난과 조롱거리로 전락했다.

세계 유수의 언론사와 저명 언론단체, 많은 저널리스트는 비영리 독립언론 뉴스타파의 성취를 높게 평가하고 이를 가능하게 한 국가 수준과 시민 의식 등을 부러워했다. 그런데 윤석열 정권이 들어선 뒤 하루아침에 우리나라 위상이 이렇게 추락해버렸다. 안타깝다는 말로는 담아내기 힘든 상실감이 밀려왔다.

일본 학자의 초청 메일을 받고 지난 예테보리 국제 탐사보도 총회에는 참석하지 못했지만 일본에서 하는 이 소규모 콘퍼런스에는 최대한 가봐야겠다는 생각이 들었다. 변호사와 상의해 출국금지를 해제하라는 소송을 냈다. 공식 초청장도 첨부했다.

> **RBBJ**
> Reporters Beyond Boarders Japan
>
> June 19, 2024
>
> Kim Yong-jin
> Editor-in-Chief/President
> Korea Centre for Investigative Journalism (KCIJ) - Newstapa
>
> Dear Kim Yong-jin,
>
> On behalf of Reporters Beyond Borders Japan (RBBJ), I am honored to officially invite you to our upcoming journalism conference in Tokyo. As a former Fulbright scholar and co-founder of Japan's nationwide journalists' network, it is my pleasure to extend this invitation to you.
>
> The conference, themed "Journalism in Crisis: Challenges for the Next Generation," will take place on Saturday, July 27th, 2024, at Waseda University in Tokyo. This event aims to address critical issues in sustaining newsrooms and educating aspiring journalists. We greatly value your initiative in developing and promoting investigative journalism in South Korea, and we are eager to learn more about News Tapa's Journalism School to educate future generations.

▶ 일본 도쿄 와세다대학에서 열리는 '위기의 저널리즘, 다음 세대를 위한 도전' 콘퍼런스 초청장.

그리고 2024년 7월 어느 날, 법무부에서 등기우편물이 왔다. '7월 고지서도 어김없이 오는구나' 생각하며 봉투를 열었다. 맨 위에 한 줄로 굵게 적힌 제목이 늘 보던 활자 모양과는 좀 달랐다. 뭔가 낯설었다. 다시 한 번 찬찬히 제목을 살폈다. '출국금지해제통지서'. 법무부(사실은 검찰)가 어느 날 갑자기 출국금지를 풀었다. 소송을 낸 것 때문인지 아닌지는 알 수 없었다. 소송을 통해 나에 대한 출국금지 적합성을 다퉈보려고 했는데 그 전에 검찰이 선제적으로 해제해버렸다. 정말 비겁한 집단이라는 생각이 들었다. 해제 시점은 2024년 7월 8일, 당초 7월 18일까지 출국금지 기간이었는데 10일 앞당겨 풀었다. 윤석열 명예훼손 혐의로 나와 한상진 기자를 기소한 직후다. 기소하면 1심 결과가 나올 때까지는 일단 출국금지로 계속 묶어두는 게 보통인데, 해제 조치는 의외였다.

 소송을 제기하자 바로 출금을 풀어버린 검찰은 어떤 의도였을까. 혹시라도 법무부(사실은 검찰)가 패소할 체면 구기는 일을 미연에 막으려고 한 걸까. 어쨌든 출금의 부당성을 법정에서 적극 제기할 수 있는 기회가 사라져버려서 매우 아쉬웠다. 그러나 한편으로는 출국금지해제통지서를 보낸 검찰이 갑자기 고마워지려고 했다. 오래 묶여있던 갑갑함이 해소됐기 때문일까. 잠시나마 '아 나를 이렇게 배려해주는구나'하는 생각도 들려고 했다. 심리적 노예화는 이렇게 진행되는 모양이다.

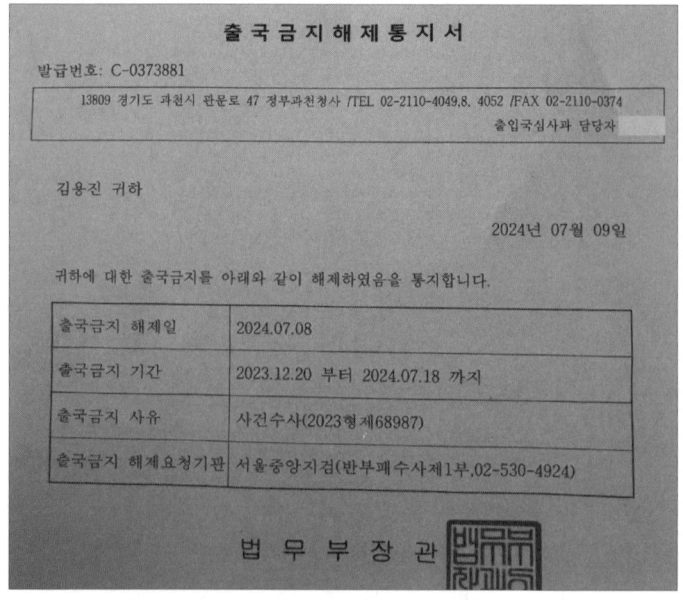

▶ 2024년 7월 9일 자로 법무부장관이 보낸 '출국금지해제통지서'.

나는 중대범죄자

나는 2023년 10월 4일 출국금지됐다. '윤석열 명예훼손' 사건을 수사하는 서울중앙지방검찰청 반부패수사1부가 법무부에 출국금지를 요청했는데, 당일 받아들였다고 한다. 나는 내가 출국금지돼 있다는 사실을 3개월이 지난 2024년 1월 초 법무부에서 보내온 우편물을 받고서야 알게 됐다. '출국금지 연장 통지서'였다. 2023년 12월 6일 압수수색을 당한 김용진 대표는 나보다 2개월쯤 늦은 2024년 3월 중순에 연장 통지서를 받았다.

출입국관리법에 따르면, 출국금지 결정이 내려지면 지체 없이 당사자에게 출국금지 사유와 기간을 서면으로 통보해야 한다. 다만, 대한민국의 안전 또는 공공의 이익에 중대하고 명백한 위해(危害)를 끼칠 우려가 있다고 인정되는 경우와 범죄수사에 중대하고 명백한 장애가 생길 우려가 있다고 인정되는 경우는 '즉시 통보'를 안 해도 된다.

나중에 안 사실이지만, 검찰과 법무부는 나와 봉지욱 기자, 김용진 대표가 후자에 해당한다고 판단, 출국금지 사실을 즉시 통보하지 않고 3개월을 미루다 통보했다. 난 중대범죄자였다.

2023년 10월 시작된 출국금지는 3개월이 지난 시점부터 검찰이 나를 재판에 넘긴 2024년 7월까지 매달 연장됐다. 매달 3~5일이 되면 집으로 '출국금지 연장'을 알리는 등기우편물이 왔다. 반드시 본인만 수령할 수 있는 것이어서 집에 사람이 없어 수령을 못할 경우 매번 우체국에 찾아가 받아와야 했다.

출국금지 해제 소송 제기

두 번째 출국금지 연장 통지서를 받은 뒤인 2024년 2월 말, 나는 출국금지를 풀어달라는 행정소송을 법무부에 제기했다. ① 압수수색-포렌식-검찰 조사 등 수사 절차가 이미 끝나 인멸할 증거도, 증거를 인멸할 가능성도 없고, ② 검찰 수사에 응하고 증거와 의견서를 내는 등 수사에 협조한 만큼 더 이상 출국을 금지할 이유가 없고, ③ 현직 기자로 가족과 같이 생활하는 내가 해외로 도피할 가능성도 없고, ④ 무엇보다 수년 전부터 매년 5월이 되면 내가 팀장을 맡아 뉴스타파에서 보도해온 <전두환 프로젝트> 취재를 위해 일본 출장이 필요하다는 등의 이유였다.

소송을 제기한 이후 나와 법무부 사이에 의견서 등 문서가 오갔다. 서울 양재동 행정법원에서 한 차례 재판도 진행했다. 법정에서 나는 출국금지가 풀려야 하는 이유를, 법무부에서 나온 직원은 출국금지를 풀어줘선 안 되는 이유를 짧게 얘기했다. 판사 요청에 따라 구체적인 이유는 서면으로 대신하기로 했다. 나는 변호인을 통해 <전두환 프로젝트> 취재 계획서 등을 추가로 내겠다고 했다.

2024년 3월 21일, 장종오 변호사를 통해 내가 낸 출국금지 처분 취소 신청에 대한 법무부 답변서를 받았다. 검찰이 법무부에 낸 의견서가 같이 들어있는 문서였다. 법무부 답변서, 검찰 의견서, 내가 낸 신청서, 각종 증거자료까지 무려 325쪽에 달하는 문서였다. 검찰과 법무부는 여러 이유를 들어 나의 출국금지가 계속되어야 한다고 주장했다.

일단 검찰이 보기에 나는 '중형 선고 가능성이 높은 중대범죄자'였다. "대한민국 대통령을 선출하는 중대한 선거 3일 전에 선거에 개입할 목적으로 범죄를 저질러" 중형 선고가 예상된다고 했다.

검찰은 나와 뉴스타파가 수차례 증거인멸을 시도하고 수사를 방해했다는 것도 출국금지 연장 사유로 들었다. 뉴스타파 사무실 압수수색 당시 뉴스타파 직원들이 압수수색을 저지한 것, 내가 휴대폰에 안티포렌식 앱을 깔고, 압수수색 며칠 전 노트북 운영체제를 바꾼 것, 검찰이 참고인으로 부른 뉴스타파 직원들이 검찰 조사에 불응한 것 등을 모두 문제삼았다. 나와 같은 날, 같은 사유로 압수수색을 당한 봉지욱 기자가 압수수색 당시 검사에게 휴대폰 비밀번호를 알려주지 않은 것도 출국금지 연장 사유라고 했다. 내가 검찰 조사에 앞서 내놓은 "검찰 조사에 성실히 응할 생각이 없다"는 주장도 출국금지 연장이 필요한 이유라고 했다.

검찰은 내가 두세 번 검찰 조사 일정을 미룬(미뤄달라고 검찰에 요청한) 것도 문제삼았다. 2023년 12월 13일 검찰 조사를 받는 날 내가 검찰에 낸 의견서와 각종 자료는 "허위 주장으로 점철된" 것이라고 무시했다. 나름 성의를 다해 검찰이 궁금해 하는 것에 답을 준비해 냈는데 이렇게 무시를 당하니, 서운함이 밀려왔다.

검찰과 법무부는 내가 낸 <전두환 프로젝트> 취재 계획도 무시했다. 이 프로젝트는 '5·18 언론상'도 받는 등 많은 관심을 받은 보도다. 나에게는 수 년째 진행하는 중요한 기획인데, 검찰에게는 출국금지를 풀기 위해 가공해낸 꼼수쯤으로 보이는 것 같았다. 검찰은 내가 일본에서 수집하려는 전두환 관련 자료를 "다른 사람이 해도 되는 일", "단순한 기계적인 업무"로 폄훼했다.

너무 서운했다.

서울중앙지방검찰청

2024. 3. 19.

수 신 법무부 출입국심사과   발 신 서울중앙지방검찰청
참 조   검 사 이두홍 (인)

제 목 검찰의견서【신청인 한상진의 출국금지연장처분효력정지 신청에 대한 검찰 의견】

[의견 요약]

신청인 한상진(이하, 「신청인」)은 2024. 3. 11. <u>법무부장관의 신청인에 대한 출국금지연장처분</u>(이하, 「이 사건 처분」이라 합니다)에 대한 <u>효력 정지를 법원에 신청</u>(이하, 「이 사건 신청」이라 합니다.)하였습니다. 그러나 아래에서 검토하는 바와 같이 <u>신청인의 이 사건 신청은 이유 없어 기각함이 상당</u>합니다.

아 래

신청인은 ① 검찰의 <u>압수수색 과정에서 비협조적인 태도로 일관</u>하였을 뿐만 아니라 자신이 사용하던 <u>노트북을 초기화하고 휴대폰 안티포렌식 앱을 활성화하여 휴대폰 자료를 삭제하는 등 이미 증거인멸 행위를 자행</u>하였습니다. 또한 신청인은 ② 검찰의 소환조사에 응하기는 하였으나, 「<u>검찰 수사에 성실히 임할 생각이 없다. 계속 싸우겠다</u>」고 스스로 기자들에게 밝혔을 뿐만 아니라, <u>검찰에 출석</u>하여서도 <u>일관하여 진술을 거부</u>하거나 <u>허위의 사실로 점철된 진술서를 제출</u>하였습니다. 이를 통해 신청인은 <u>허위 보도로 강하게 의심</u>되는 2022. 3. 6.자 뉴스타파 보도, 「김만배 음성파일」, 박영수-윤석열 통해 부산저축은행 사건 해결」(이하, 「이 사건 뉴스타파 보도」라고 합니다)의 <u>제작 및 편집과정 등에 대한 실체 진실 규명에 협조하지 않을 뿐만 아니라</u> 오히려 이에 대한 <u>은폐를 시도 하고 있는</u> 상황입니다.

③ 검찰은 신청인의 허위 진술을 구체적으로 확인하기 위하여 **다수의 뉴스타파 직원**(   ) 및 **기자들**(,   )에 대해 출석요구를 하여 실체 확인을 시도하고 있으나, 이 사건 범행에 직·간접적으로 관련되어 있는 위 주요 참고인들 역시 검찰의 출석요구를 2~3회 이상씩 거부하면서 조직적으로 수사를 방해하고 있어 수사가 현저히 지연되고 있습니다. 나아가 신청인의 **공범인 피의자 김용진** 또한 수사에 비협조적인 태도로 일관함으로써 피의자 김용진에 대한 조사마저도 지체되고 있는 실정입니다.

더욱이 ④ 신청인은 **자신이 소속된 뉴스타파 보도를 통하여 지속적으로 허위 주장을 반복**함으로써 **거짓된 주장을 확대·재생산**하고 있을 뿐만 아니라 ⑤ 신청인은 **이 사건 신청서**에서「이 사건 보도의 정당성과 실체적 진실을 밝히기 위해 관련 증거까지 임의로 제출하였다」고 주장하고 있으나, 신청인이 2023. 10. 7.경 검찰에 제출한「임의제출서」는 **수사기관의 요청과 무관하게 검찰이 이미 확보하였거나 널리 공개되어 있는 자료들**을 첨부해 **일방적으로 중복 제출한 것**에 불과하므로 신청인은 **수사에 성실히 임할 의사가 없음에도** 마치 **수사에 협조하는 차원에서 적극 노력한 것처럼 허위 주장**을 하고 있습니다.

또한 이 사건 신청은 **이 사건 처분에 대한 집행의 정지를 구하는 것**으로 행정소송법상 **신청인에게 회복할 수 없는 손해의 발생과 긴급성이 인정**되어야 하고 이는 신청인이 소명해야 하나, 신청인이 제출한 취재계획서 기재에 따르더라도 **신청인이 반드시 일본으로 출국할 하등의 이유가 없을 뿐만 아니라, 뉴스타파 소속 기자들이 신청인을 대신하여 일본에 출국해 자료를 확보하면 충분**하므로 이 사건 처분의 효력이 유지된다 해도 **회복할 수 없는 손해가 발생하거나, 이 사건 처분의 효력을 정지할 긴급한 필요성이 없습니다.**

결국 **신청인에 대한 2차 소환조사, 공범 및 관련 참고인 등과의 대질조사 등 가능성을 고려할 때 신청인에 대한 출국금지 필요성이 현저하고, 나아가 이 사건 처분의 효력을 긴급히 정지할 필요성이 인정되지 아니하므로 이 사건 신청은 기각**되어야 합니다.

▶ 한상진 기자의 출국금지 기간 연장 처분 효력 정지 신청에 대한 법무부 답변서(총 325쪽) 중 검찰 의견서 부분. "증거인멸 행위 자행", "허위사실로 점철된 진술서", "공범인 피의자 김용진", "거짓된 주장을 확대 재생산" 등 질 나쁘고 조직적인 범죄자로 묘사한다. 〈전두환 프로젝트〉일본 취재를 두고는 "소속 기자들이 신청인을 대신하여 일본에 출국해 자료를 확보하면 충분"하다며 뉴스타파 내부 업무 지시까지 대신 해주고 있다.

해외 도피 가능성 있다

그래도 여기까지는 이해해줄 수 있는 주장이다. '대선개입 여론조작', '사형에 처해야 할 희대의 여론공작'으로 불리는 사건을 수사하는 검찰이니 이 정도 주장은 할 수 있다고 생각했다. 어차피 출국금지는 법무부(사실상 검찰) 재량권이니 그럴 수 있다고 생각했다. 그런데 법무부 답변서에 있는 아래와 같은 내용은 도저히 이해할 수 없었다.

"신청인(한상진)은 2013년부터 2023년까지 32회 해외로 출입국한 사실이 있습니다… 이렇듯 **해외 출입국 횟수가 잦은 신청인이 출국한다면 귀국을 담보할 방법이 없고**…"

"이 사건 수사가 시작되기에 앞서 관련자들과 증거를 인멸한 행위, 조직적으로 수사를 방해한 일련의 과정, 잦은 출입국 기록, 사안의 중대성 등을 함께 고려하여 보면 신청인에 대한 출국금지가 해제되는 순간 **신청인(한상진)이 처벌을 피하기 위해 해외로 도피하고 입국하지 않을 가능성이 상당**하며, 그렇게 될 경우 향후 신청인에 대한 수사와 신병확보에 상당한 어려움이 따를 것으로 판단됩니다."

출국금지를 풀어주면 내가 해외로 도피해 귀국하지 않을 수 있다는 말이다.

법무부(검찰) 주장대로, 지난 10년간 나는 총 32회 해외로 출입국했다. 외국을 32번 나간 게 아니고 총 16번을 출국하고 16번 입국했다. 1년 평균 1.6회 해외에 나갔다. 모두 길게는 10일, 짧게는 3박 4일 정도에 불과한 해외출장이거나 가족여행이었다. 한 번도 예정된 귀국일을 어겨 해외를 떠돌거나 한 일도 없다. 나는 2007년 결혼해 현재 고등학생인 딸이 하나 있다. 2015년 지금 사는 집에 입주했다. 아내도 20년 넘게 한 직장을 다닌다. 그런 내가 해외로 출국하면 곧바로 도주할 수 있는 '중대범죄자'라고 법무부와 검찰이 주장하는 것이다.

윤석열 대통령이 검찰총장 후보이던 시절부터 20대 대선까지, 내가 주력 취재한 '윤우진 전 용산세무서장 사건'이 떠올랐다. '윤석열의 변호사 소개 의혹', '윤석열의 변호사법 위반 의혹'을 제기한 바로 그 사건이다. 2012년 현직 세무서장이던 윤우진이 뇌물 혐의로 경찰 수사를 받다 해외로 도망간 사건이었다. 8개월가량 태국, 캄보디아 등을 떠돌던 윤우진은 인터폴에 체포됐다. 하지만 수사권을 가진 검찰은 그를 잡아들이지 않았다. 윤우진에게 변호사를 소개해준 윤석열 당시 부장검사와 윤석열의 최측근이자 윤우진 친동생인 윤대진 부장검사 등이 힘을 썼다는 말이 돌았다.

뇌물 혐의로 수사를 받는 현직 세무서장이 8개월간 해외로 도피했다 잡혀도 문제삼지 않던 검찰과, 대선후보 검증 기사를 빌미로 언론인을 수사하는 검찰이 오버랩됐다.

'내가 윤우진보다도 더 질 나쁜 범죄자인가.'

원래 수사라는 게 이렇게 아무 말이나 막 던지면서 하는 것인가 하는 생각이 들었다. 인권 보호를 가장 중요한 가치로 한다고 떠들어온 검찰과 법무부가 이런 주장을 막 해도 되는가 생각했다. 법무부(사실은 검찰)는 이런 답변서를 쓰면서 국민에게 미안하거나 부끄럽지 않은가 하는 생각도 했다.

패소

법무부를 상대로 호기롭게 낸 출국금지 처분 취소소송 결과는 소 제기 한 달쯤 뒤인 2024년 3월 29일 나왔다. 결과는 패소. 나의 출국금지는 기약 없이 연장됐다. <전두환 프로젝트> 취재도 멈춰야 했다. 꼭 해야 하는 취재였는데, 속

상하고 마음 아팠다. 판결 내용은 간단했다.

> 이 사건 신청을 기각한다. 신청인(한상진)이 제출한 소명자료만으로는 신청 취지 기재 처분으로 인하여 신청인에게 회복하기 어려운 손해가 발생할 우려가 있거나 이를 예방하기 위하여 위 처분의 효력을 정지할 긴급한 필요가 있다고 인정하기 어렵고, 달리 이를 인정할 자료가 없다. 따라서 이 사건 신청은 이유 없음으로 기각하기로 하여 주문과 같이 결정한다.

출국금지는 2024년 8월이 되서야 풀렸다. 검찰이 나와 김용진 뉴스타파 대표를 '윤석열 명예훼손' 혐의로 기소(7월 8일)한 다음 날 법무부는 '출국금지 해제 통지서'라는 걸 등기우편으로 보내왔다. 통지서에는 2023년 10월 4일부터 2024년 8월 3일까지 출국을 금지하고, 이후엔 푼다고 적혀있었다. 서울중앙지검 반부패수사1부가 나에 대한 출국금지를 해제 요청했다고 적혀있었다. 1년에 걸친 '중대범죄자'에 대한 수사가 비로소 끝났구나 싶었다. 담담했다.

통신사찰

2024년 8월 2일 금요일 오전 9시를 막 지날 때부터 저녁까지, 전국에 있는 수천 명의 휴대폰 가입자에게 대부분 처음 보는 내용일 문자가 차례로 도착했다. 문자 제목은 '통신이용자정보 제공 사실 통지', 조회 기관은 '서울중앙지방검찰청', 제공받은 자는 '서울중앙지방검찰청 반부패수사1부'로 적혀있었다. 조회 주요 내용은 가입 정보(성명, 전화번호)라고 나왔다.

검찰이 이 통지문에서 해당 정보를 수집했다고 기재한 날은 무려 7개월 전인

2024년 1월 4일과 5일, 정보를 수집한 목적은 '수사'로, 모두 같았다.

김용진, 한상진, 봉지욱 우리 셋도 똑같은 내용의 문자를 받았다. 뉴스타파 구성원 50여 명 중 절반 이상도 이 통지문을 받았다. 우리와 이런저런 연유로 통화를 하거나 문자를 주고받은 사람들이 통신조회 문자를 받았다는 사실을 뉴스타파에 알려왔다. 검찰 문자를 캡처해 SNS에 올리는 사람도 하나 둘 생겼다. 통신사찰 '피해'를 당한 사람이 점점 불어났다.

원로 언론인인 김중배 당시 뉴스타파함께재단 이사장도 검찰에 개인정보를 털렸다. 김중배 이사장은 나와 통화 중에 이 사실을 말하면서 "검찰 '반부패'수사부에서 내 통신정보를 조회했다는 문자가 왔길래 내가 뭘 해먹은 게 있었나 생각했다"며 씁쓸하게 웃었다. 1970년대 동아일보 해직기자 모임인 동아자유언론수호투쟁위원회 회원 다수도 통신이용자정보가 털렸다. 민주당 국회의원과 보좌관, 당직자 등 정치권 인사도 통신정보를 조회당했다는 증언을 잇달아 내놨다. 8월 3일 뉴스토마토는 통신조회 문자를 받은 한 시민이 검찰에 확인한 결과 통신조회 인원이 3천 명이라는 대답을 들었다는 말을 인용해 보도했다.

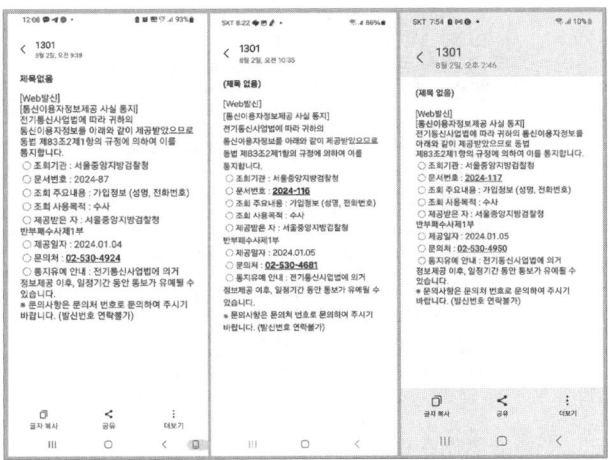

▶ 검찰이 보낸 통신이용자정보 제공 사실 통지 문자. 2024년 8월 2일 이런 검찰 문자가 3천 명 넘는 휴대폰 가입자에게 하루종일 발송됐다.

아래 문자 이미지는 검찰이 2024년 8월 2일 낮에 내게 보낸 통지 문자다. 검찰이 내 가입자 정보를 조회해간 날짜는 2024년 1월 5일, 문서번호는 '2024-117'이다. 2024년 들어 닷새 만에 벌써 117번째 조회 요청 문서라는 의미다. 검찰이 SK텔레콤이나 KT, LG유플러스와 알뜰폰 업체 등에 조회 요청 문서를 보낼 때 문서 한 건당 몇 개의 휴대폰번호를 의뢰하는가는 그때그때 다르다. 요청 문서 하나에 수백 건 이상 되는 경우도 있다고 알려졌다. 8월 2일 여러 사람에게 온 문자를 취합해보니 크게 3개 문서번호로 나뉘었다. 2024-87, 2024-116, 2024-117이다.

검찰은 통지 문자에서 조회 주요 내용을 '가입 정보(성명, 전화번호)'라고만 밝혔다. 하지만 이 통지는 거짓이자 유치한 눈속임이고, 법에 따라 마지못해 취하는 시늉에 불과하다.

[통신이용자정보제공 사실 통지]
전기통신사업법에 따라 귀하의 통신이용자정보를 아래와 같이 제공받았으므로 동법 제83조2제1항의 규정에 의하여 이를 통지합니다.
○ 조회기관 : 서울중앙지방검찰청
○ 문서번호 : 2024-117
○ 조회 주요내용 : 가입정보 (성명, 전화번호)
○ 조회 사용목적 : 수사
○ 제공받은 자 : 서울중앙지방검찰청 반부패수사제1부
○ 제공일자 : 2024.01.05
○ 문의처 : 02-530-4632
○ 통지유예 안내 : 전기통신사업법에 의거 정보제공 이후, 일정기간 동안 통보가 유예될 수 있습니다.
※ 문의사항은 문의처 번호로 문의하여 주시기 바랍니다. (발신번호 연락불가)

▶ 2024년 8월 2일 검찰이 뉴스타파 김용진 대표에게 발송한 통신이용자정보 제공 사실 통지 문자.

실상은 검찰이 보낸 문자 내용과 많이 다르다. 검찰이 어떤 휴대폰번호를 특정해 통신사에 '통신이용자 정보(통신자료)' 제공 요청 문서를 보낸다. 아래에 수록한 요청 문서가 전형적인 사례다. 이 문서 본문을 보자. "**아래, 또는 별첨 조회 대상**(휴대폰번호를 말한다-필자 주)**에 대한 가입자명, 주민번호, 요금청구지, 설치장소, 가입일 또는 해지일 등 가입정보 일체를 요청하오니 조속히 회신하여 주시기 바랍니다**"라고 돼있다. 검찰이 보낸 통지 문자와 비교하면 엄청난 차이다. 검찰은 조회 주요 내용을 '이름'과 '전화번호'라고 밝혔다. 별것 아니라는 뉘앙스를 풍긴다. 전화번호는 이미 검찰이 확보해놓고 해당 번호 가입자 정보를 요청하는 건데 조회 주요 내용이라고 했다. 늘 그렇듯 시민을 바보 취급하는 웃기는 행태다. '눈 가리고 아웅'이 아닐 수 없다. 실제 가입자도 모르게 검찰과 통신사가 요청하고 제공하는 정보는 이름, 주민번호, 거주지와 요금 청구지, 가입일(해지한 번호면 해지일까지), 휴대폰 가입 서류에 기재한 아이디 등 모든 가입 정보다. 이 정도 정보면 검찰은 행정정보망 조회(주민조회 등) 등으로 사실상 모든 것을 들여다볼 수 있다. '아이디' 정보도 의미심장하다. 많은 사람이 아이디를 한 번 만들면 동일 아이디를 계속 사용하거나 약간만 변용해서 쓰기 때문에 검찰이 아이디 정보를 확보할 경우 다양하게 악용할 수 있다.

서울중앙지방검찰청

수신자 SK텔레콤, KT이동전화, LG U+이동전화
(경유)
제목 통신자료제공요청(검찰)

형사소송법 제199조 제2항 및 전기통신사업법 제83조 제3항에 의거, 아래 또는 별첨 조회 대상에 대한 가입자명, 주민번호, 요금청구지, 설치장소, 가입일 또는 해지일 등 가입정보 일체를 요청하오니 조속히 회신하여 주시기 바랍니다.
※ 해당사항 없는 경우 '해당없음'으로 회신하여 주시기 바랍니다.

- 아 래 -

사건번호	서울중앙지방검찰청 2023형제49731호		
조회대상	(전화번호)		
기준일자	20200919 ~ 20230919		
요청사유 및 가입자와의 연관성	서울중앙지검 2023형제49731호 사건 수사을(를) 위해 필요함. 사건관계인 본인 사용		
회신정보	휴대전화	팩스	0502-193-1182
	이메일		

▶ '윤석열 명예훼손' 사건과 관련해 검찰이 특정 휴대폰번호와 관련한 통신자료(통신이용자정보) 제공을 통신사 3곳에 요청한 공문서.

다시 2024년 8월 2일 불거진 검찰의 이른바 통신사찰 사태로 돌아가보자. 당시 수많은 사람이 받은 검찰 문자에는 통신이용자정보 '조회 사용 목적'에 단 두 글자, '수사'라고만 적혀있다. 이 수사는 바로 '윤석열 명예훼손' 사건 수사로 추정한다. 검찰이 이 사건 수사를 하면서 불특정 다수의 시민을 대상으로 통신이용자정보를 털어간 것이다. 대상자는 앞서 언급했듯이 3천 명가량으로 추정했는데 약 3주 뒤 사실로 드러났다.

황정아 더불어민주당 의원실은 서울중앙지검이 2024년 초 SK텔레콤과 KT, LG유플러스 등 통신 3사에 통신이용자정보 조회를 요청한 공문 3건(문서번호 2024-87, 2024-116, 2024-117)을 토대로, 이들 통신 3사에 검찰 요청 공문별로 각각 몇 건의 이동전화 가입 개인정보를 제공했는지 질의했다. 황 의원실이 통신사에서 받은 답변 자료에 따르면 SK텔레콤과 KT, LG유플러스 등 통신 3사 합쳐 모두 3176개의 휴대폰번호 관련 통신이용자정보가 검찰에 넘어간 사실이 드러났다. 이 수치는 검찰이 2024년 1월 4일과 5일 요청해 조회한 전화번호만 집계한 것이다.

통신 3사 답변서에 따르면 SK텔레콤은 문서번호 2024-116과 관련해 891건의 전화번호 가입자 정보(주민번호, 주소 등)를 검찰에 넘겼다. 또 문서번호 2024-117을 통해 688개 전화번호(여기엔 내 휴대폰번호가 포함됐다. 내 번호를 조회 요청한 문서가 2024-117호다) 가입자의 개인정보를 검찰에 제공했다. 두 문서를 합해 1579건이다. KT의 경우는 문서번호 2024-87와 관련 모두 1000개 전화번호의 개인정보를 검찰에 제출했다. LG유플러스도 문서번호 2024-87과 관련 모두 597개 전화번호의 개인정보를 검찰에 제공했다.

황정아 위원 자료제출요구서 답변

1. 올해 1월경 이루어진 서울중앙지방검찰청(문서번호 2024-87, 2024-116, 2024-117)의 통신이용자정보 관련
   - 총 제공 번호 건수 및 각 정보 항목별 제공 건수

(답변) 위의 요청하신 각 문서번호에 대한 제공 건수는 다음과 같습니다.

문서번호	전화번호	성명	주민번호	주소	아이디	가입일 또는 해지일
2024-87	서울중앙지방검찰청에 자료를 제공한 사실이 없음					
2024-116	891건	891건	891건	891건	해당 없음	891건
2024-117	688건	688건	688건	688건	해당 없음	688건

※ 각 정보 항목별 제공 건수는 전화번호 기준의 제공 건수
※ '가입일 또는 해지일' 항목 관련, 가입 유지 중인 경우 가입일만 제공

▶ SK텔레콤이 황정아 의원실에 보낸 답변서. 두 건의 요청 공문에 1579개의 휴대폰 가입자 정보를 검찰에 제공했다.(출처: 황정아 의원실)

<황정아 위원>
1. 올해 1월경 이루어진 서울중앙지방검찰청(문서번호 2024-87, 2024-116, 2024-117)의 통신이용자정보 관련
   - 총 제공 번호 건수 및 각 정보 항목별 제공 건수

O 당사는 전기통신사업법 제83조에 의해 수사기관 요청에 따라 통신이용자정보를 제공하고 있습니다. 요청하신 내역은 아래와 같습니다.

(단위: 건수)

기관명	문서번호	총 제공 번호 건수	항목별 제공 건수					비고
			성명	주민등록번호	주소	전화번호	사용 시작일	사용 종료일	
서울중앙지방검찰청	2024-87	1,000	1,000	1,000	1,000	1,000	1,000	
	2024-116	-	-	-	-	-	-	접수이력 없음
	2024-117	-	-	-	-	-	-	접수이력 없음

▶ KT가 황정아 의원실에 보낸 답변서. 2024-87 문서와 관련해 1000개의 휴대폰 가입자 정보를 검찰에 제공했다.(출처: 황정아 의원실)

황정아 의원실 요구자료(LG유플러스)

1. 올해 1월경 이루어진 서울중앙지방검찰청(문서번호 2024-87, 2024-116, 2024-117)의 통신이용자정보 관련
   - 총 제공 번호 건수 및 각 정보 항목별 제공 건수

☞ 위 요청하신 각 문서번호별 자료에 대해 아래와 같이 제출드립니다.

문서번호	전화번호	성명	주민등록번호	주소	가입일	해지일
2024-87	597건	597건	597건	597건	597건	597건
2024-116	서울중앙지방검찰청으로부터 요청받은 바 없음					
2024-117						

* 이동전화 서비스에 대해 제공한 자료임
** 현재 이용중인 경우, 가입일을 제공하며, 해지일은 개통일로 제공

▶ LG유플러스가 황정아 의원실에 보낸 답변서. 2024-87호 검찰 요청 공문과 관련해 597개의 휴대폰 가입자 정보를 검찰에 제출했다.(출처: 황정아 의원실)

이렇게 통신 3사가 서울중앙지검에 주민번호 등 민감한 가입자 정보를 넘긴 전화번호는 모두 3176건으로 집계됐다. 황정아 의원실은 통신 3사에 가입하지 않은 알뜰폰 가입자 등을 포함하면 2024년 1월 4일과 5일 검찰이 수집한 통신 개인정보는 이보다 훨씬 많을 것으로 추정했다.

통신사가 황정아 의원실에 제출한 자료를 보면 크게 몇 가지가 재확인된다. 검찰이 통신사에 휴대폰번호를 특정해 주민번호 등 개인정보 제공을 요청하면, 통신사는 해당 정보의 주인인 가입자도 모르게 군말 없이 고분고분 제출한다. 검찰은 협조 요청 문서 하나로 수백 건에서 천 건 이상의 전화번호 가입자 정보를 '조속히' 달라고 하고, 받는다. 검찰이 이른바 '윤석열 명예훼손' 사건과 관련해 획득한 통신이용자정보가 3천 건이 넘는다는 사실이 공식 확인됐다. 이는 단일 사건으로 현재까지 노출된 규모를 감안하면 사상 최대다.

사실 이 정도라도 밝혀진 건 개정 전기통신사업법에 따라 통신이용자정보 조회 사실을 당사자에게 통보해야 한다는 의무 조항 때문이다. 2022년 헌법재판소는 검찰 등 수사기관이 통신자료, 즉 통신이용자정보를 조회하고도 당사자에게 통지하지 않아도 되는 전기통신사업법 조항이 헌법에 위배된다고 판단했다. 이에 따라 관련법 조항을 개정했고, 2024년 1월 1일부터 조회 사실을 당사자에게 1개월 이내에 통지해야 한다. 그러나 윤석열 명예훼손 사건의 경우 조회 시점이 2024년 1월 4일과 5일인데, 검찰은 조회 사실을 8월 2일에서야 당사자에게 통보했다. 어떻게 된 일일까?

앞서 말했듯이 2024년 1월부터는 통신자료 조회 1개월 안에 당사자에게 통지를 해야 한다. 그러나 여기에도 예외 조항이 있다. 국가안전보장이나 생명안전 등과 관련한 사건일 경우 3개월간 두 차례 유예할 수 있다는 규정이다. 이렇게 곳곳에 수사기관 편의를 위한 장치가 숨어있다. 검찰이 1월 초에 조회한 사실을 8월 초에 통보한 건 바로 3개월간 두 차례 통보를 유예할 수 있다는 규정을 적용했기 때문으로 보인다. 서울중앙지검 반부패수사부가 대통령 명예훼손 사건을 수사한다며 사건과 직접 관련도 없는 수많은 사람의 통신 개인정보를 조회하고 수집하는 게 민주주의 국가에서 가능한 일일까? 답은 이미 야당 시절 국민의힘과 야당 대선후보 윤석열이 4년 전에 내놓았다.

윤석열, "통신사찰...이거 미친 사람들 아닙니까"

2021년 12월 27일 김기현 국민의힘 원내대표는 국회에서 같은 당 소속 법사위원들과 긴급 간담회를 열고 공수처가 자당 의원 30여 명의 통신자료를 조회했다고 주장하며 공수처장 사퇴 등을 주장했다. 김 원내대표는 공수처가 "야당 주요 당직자의 통신자료를 무차별 조회했다"며 "범죄 단서도 없이 불법사찰을 한 이유를 설명하라"고 촉구했다. 또 국민 신뢰를 읽은 공수처 해체만이 유일한 답이라고 말했다. 윤석열은 한술 더 떴다.

사흘 뒤인 2021년 12월 30일 국민의힘 대구 선대위 출범식에 참석한 윤석열 대선후보는, "민주주의 국가에서 가능한 일인가"라는 질문에 이미 3년 전 이렇게 명료하게 답변했다. "이거 미친 사람들 아닙니까".

답변이 좀 길지만 기록을 위해 여기에 박아둔다.

> 많은 언론인들 통신사찰하고 우리 당 의원의 현재 확인된 것만 한 60~70%가 우리 의원님들 통신사찰을 받았습니다. 저도 제 처 친구들 심지어 제 누이동생까지 통신사찰했습니다. 이거 미친 사람들 아닙니까...(중략)...국회의원과 어 언론인을 이렇게 사찰하면 국회의원 보좌관만 사찰해도 난리가 나는 것입니다. 원래 그런데 심지어는 우리 당 의원들 단톡방까지 털었어요. 그럼 결국 다 열어본 거 아닙니까 이거 놔둬야

되겠습니까? 공수처장 그냥 사표만 낼 것이 아니라 당장 구속수사해야 되는 거 아닙니까. 도대체 지금이 어느 때인데 이게 뭐 40년 전 60년 전 50년 전 일도 아니고 지금이 어떤 때에 이런 짓거리를 하고, 어 백주 대낮에 거리를 활보합니까?

3년 전 몇십 명 '사찰'(통신자료 조회를 사찰이라는 말로 표현하는 건 좀 과하긴 하다. 하지만 과거 국민의힘과 윤석열 후보가 사용한 말이니 그대로 인용한다)로 이런 과격한 발언을 한 국민의힘과 윤석열은 지금은 아무 말도 하지 않는다. 특히 윤 전 대통령은 검찰이 자신의 명예훼손 사건을 수사한다며 언론인과 정치인, 시민단체 활동가 등 수천 명을 '통신사찰'했는데도 검찰이 통상적으로 하는 수사에 불과하다는 태도를 보였다.

우리가 꼭 짚고 넘어가야 할 부분이 남았다. 2024년 8월 2일 검찰의 통지 문자로 알려진 1월 4일, 5일의 통신자료 조회 3천여 건은 빙산의 일각에 불과하다는 점이다. 앞서 언급했듯이 통신자료 조회 사실은 2024년 1월부터 조회 시점 1개월 이내, 특수한 경우에는 최장 7개월 이내에 당사자에게 통보해야 한다. 법률 개정에 따라 2024년부터 시작했다. 그렇다면 2024년 1월 1일 이전 통신자료 조회는 어땠을까? 조회당하고도 당연히 통보를 받지 못했다. 그렇다면 자기 통신정보가 조회됐다는 사실을 알 길이 없는 것일까? 그렇지는 않다. 본인이 직접 휴대전화 가입 통신사에 신청하면 된다.

나는 2024년 8월 중순 휴대폰 가입 통신사인 SK텔레콤에 내 휴대폰번호에 대한 '통신이용자정보 제공 사실 확인'을 요청했다. SK텔레콤 홈페이지에서 신청이 가능하다. 약 일주일 뒤인 8월 23일 메일이 왔다. 제공 사실 확인 결과는 다음과 같다. 2023년 9월 12일부터 2024년 1월 16일까지 내 개인정보가 모두 8차례 '털렸다'. 제공 내역은 이름과 주민번호, 이동전화번호, 주소, 가입일, 해지일이다. 처음은 2023년 9월 12일이다. 검찰이 뉴스타파 사무실과 한상진, 봉지욱 기자 집을 압수수색하기 이틀 전이다. 검찰은 이날 이후 2023년에 내 번호를 5번 더 털었다. 10월 17일에는 하루에 두 번이나 정보를 가져갔다. 왜 그랬는지는 알 수 없다. 2024년 들어서는 1월 5일에 내 통신자료를 수집했다. 이날이 바로 8월 2일 검찰이 내게 통지 문자를 보낸 통신이용자정보 조회 케이스다.

번호	고객명	이동전화번호	생년월일	성별	요청기관	문서번호	제공일자	통신이용자정보 제공 내역
1	김용진	010	------	남자	서울특별시경찰청	제2024-00393호	2024/01/16	고객명, 주민번호, 이동전화번호, 주소, 가입일, 해지일
2	김용진	010		남자	서울중앙지방검찰청	제2024-117호	2024/01/05	고객명, 주민번호, 이동전화번호, 주소, 가입일, 해지일
3	김용진	010	------	남자	서울중앙지방검찰청	제2023-10581호	2023/11/27	고객명, 주민번호, 이동전화번호, 주소, 가입일, 해지일
4	김용진	010		남자	서울중앙지방검찰청	제2023-10018호	2023/11/09	고객명, 주민번호, 이동전화번호, 주소, 가입일, 해지일
5	김용진	010		남자	서울중앙지방검찰청	제2023-9001호	2023/10/17	고객명, 주민번호, 이동전화번호, 주소, 가입일, 해지일
6	김용진	010		남자	서울중앙지방검찰청	제2023-9004호	2023/10/17	고객명, 주민번호, 이동전화번호, 주소, 가입일, 해지일
7	김용진	010		남자	서울중앙지방검찰청	제2023-8763호	2023/10/10	고객명, 주민번호, 이동전화번호, 주소, 가입일, 해지일
8	김용진	010	'	남자	서울중앙지방검찰청	제2023-8127호	2023/09/12	고객명, 주민번호, 이동전화번호, 주소, 가입일, 해지일

▶ SK텔레콤이 뉴스타파 김용진 대표 요청으로 보낸 '통신이용자정보 제공 내역'이다. 2023년 9월부터 2024년 1월까지 5개월간 검찰과 경찰이 김 대표 휴대폰번호 하나에 무려 8번이나 통신자료 조회를 했다.

검찰 문자가 온 2024년 1월 5일 조회 이전에도 검찰이 내 휴대폰번호를 2023년 9월부터 11월까지 모두 6차례나 조회한 사실은 무엇을 의미하는가? 2023년 9월, 망상에 사로잡힌 채 이른바 대선개입 여론조작 사건 수사를 시작한 이후 검찰이 뭐라도 건지기 위해 얼마나 필사적으로 움직였는지를 보여준다. 김만배-신학림 주변 인물뿐만 아니라 대검 중수부 시절 윤석열의 부산저축은행 수사 무마 의혹 보도 관련자 등을 털고, 이렇게 털다보니 같은 휴대폰번호를 반복해서 조회하는 결과를 초래한 것으로 보인다.

봉지욱 기자는 2023년 8월부터 2024년 1월까지 모두 7차례 통신자료를 조회

당했다. 이 가운데 서울중앙지검이 4차례, 수원지검이 1차례다. 특히 수원지검은 어떤 수사를 하면서 봉 기자의 통신정보를 조회한 것인지 알 수가 없는 상황이다.

□ 고객사항

고객명	봉지*	조회대상	010-7...
생년월일	19**-11-18	연락처	010-7...
성별	남	주소 (설치장소)	
신청일		2024년 08월 05일	

□ 결과 통지

통신이용자정보 제공현황

상품	제공 일자	요청 기관	공문서번호	요청 근거	제공 내역
이동전화	2023-08-14	수원지방검찰청	2023-4263	전기통신사업법 제83조 제3항	성명,주민등록번호,주소,전화번호,가입일,해지일
이동전화	2023-09-11	서울중앙지방검찰청	2023-8095	전기통신사업법 제83조 제3항	성명,주민등록번호,주소,전화번호,가입일,해지일
이동전화	2023-10-10	서울중앙지방검찰청	2023-8763	전기통신사업법 제83조 제3항	성명,주민등록번호,주소,전화번호,가입일,해지일
이동전화	2023-10-20	서울중앙지방검찰청	2023-9231	전기통신사업법 제83조 제3항	성명,주민등록번호,주소,전화번호,가입일,해지일
이동전화	2023-11-02	서울서초경찰서	2023-07429	전기통신사업법 제83조 제3항	성명,주민등록번호,주소,전화번호,가입일,해지일
이동전화	2024-01-04	서울중앙지방검찰청	2024-87	전기통신사업법 제83조 제3항	성명,주민등록번호,주소,전화번호,가입일,해지일
이동전화	2024-01-16	서울특별시경찰청	2024-00393	전기통신사업법 제83조 제3항	성명,주민등록번호,주소,전화번호,가입일,해지일

▶ 뉴스타파 봉지욱 기자가 가입 통신사에서 받은 통신이용자정보 제공 내역서다. 서울중앙지검이 4차례, 수원지검과 서울경찰청, 서초경찰서가 각각 1차례다.

이는 또 검찰이 윤석열 명예훼손 사건과 관련해 이른바 '통신사찰'을 한 건수가 3176건보다 훨씬 많을 수 있다는 점을 시사한다. 통신자료 조회 사실 통지를 의무화하기 전, 즉 2023년 9월 수사 착수부터 12월까지 반복된 통신정보 조회를 감안하면 일각에서 나온 수만 명 통신사찰설이 근거가 없는 얘기가 아니다. 사찰 규모보다 더 큰 문제는 통신정보 조회를 당한 사람이 대부분 언론인, 정치인, 시민단체 활동가 등이라는 점이다. 검찰이 어떤 사건 수사를 빌미로 이들과 연락한 수만 명의 이름과 전화번호, 주민번호, 주소, 아이디 등을 통합한 데이터베이스를 구축했다고 상상해보자. 당장 '빅브라더'라는 말이 떠오른다. 사실 수만 명 규모도 거대한 데이터베이스의 극히 일부에 불과할 수 있다. 윤석열 명예훼손 사건 수사에서만 이 정도 규모의 데이터(언론인, 정치인, 활동가 등과 이들과 통화하거나 문자를 한 지인, 제보자 개인정보 및 관계)를 확보하는 게 가능했는데, 이 사건 말고도 검찰이 수사한 수많은 다른 사건을 떠올리면 전체 규모가 어느 정도일지 상상조차 하기 힘들다.

여기에다 검찰이 압수수색을 해 확보한 피의자 전자정보를 디넷(D-Net)이라는 대검찰청 디지털수사망에 업로드해 보관하고 있다는 사실이 드러났는데, 통신사찰 자료에 디넷 데이터까지까지 결합하면 공상과학소설이나 영화에서 그리는 디스토피아가 현실이 될 수도 있다.

이제 검찰의 무차별 통신자료, 즉 통신이용자정보 수집 이전 단계에서는 어떤 일이 일어나는지 살펴보자. 윤석열 명예훼손과 관련해 참고인 조사를 받은 노동인권저널리즘센터 탁종열 소장도 2024년 8월 2일 검찰의 통신이용자정보 조회 통지 문자를 받았다. 그런데 문자를 받은 뒤 자신의 누나, 조카 등도 같은 문자를 받았다는 사실을 들었다. 그는 자신의 아내와 누나 3명, 조카 2명이 통신 조회 통지 문자를 받았고, 종종 통화하는 사이인 몇몇 대학 동기와 후배 역시 통신 조회 문자를 받은 사실을 확인했다고 말했다. 그의 가족과 지인이 윤석열 명예훼손 사건과 관련이 있을 리 없다. 탁 소장처럼 본인뿐만 아니라 자주 연락한 가족이나 지인도 통신 조회를 당한 경우는 단순한 통신자료 조회 대상자가 아니라 '통신사실확인자료제공요청', 즉 통신영장 발부 대상자였을 가능성이 매우 높다.

검찰이 전화번호를 매개로 불특정 다수 시민의 민감한 개인정보를 확인하고 통지하는 과정은 2단계로 나눌 수 있다. 먼저 검찰은 통신비밀보호법에 따라 사건 피의자와 참고인 등의 전화번호를 대상으로 통신사실확인자료제공요청 허가를 법원으로부터 받는다. 이를 흔히 '통신영장'이라고 한다. 뒤에 이야기하겠지만 검찰은 뉴스타파 한상진, 봉지욱 기자에 대한 통신영장을 청구한 뒤 이들의 통화내역을 샅샅이 뒤졌다.

검찰은 이 통신영장을 법원에 청구해 승인을 받으면 SK텔레콤이나 KT 등 통신 3사로부터 피의자나 참고인 등이 통화하거나 문자를 주고받은 상대방 전화번호와 통화 일시, 교신 시간, 통화 시점의 위치 등 모든 내역을 확보한다. 영장에 적시한 기간이나 통화 상대 수에 따라 연락한 전화번호를 수십 개에서 수천 개까지 수집할 수 있다.

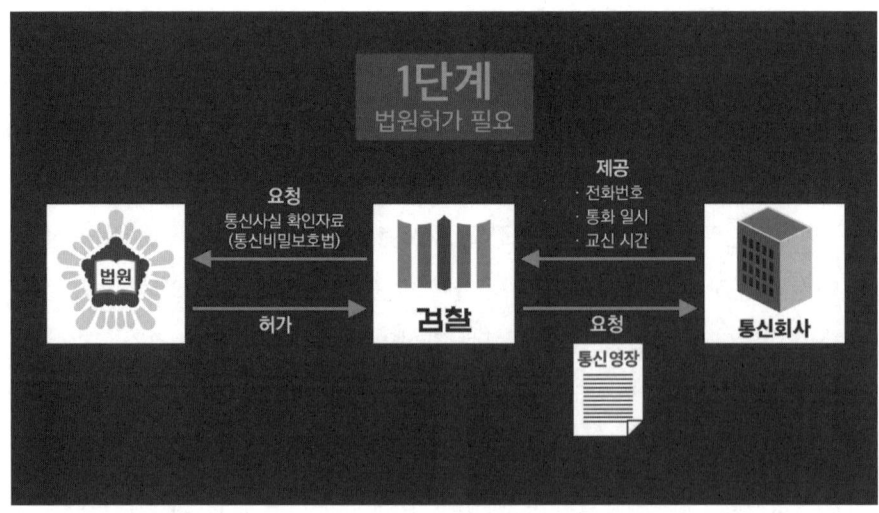

▶ 법원 허가가 필요한 검찰의 '통신사실확인자료제공요청'(통신영장). 검찰은 이를 통해 피의자나 참고인 등의 발신/역발신 통화나 문자 교신 상대방 전화번호, 통화 및 교신 일시와 지속시간 등 통신 내역을 확보한다. (출처: 뉴스타파)

아래 표를 보면 통신영장은 5~6년 전만 해도 연 6만 건대를 유지하다가 2020년부터 감소 추세였는데, 2023년부터 5만5천 건대로 증가했다.

통신사실확인자료제공요청(통신영장) 발부 현황

대한민국법원 〈사법연감〉에서 취합

연도	청구	발부	일부기각	기각
2018	68,737	64,542	3183	1012
2019	68,304	64,077	2905	1322
2020	60,870	56,971	1930	1977
2021	51,943	49,673	1532	738
2022	49,578	46,346	2341	691
2023	55,584	52,578	1857	1149
2024	55,351	52,544	1563	1244

다음 단계로, 검찰은 통신영장 집행으로 확보한 전화번호의 가입자 개인정보를 파악하기 위해 통신사에 통신자료, 즉 통신이용자정보 제공을 요청한다. 통신자료 요청은 법원 허가가 필요 없다. 앞서 본 것처럼 협조 공문 하나로 천 건 이상의 전화번호 관련 개인정보를 요청할 수 있다. 통신영장은 통신비밀보호법에 따르지만 통신자료 제공 요청은 전기통신사업법에 따른다. 법상 통신자료는 가입자 이름, 주민번호, 주소, 아이디, 가입일 등이 해당된다. 2024년 8월 2일 검찰 문자를 받은 사람은 이처럼 검찰에 자신의 통신자료, 즉 주민번호, 주소, 아이디 등이 털린 경우다.

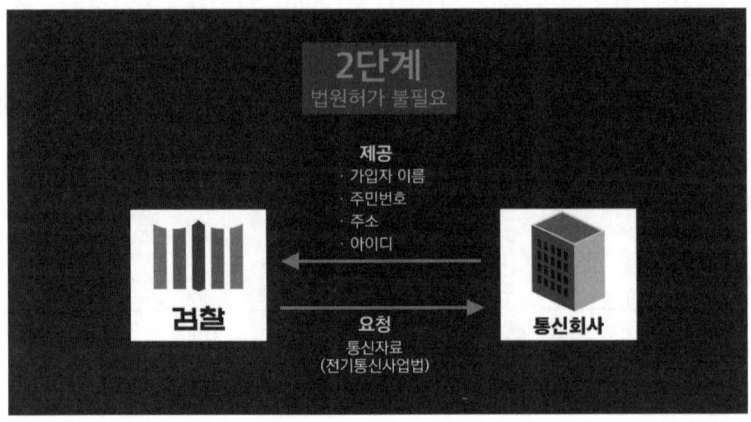

▶ 법원 허가가 불필요한 검찰의 '통신이용자정보', 즉 '통신자료' 제공 요청. (출처: 뉴스타파)

앞서 언급했듯이 봉지욱, 한상진 기자는 1단계와 2단계를 다 거쳤다. 즉 통신영장으로 일정 기간에 발신과 역발신(수신)한 상대방 전화번호를 다 털렸다. 통신사찰과 관련해 2관왕을 거머쥔 셈이다. 먼저 봉지욱 기자 케이스를 보자.

봉지욱은 2024년 8월 13일 서울중앙지방검찰청 반부패수사1부 이준동 부장이 보낸 '통신사실 확인자료제공요청 집행 사실 통지'라는 제목의 등기우편을 받았다. 긴 제목이지만 그냥 '통신영장' 집행 사실 통지서다. 한 건이 아니라 두 건이나 받았다.

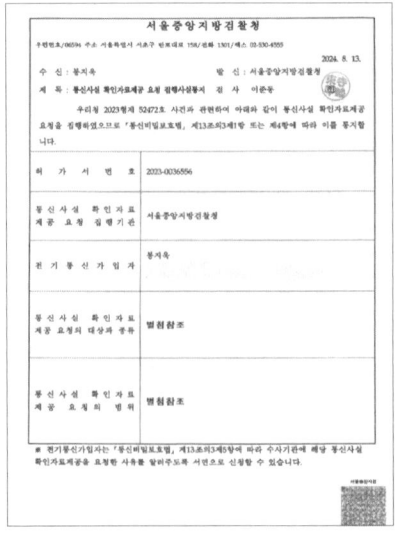

▶ 검찰이 뉴스타파 봉지욱 기자에게 보낸 통신영장 집행 사실 통지서 두 건. 2024년 8월 13일 자, 허가서 번호 2023-0036556, 허가서 번호 2023-0034089로 번호가 서로 다르다.

2개의 통신영장 집행 사실 통지서 중 하나는 별첨 문서에 '요청 대상과 종류' 항목으로 봉지욱 기자 명의인 이동전화번호 5개의 '통화내역'(발신+역발신)과 '기타' 자료를 통신사에서 받았음을 확인한다. '기타'는 문자 발신 수신 내역으로 추정한다. '요청 범위'는 기간을 의미하는데 2023년 8월 1일부터 2023년 10월 4일까지로 돼있다. 즉 검찰은 2023년 8월 1일부터 10월 4일까지 2개월 4일 동안 봉지욱 기자 명의로 개설한 전화번호 5개를 통해 오고 간 발신번호와 역발신번호, 통화 일시, 통화 지속시간 등을 모두 털어갔다.

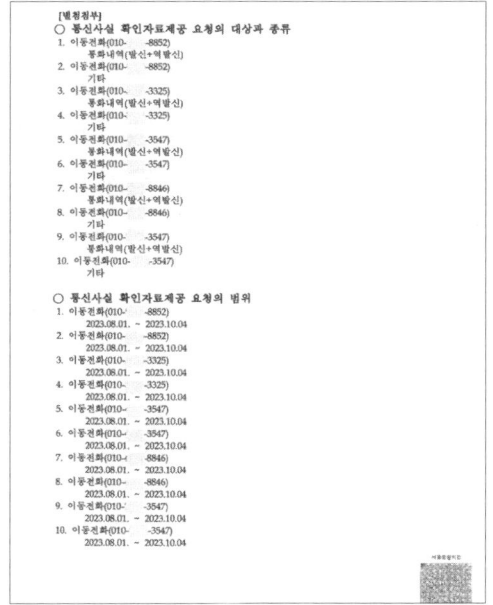

▶ 검찰이 뉴스타파 봉지욱 기자 명의 휴대폰 통화내역, 문자 등을 털어갔다는 통지문 별첨 자료.

또 다른 통지서로 검찰이 무엇을 했는지 살펴보자. 역시 별첨 문서에 '요청의 대상과 종류', '요청의 범위'가 대상 이동전화번호별로 기재돼있다. '대상과 종류'는 봉지욱 기자 명의로 개설한 5개 이동전화번호의 '발신 기지국 위치추적'이다. '요청 범위', 즉 기간은 2023년 9월 13일부터 9월 26일까지다. 이로 미뤄볼 때 검찰은 봉지욱 기자가 휴대폰으로 언제 어디서 누구와 얼마나 통화를 했는지 파악했다.

봉지욱 기자가 실제로 통화에 사용하는 번호는 끝자리 3547과 끝자리 8852 번호 2개뿐이다. 8852는 제보 전화를 따로 받기 위해 봉지욱 기자가 통신사에 신청한 듀얼 번호다. 즉, 1대의 휴대전화로 2개의 번호를 동시에 사용하고 있는 것이다.

나머지 번호 중 3325는 봉지욱 기자의 아내가 운영하는 쇼핑몰에서 고객센터용으로 사용 중이다. 그리고 다른 번호는 태블릿 PC 접속을 위해 통신사에 개통한 데이터 전용 유심인데 이 번호로는 인터넷 연결 정도만 가능할 뿐, 통화가 불가능하다. 또 다른 번호는 봉지욱 기자가 개통한 갤럭시 워치에 부여된 번호다. 검찰은 봉 기자 집을 압수수색하기 전에 어떤 번호를 실제 통화에 사용하고 있는지 모두 확인한 상태였다. 그럼에도 굳이 봉 기자 명의로 등록된 5개 번호 모두에 대해 통신영장을 집행했다.

▶ 검찰이 뉴스타파 봉지욱 기자 명의 휴대폰 발신 기지국 위치추적을 집행했다는 통지문 별첨 자료.

한상진 기자는 봉지욱 기사보다 8일 빠른 2024년 8월 5일 '통신사실확인자료 제공요청 집행 사실 통지'라는 제목으로 검찰이 보낸 등기우편물을 2통 받았다. 허가서 번호 2023-0036556호 통신영장으로는 통신내역을, 2023-0034089호 통신영장으로는 발신 기지국 위치추적을 했다. 두 통신영장의 '요청 범위', 즉 기간은 봉지욱 기자와 동일했다.

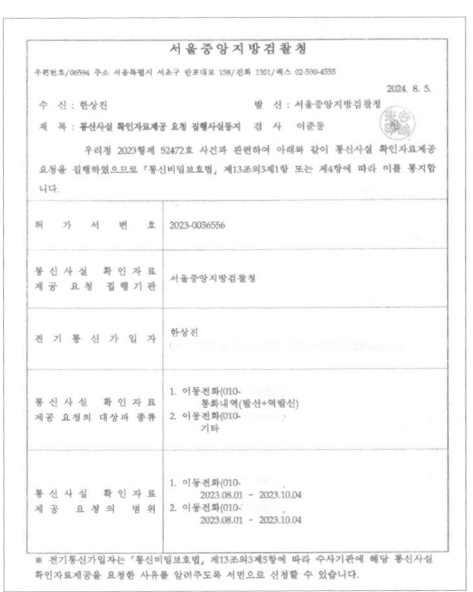

▶ 검찰이 뉴스타파 한상진 기자에게 보낸 통신영장 집행 사실 통지서. 2024년 8월 5일 자, 영장 허가서 번호가 2023-0036556이다.(왼쪽) 2024년 8월 5일 자, 영장 허가서 번호가 2023-0034089다.(오른쪽)

우리는 출국금지를 당했을 뿐만 아니라 통신자료를 조회당하고, 통신영장까지 발부돼 우리와 통화한 상대방 정보와 통화 일시, 지속시간 정보를 털리고 통화 위치까지 추적당했다. 이쯤되면 국가반역세력, 국기문란사범, 사형에 처해야 할 범죄자급으로 부족함이 없을까.

검찰의 통신이용자정보 조회 문자를 받고 2주쯤 뒤 비슷한 내용의 문자를 또 받았다. 이번에는 발신기관이 검찰이 아니라 경찰이었다. 기관은 달랐지만 동일한 부분이 있었다. 서울경찰청 반부패범죄수사대에서 보낸 문자, 여기도 '반부패'다. 내가 얼마나 부패했으면 검찰의 핵심 수사 조직인 서울중앙지검 반부패수사부와 경찰의 핵심 수사 조직인 반부패범죄수사대의 통신사찰을 동시에 당하고 있는가, 잠시 생각했다.

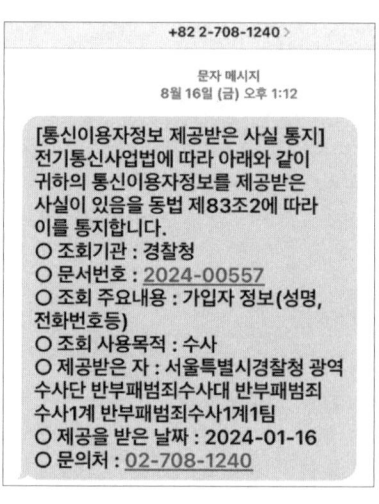

▶ 2024년 8월 16일 서울경찰청 반부패범죄수사대가 뉴스타파 김용진 대표에게 발송한 통신이용자정보 제공 사실 통지 문자.

기억력이 좋은 독자 여러분께서는 아마 이 책 4장 '침탈' 마지막 부분에서 검찰이 내 명의로 개설된 이동전화번호가 더 있다는 것을 파악하고 해당 휴대폰을 찾기 위해 애쓴 사실을 기억하실 것이다. 그 2개 중 하나는 뉴스타파 제보를 받는 공용폰이고, 다른 하나는 뉴스타파 회원과 소통하기 위해 만든 회원사업 전용폰이다. 검찰은 이 두 이동전화번호도 통신자료 조회를 했다. 그것도 3차례나. 두 휴대폰 조회 일자는 3번 다 동일했다. 검찰, 정말 애썼다는 말을 해주고 싶다. 그리고 우리 스스로 자문한다. 우리는 얼마나 중대한 범죄자인가.

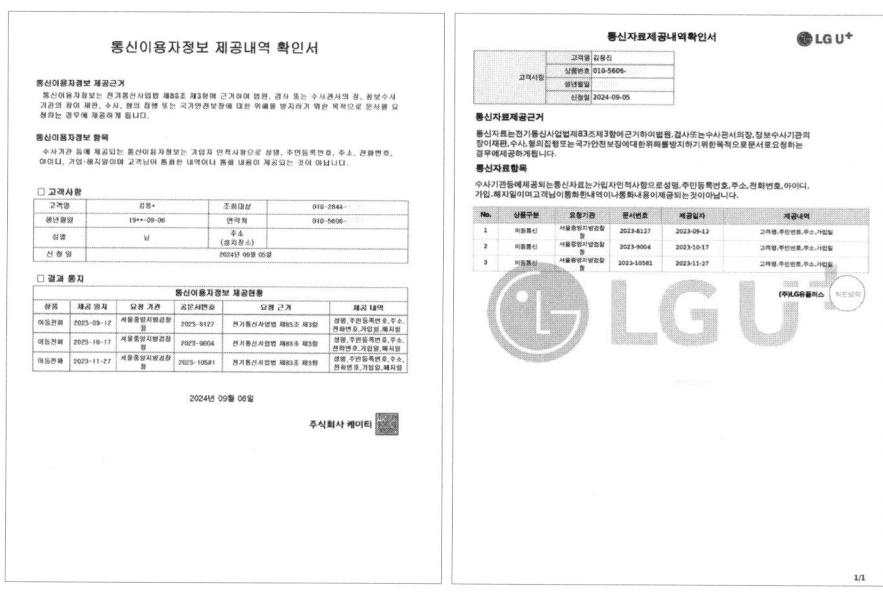

▶ 뉴스타파 제보폰, 회원사업 공용폰 통신이용자정보 제공 내역이다.

08

출석

출석

압수수색과 포렌식이 끝나고 두 달 넘게 아무 말이 없던 검찰에서 느닷없이 연락이 온 건 2023년 11월 27일이었다. 이틀 후인 29일에 피의자 조사를 할 테니 나오라고 했다. 난 "바빠서 못 간다"고 했다. 실제로 바쁘고 일이 많았다. 검찰과 몇 번이나 일정을 조율한 끝에 2023년 12월 13일 오전 10시부터 피의자 조사를 받기로 했다. 압수수색, 휴대폰 포렌식을 같이 한 장종오 변호사가 입회하기로 했다.

한참 조사 일정을 조율하던 12월 6일, 검찰이 갑자기 김용진 대표 집을 압수수색했다. 예상치 못한 일이었다. 핵심 피의자인 내 조사 일정을 조율하는 중에 언론사 대표를 압수수색하다니… 나는 참을 수도 견딜 수도 없었다.

'윤석열 명예훼손'보다 중요한 '류희림 청부 민원'

처음엔 검찰 수사에 성실히 임할 생각이었다. 잘 설명하고 오해를 풀면 되겠다고 생각했다. 대장동 업자 김만배와 신학림 전 언론노조위원장 간의 억대 돈 거래로 시작된 사건이니, 그 일과 뉴스타파는 아무 상관이 없다는 걸 잘 설명하면 될 일이라고 생각했다. 순진한 생각이었다.

김용진 대표 집 압수수색을 보면서, 나는 검찰의 목적이 '수사'가 아니라는 걸 깨달았다. 그들의 목적은 오랫동안 눈엣가시였던 뉴스타파를 흔들고 파괴하는 것임을 깨달았다. 그래서 더는 검찰이 원하는 방식으로 수사에 응하고, 장단을 맞춰 줄 이유가 없다고 생각했다.

김용진 대표 압수수색이 있은 뒤, 나는 변호인과 뉴스타파에 "검찰 수사에 응하지 않겠다"는 뜻을 전했다. 어차피 검찰은 나를 기소할 테니, 법정에 가서 진실을 다투겠다고 했다. 끝까지 저항하다 끌려가는 것이 나 스스로를 지키고 언론 자유를 지키는 방법이라고 생각했다. 회사에서 쓸 야전 침대를 하나 샀다.

변호인 생각은 달랐다. 좋든 싫든 검찰이 수사권과 기소권을 독점한 우리 사법 체계를 무시하고 가는 건 좋은 전략이 아니라고 했다. 내가 검찰 조사에 불응하면 수사를 받는 다른 사람(김용진 대표, 봉지욱 기자)도 그렇게 해야 하는데, 그것도 문제라고 했다. 뉴스타파 내부에서는 의견이 분분했다. 고민이 깊어졌다. 결국 나는 검찰 수사에 응하기로 했다. 다만 묵비권을 행사하기로 했다. 검찰이 원하는 방식의 기록(피의자 진술)은 남기지 않기로 했다.

애초 11월 말, 혹은 12월 초쯤 할 뻔한 검찰 조사가 미뤄진 데는 현실적인 이유도 있다. 막 취재를 시작한 류희림 방송통신심의위원회(방심위) 위원장의 이른바 '청부 민원' 의혹이다. 우리 팀은 12월 초쯤 국민권익위원회 공익제보자를 통해 방심위에 들어온 '청부 의심 민원' 제보를 받아 취재하고 있었다. '청부 민원'이 사실인지, 누가 왜 민원을 냈는지, 민원을 낸 사람이 대체 류희림과 어떤 관계인지 등을 취재 중이었다. 민원 하나하나를 확인해야 하는 방대한 작업이고, 검찰이 특수팀을 구성해 대대적으로 수사하는 '윤석열 명예훼손' 사건 따위보다 훨씬 공익적이고 우리 사회에 중요한 일이었다. 류희림의 '청부 민원' 의혹은 2023년 12월 25일 뉴스타파 보도로 처음 세상에 알려졌다.

▶ 2023년 12월 13일 뉴스타파 한상진 기자가 피의자 조사를 위해 서울중앙지검에 출석할 당시 모습.

"검찰 수사에 성실히 임할 생각이 없다"

12월 13일 오전 10시, 장종오 변호사와 함께 서울중앙지검에 들어갔다. 뉴스타파 동료 몇 명이 응원차 따라왔고, 포렌식 참관 때처럼 여러 언론사의 젊은 기자 몇 명이 나를 기다리고 있었다. 포토라인이 있을까 걱정했는데 다행히 없었다.

기자들은 "김만배나 신학림과 허위 보도를 공모한 사실이 있는지", "김만배 녹취록 발췌 편집에 대한 입장은 뭔지", "윤석열 커피에 대한 입장은 뭔지" 같은 질문을 했다. 검찰이 궁금해하는 걸 대신 묻는 것 같았다. 나는 이런 취지로 답했다.

"검찰이 말도 안 되는 주장으로 수사하고 있다. 검찰이 수사권을 이렇게 마구잡이로 써도 되는지 모르겠다."

"사인(김만배와 신학림) 간 사적인 대화 내용에 공적인 내용이 있어 (김만배 녹취록을) 보도했다. 사적인 대화여서 대화 내용 일부 편집은 불가피한 일이었고, 그것을 수사기관인 검찰이 문제삼는 것 자체가 웃기는 일이다."

"김용진 대표나 내가 김만배 녹취록 실물을 확인한 건 작년(2022년) 3월 4일이다. 대선후보 검증 과정에서 굉장히 중요한 내용을 담은 보도인데, 그 전에 알았으면 더 일찍 보도했을 것이다. 이게 제일 아쉽다."

마지막으로 준비한 말을 했다.
"검찰 수사에 성실히 임할 생각이 없습니다. 그냥 싸우겠습니다."

"검찰 수사에 성실히 임할 생각이 없다"는 말이 검찰을 상당히 자극한 듯했다. 이날 이후 검찰은 기회만 있으면 이 발언을 문제삼아 검찰 수사의 정당성을 확인하려 했다. 두 달쯤 뒤 내가 출국금지 해제를 요청하는 행정소송을 냈을 때도 검찰은 이 말을 근거로 나를 비난했다. 내가 '검찰 수사에 성실히 임하지 않은 나쁜 피의자'라고 했다.

피의자가 어떤 태도로 검찰 수사에 임할지는 피의자가 정할 일이다. 검찰은 거기에 맞춰 기소를 하든 말든 자신들의 권리를 행사하면 된다. 성실히 수사에 임하지 않는다는 게 검찰로부터 비난받을 이유가 되진 않는다.

검찰은 누구든 자신들이 피의자로 만든 사람은 성실히 검찰에 나와 수사를 받아야 한다고 믿는 것 같다. 대부분의 피의자는 검찰 수사를 받으면, 검찰에 나오기만 하면, 약속한 듯 "성실히 수사에 임하겠다"고 앵무새처럼 말한다. 검찰이 정치적 목적으로 검찰권을 남용해 수사를 벌여도 피의자들은 한결같은 태도를 보인다. 오래전부터 그게 이상하다고 생각했다. 나는 절대 그러고 싶지 않았다. 장종오 변호사가 "발언이 좀 셌다"고 걱정했지만 나는 "괜찮다"고 했다.

진술거부권

서울중앙지검 반부패수사1부 영상녹화실에서 조사가 시작됐다. 맨 안쪽에 검사가 컴퓨터 2대를 놓고 앉고 내가 마주 앉았다. 장종오 변호사는 내 옆에 앉았다. 책상 위에는 피의자 권리, 피해자 권리가 적힌 메모지가 여러 장 있었다. 나와 장종오 변호사는 조사 내내 이 종이에 검사의 질문 내용을 하나도 빼지 않고 받아적었다. 검찰 수사관으로 보이는 남자가 내 뒤에 앉아 뭔가를 계속 기록했다.

○ 검사: 피의자는 금일 조사에서 진술거부권을 행사할 것인가요.
○ 한상진: 네, 진술거부권을 행사하겠습니다.
○ 검사: 진술거부권을 행사하는 이유는 무엇인가요.
○ 한상진: 그것도 진술을 거부하겠습니다.

조사가 시작되자마자 난 진술거부권 행사 의사를 밝혔다. 검사가 당황한 것 같았다. 누군가에게 문자메시지로 나의 진술 거부 사실을 보고하는 것 같았다.
집 압수수색 관련 얘기로 질문이 시작됐다. '왜 3분이나 늦게 문을 열었느냐', '압수수색 과정에 이의를 제기할 것이 있느냐', '왜 휴대폰에 안티포렌식 앱을 깔았냐', '왜 노트북 운영체제를 바꿨냐', '뉴스타파가 조직적으로 증거를 인멸한 것 아니냐' 같은 질문이었다. 검찰이 문제삼는 대선 3일 전 '김만배 녹취록' 보도 관련 질문도 많았고, 이런 걸 왜 묻나 싶은 질문도 많았다. 예를 들면 김만배 녹취록 보도에 들어간 신학림 인터뷰와 관련한 질문이다.

나는 해당 보도에 신학림과 인터뷰한 영상을 넣었다. '김만배를 언제, 어디서 만나 녹음했는지', '김만배와는 어떤 관계인지', '왜 대선 3일 전 김만배 녹음파일 공개를 결심했는지' 등을 시청자에게 상세히 알릴 필요가 있다고 생각해서다. 그런데 신학림 전 위원장이 영상 문법에 익숙하지 않아 문제가 생겼다. 여러 번 NG가 났다. 나는 NG가 날 때마다 신학림의 말을 정리해서 "이렇게 얘기해주세요"라고 했는데, 검찰이 이를 문제삼고 나온 것이다. '허위 보도를 위한 작당모의 아니냐'는 식의 질문이 여러 번 반복됐다. 짜증나고 답답했다. 나는 이날 하루종일 총 416개의 질문을 받았다.

▶ 한상진 기자에 대한 검찰 피의자신문조서 중 일부.

감히 윤석열을 검증한 죄

검사 질문에는 답이 궁금해서 하는 질문이 아닌, 나를 자극하고 망신주기 위해 묻는다고 느껴지는 질문이 많았다. 검사의 질문만 보면, '김만배-신학림 녹음파일'을 입수해 단 이틀 만에 보도한 나와 뉴스타파는 '진정한 기자'도 '진정한 언론사'도 아니었다. 검사는 뉴스타파를 흠집내기 위한 목적이라고 밖에 볼 수 없는 무의미한 질문을 무한 반복했다. 이런 질문들이다.

"이 사건 기사는 신학림의 소위 제보가 있은 2022. 3. 4.부터 불과 3일 만에 보도가 된 것으로 피의자가 사실관계를 제대로 확인하지 않고 윤석열 후보를 낙마시키기 위한 목적으로 보도를 한 것이 아닌가요."

"피의자와 김용진의 결정에 따른 위와 같은 보도는 허위의 사실을 담고 있는 것으로, 피의자는 제대로 된 팩트체크와 검증 없이 허위의 '탐사보도'를 한 것으로 보이는데 어떤가요."

검사는 뉴스타파가 '취재원과의 돈거래' 같은 일이 벌어질 것을 예상하고 일부러 윤리강령을 만들지 않은 게 아니냐는 취지의 무척 신선한 질문을 던지기도 했다. 질문을 듣다 나는 깜짝 놀랐다. 신기한 발상이라는 생각이 들었다.

○ 검사: 뉴스타파는 이 사건과 같이 전문위원이 취재원으로부터 억대의 돈을 받는 경우가 있을 것을 예상했기 때문에 윤리강령을 만들지 않은 것인가요.
○ 한상진: 진술을 거부하겠습니다.

이날 검사가 나에게 던진 질문을 종합해, 검찰의 시각을 유추해보면 이렇다.

한상진은 문제의 '김만배 녹취록'을 손에 넣고도 대선 전에 절대 보도해선 안 됐다. 검찰이 '이 정도면 됐다'고 할 만큼 충분한 시간을 가지고, 2011년 대검 중수부의 부산저축은행 수사 기록을 다 입수해 검토한 뒤 보도 여부를 결정해야 했다. 이 사건의 주인공인 윤석열, 조우형, 박영수, 심지어 감옥에 가있는 김만배까지 두루두루 만나 입장을 들은 뒤 보도 여부를 결정해야 했다.

그것으로도 부족했다. '2011년 대검 중수부의 조우형 봐주기 의혹'을 당시 주임검사이던 윤석열 후보가 시종일관 부인했으니, 윤 후보의 말을 철석같이 믿고 보도를 포기했어야 했다. 윤석열 후보가 사실이 아니라고 했으니 김만배 같은 나쁜 사람이 하는 말은 따져볼 필요도 없었다. 뉴스타파 보도(2022년 3월 6일) 전에 이미 여러 언론사에서 '윤석열의 조우형 봐주기 의혹' 보도가 나왔지만, 이 또한 묵살했어야 했다. 수사 책임자이던 윤석열 후보가 "아니다"라고 했으니 이것들 역시 다 허위 보도이기 때문이다. 그렇게 윤석열의 말을 절대 진리로 믿고 따랐어야만 한상진은 비로소 '진정한 기자' 반열에 오를 수 있었다. 윤석열의 말을 의심하는 순간, 범죄자가 되고 역적이 되는 거였다.

대선후보 검증, 합리적 의혹 제기라는 언론의 가장 기본적인 사회적 역할 따위는 다 갖다 버렸어야 했다. 그리고 '진정한 기자', '올바른 기자'의 기준을 정하는 건 무조건 검찰임을 인정하고 따랐어야 했다.

검찰 조사는 저녁 8시가 넘어서야 끝이 났다. 대부분의 질문에 진술거부권을 행사했지만, 하도 질문이 많아 조서 열람에만 상당한 시간이 걸렸다. 조서를 열람하고 지장을 찍고, 영상 녹화 기록을 확인하는 등 이런저런 처리를 하고 검찰청을 나오니 밤 9시가 다 된 시간이었다. 사무실로 돌아오니 몇몇 동료가 회사 근처 호프집에서 나를 기다리고 있었다. 금의환향한 사람처럼 환대를 받았다. 뉴스타파 객원기자로 일하는 이범준 사법 전문 기자(전 경향신문 기자)는 일본에서 사왔다며 술 한 병을 들고 왔다. '혼자가 아니구나' 하는 생각에 가슴이 따뜻해졌다. 긴장이 풀려서인지 금방 취했다.

2023 형제 52472호 등

출 석 요 구 서

귀하에 대한 정보통신망이용촉진및정보보호등에관한법률위반(명예훼손) 피의사건(아래 피의사실 요지 참조)에 관하여 진술을 듣고자 출석을 요구하니 2024. 3. 18. 10:00 에 우리 청 1015호 검사실로 출석하여 주시기 바랍니다.

피 의 사 실 요 지

피의자 봉지욱 등은 '20대 대선 후보자인 윤○○이 2011년 대검 중수부 수사 당시 수사 무마를 하였다는 취지의 허위 보도를 하여 정보통신망법위반(명예훼손) 등

출석하실 때에는 반드시 이 출석요구서와 주민등록증(또는 운전면허증 기타 본인임을 확인할 수 있는 자료), 도장 및 관련 증거자료와 기타 귀하가 필요하다고 생각하는 자료를 가지고 나오시기 바라며, 이 사건과 관련하여 귀하가 충분히 진술하지 못하였거나 새로이 주장하고 싶은 사항 및 조사가 필요하다고 생각되는 사항이 있으면 이를 정리한 진술서를 작성하여 가지고 나오시기 바랍니다.

지정된 일시에 출석할 수 없는 부득이한 사정이 있거나 이 출석요구서와 관련하여 궁금하신 점이 있으면, 우리 청 검사실(전화 : 02)530-4691)에 연락하여 출석일시를 조정하거나 궁금하신 사항을 문의하시기 바랍니다.
정당한 이유 없이 출석요구에 응하지 않으면, 형사소송법 제200조의2에 따라 체포될 수 있습니다.
귀하는 변호인의 조력을 받을 권리가 있으며, 변호인이 참여한 상태에서 진술하실 수 있습니다. 변호인이 참여한 상태에서 진술하고자 하는 경우에는 미리 연락해 주시기 바랍니다.

2024. 3. 13.

서울중앙지방검찰청

검 사 : 조도준

▶ 검찰은 2024년 3월 18일에 출석을 하라며 뉴스타파 봉지욱 기자에게 일방적으로 출석요구서를 보냈다. 총선 후보 검증 보도가 한창인 시기여서, 봉지욱 기자는 10일 뒤인 3월 28일에 출석했다.

충무로 호프집의 추억

2023년 9월 14일 압수수색을 당한 이후, 검찰이 압수한 휴대전화와 노트북, 이메일 등 디지털포렌식에 약 한 달 정도가 걸렸다. 나는 늦어도 11월 중에는 검찰이 조사를 받으러 나오라고 할 줄 알았다. 국기문란급 중대범죄를 저질렀으니 수차례 소환해서 조사하고 구속영장도 청구하고 말이다. 그러나 크리스마스가 다가오는데도 아무런 연락이 없었다.

당시 대다수 매체에서는 나를 윤석열 명예훼손 사건의 핵심 주범으로 다뤘는데, 검찰은 나보다 한상진 기자를 먼저 불러 조사했다. 2023년 12월 13일이다.

검찰 출석 전날 한상진 선배가 내게 "니가 주범인 줄 알았는데 아니었다. 내가 바로 주범이다"라며 너스레를 떨던 기억이 난다. 그날 조사는 밤 9시가 넘어서 끝났다. 나와 김용진 대표는 회사에서 한 기자가 돌아오기만을 기다렸다. 검찰 조사 경험담이 궁금했기 때문이다. 우리는 그 당시 매일 출근 도장을 찍다시피 한 충무로 뒷골목 호프집에서 후라이드 닭다리를 뜯으며 한 기자의 체험담을 경청했다. 그런데 이게 웬일인가. 체험담은 김 빠진 콜라같이 밍밍하기 그지없었다.

사실 우리는 애초부터 검찰에 가서 진술할 생각이 없었다. 검찰은 압수수색을 하기도 전에 이미 윤석열 주임검사의 조우형 봐주기 보도는 명백한 허위고, '허위 인터뷰' 대가로 김만배와 신학림이 돈을 주고받았다고 출입기자단을 상대로 반복해서 설명했다. 결론을 정해놓고 수사에 들어갔지만 어느 언론도 제대로 팩트체크를 하지 않았다. 그런 검찰에 우리가 어떤 말을 한들, 심지어 우리 주장을 뒷받침할 물증을 낸다고 한들 먹힐 리가 없었다. 오히려 검찰은 우리의 진술과 증거 하나하나를 트집 잡아 장난을 칠 게 뻔했다.

대한민국 민주화 운동의 살아있는 전설인 함세웅 신부님은 수시로 내게 전화를 걸어 조언을 해주셨다. 이부영 동아투위 위원장도 그들의 조작 수사에 협조할 필요가 없다고 신신당부하셨다.

우리가 박정희 정권 때나 전두환 정권 때 수시로 중앙정보부나 검찰에 끌려갔지만, 우리는 대부분 진술을 거부했어요. 봉 기자도 절대 진술을 하지 마세요. 내 경험으론 그게 좋아요.

김용진 대표와 한상진 기자와 나는 모두 검찰에 나가서 진술을 거부했다. 검사는 우리에게 300~400개에 달하는 질문을 쏟아냈지만, 우리 대답은 한결같았다.

"진술을 거부합니다."

나는 우리가 진술을 거부하더라도 반드시 영상 녹화 조사를 받아야 한다고 주장했다. 검사가 조사하는 장면을 동영상으로 촬영하는 건데, 검사는 영상 녹화 조사를 원하냐고 피의자에게 의례적으로 묻는다. 대다수 피의자는 영상 녹화를 거부한다.
만약 거기서 "네, 영상 녹화 해주세요"라고 답한다면 검사와 수사관은 속으로 무지 짜증이 날 것이다. 영상 녹화를 위한 조사실이 따로 있기 때문에 사전에 미리 예약도 하고 준비를 해야 하는데, 당일에 준비가 안 되면 조사 자체를 할 수 없기 때문이다. 그래서 우리는 서울중앙지검 반부패수사부에 미리 언질을 했다. "영상 녹화 준비하세요"라고.
나는 민주화 정권 이후 언론탄압의 정점으로 기억될 이 사건을 영상으로 박제하고 싶었다. 혹시 나중에 뉴스타파가 이 사건을 다큐멘터리 영화로 만들 수도 있다는 생각도 들었다.

우리가 재판에 넘겨지면 나의 조사 영상 녹화파일을 검찰에 신청해서 받을 수 있다. 방송 기자는 항상 '그림(영상)'을 고민해야 한다. 살아있는 현장 화면보다 더 좋은 그림이 어디 있겠는가.

진술 거부와 영상 녹화 같은 우리 나름의 대책은 주로 충무로 호프집에서 논의했다. 사형에 처해야 할 중대범죄를 저지른, 거의 내란범처럼 취급받던 우리 세 명은 매일 전쟁과 같은 하루를 보내야 했다. 정말이지 미친 세상 같았다. 우리는 미치지 않기 위해서 거의 매일 호프집에 모였다. 그렇게 함께 있다는 것만으로도 큰 위안이 되던 때였다.

▶ 2024년 3월 28일 오전 9시 40분, 봉지욱 기자가 서울중앙지검 출입구 앞 언론 포토라인에서 심경을 밝히고 있다.

중앙지검 포토라인에 서다

2024년 4.10 총선을 앞두고 한창 바쁠 때다. 서울중앙지검에서 갑자기 전화가 왔다. 출석 조사 날짜를 조율하자는 연락이었다. 말이 조율이지 사실상 자기들이 다 정해놓고 통보하는 식이다. 그런데 왜 하필 총선 직전에 나오라는 걸까. 그때는 정말이지 너무 바쁠 때였다.

2024년 3월, 총선을 앞두고 나와 한상진 기자는 정우택 국민의힘 의원의 돈봉투 사건을 집중 취재해 보도하고 있었다. 국회부의장인 정우택이 지역 카페 업자에게 돈봉투를 받아 챙기는 장면이 CCTV에 고스란히 잡힌 그 사건을 독자 여러분도 기억하실 테다. 돈봉투 수수 CCTV까지 공개됐지만, 국민의힘은 그를 청주 상당구 후보자로 공천했다. 그때 한동훈 국민의힘 비대위원장은 청주에 지원 유세를 가서 정우택이 가짜뉴스로 억울한 누명을 쓴 것처럼 말했다. 기가 막힌 일이다. 그래서 우리는 이 사건을 최초로 보도한 청주 지역 매체인 충북인뉴스와 협업을 시작했다.

우리는 정우택 본인과 보좌관의 육성이 담긴 통화 녹음파일을 전격 공개했다. CCTV 화면 뒤에 숨은 오랜 청탁 스토리를 자세하게 보도하고 나서야 국민의힘은 정우택 공천을 취소했다. 비슷한 시기 국민의힘은 경기도 고양정 후보자로 단수공천했던 김현아 전 의원 공천도 취소했다. 그래서 나는 그때 너무 바빴다.

나는 2023년 4월부터 김현아 전 의원 최측근의 폭로 인터뷰, 김현아 본인의 육성이 담긴 녹음파일 등을 공개했다. 이후 정치자금법 위반 혐의로 경찰 수사가 시작됐고, 2024년엔 검찰로 사건이 넘어간 상황이었다. 우리의 끈질긴 보도 후 김현아 전 의원은 당 윤리위로부터 징계를 받았다. 그럼에도 불구하고 국민의힘은 그를 총선 후보로 단수공천했다. 경선도 거치지 않고 후보자가 된 것이다. 그런데 한동훈 위원장이 공천관리위원회의 이 같은 결정에 제동을 걸었고, 결국 공천이 취소됐다.

김현아 전 의원은 내가 허위 보도를 했다면서 언론중재위원회에 중재를 신청했고, 공직선거법상 허위사실유포 혐의로 나를 검찰에 고발했다. 앞서 정정보도 및 손해배상을 청구하는 민사소송까지 내게 걸어논 터였다.

앞서 나는 국민의힘 황보승희 전 의원 문제도 집중 취재했다. 그의 전남편인 조성화 씨가 자신의 전 부인이자 현직 국회의원인 황보승희의 정치자금법 위반 혐의를 뉴스타파 카메라 앞에서 얼굴과 실명을 밝힌 채 낱낱이 폭로했다. 이에 더해 우리는 황보 의원이 관용 차량으로 자신의 딸을 강남 입시학원에 태워다 주는 장면도 포착했다. 그런데 그 입시학원은 단순한 곳이 아니었다. 배후에 거대한 기득권 카르텔이 숨어있었고 추가 취재가 필요했다.

그러나 우리를 향한 이른바 '윤석열 명예훼손' 수사가 시작되면서 그간 해오던 취재 모두를 멈춰야만 했다. 서울중앙지검 반부패수사부의 수사, 즉 특수부 수사를 받는다는 건 결코 간단한 일이 아니다. 정신적으로도 물리적으로도 여유가 없었다. 내가 아는 변호사는 자신이 검찰 수사를 받을 때, 매일 집 근처 학교 운동장을 뛰었다고 했다. 심신이 완전히 널브러져야만 비로소 잠을 잘 수 있었다고 했다. 나도 매일 뛰었더라면 홀쭉이가 됐을 텐데, 아쉽다.

2024년 4월, 22대 총선을 앞두고 뉴스타파는 여러 공직 후보자를 검증했다. 보도로 확인한 부적격 후보자는 공천이 취소되거나 선거에서 떨어졌다. 언론사라면 공직 후보자 검증 보도는 무엇보다 우선해서 해야 하는 일이다.

그럼에도 검찰은 20대 대선에서 윤석열 후보를 뉴스타파와 내가 악의적으로 비방했다며 명예훼손 혐의로 수사를 벌였다. 이런 식으로 공권력이 언론 보도에 개입하면 권력자 비판은 불가능해진다. 실제로 윤석열 명예훼손 수사가 시작되면서 정권을 비판하면 압수수색을 당할 수 있다는 공포심이 기자들 사이에 자리잡았다.

압수수색 6개월 만에 검찰 조사를 받으러 오라는 수사관에게 나는 총선이 끝난 뒤에 받겠다고 했지만, 그건 안 된다고 했다. 그들이 미리 정해놓은 시간표가 있는 것 같았다. 그래서 나는 2024년 3월 28일, 검찰에 나갔다. 그게 처음이자 마지막 검찰 조사가 됐다. 물론 그때는 그렇게 한 번으로 끝날 줄은 몰랐다.

검찰에 출석하기 전날, 나는 어머니 댁으로 갔다. 자식에게는 아무 말 못 하고 걱정만 하고 계실 게 뻔했다. 내 어머니는 지금도 아들이 혹여 잘못될까 매일 같이 성당에 나가 기도를 드린다. 그러나 어머니에게 "걱정마시라"는 말 외에는 달리 드릴 말이 없었다. 그날 어머니는 내가 좋아하는 병어찜을 해주셨고, 난 그걸 게걸스럽게 먹고 푹 잤다. 무슨 이유인진 모르겠는데 어머니 집에서는 단잠을 잔다. 이튿날 새벽에 일어나니 아침 밥상이 차려져있었다. 속이 덜 부대끼는 죽으로 속을 든든히 채우고 검찰청으로 출발했다.

서울중앙지검 입구에서 기자들이 기다릴 것이 뻔했다. 국기문란 사범인데 언론이 관심을 갖는 건 당연했다. 포토라인에서 어떤 말을 해야 할까. 전날에도 고민했지만 딱히 할 말도 없었다. 워낙 말도 안 되는 사건인데 구구절절 내가 무슨 말을 할 것인가. 그리고 말을 해봤자 검찰 말만 믿는 지금의 언론 환경에서 무의미한 짓이 아닌가. 그런 생각이 들었는데 이상하게 소환 당일 아침에 여러 문장이 떠올랐다. 중앙지검 주차장에 차를 대고 약 20분 동안 만든 그날의 일성은 아래와 같다.

저는 이번 사건을 검찰이 사전에 기획한 '총선용 기획 수사'라고 주장해왔습니다. 6개월 넘게 아무런 연락이 없던 검찰이 총선을 불과 10여 일 앞두고

저를 불렀습니다.

지금 여러분과 제가 마주하고 있는 바로 이 현장이, 검찰이 오랫동안 그려왔던 바로 그 장면일 것입니다. 저는 오늘 이 자리에서 윤석열 대통령과 검찰에게 묻고 싶습니다.

뉴스타파의 김만배 녹취록 보도 그리고 제가 JTBC에서 했던 윤석열 검사의 대장동 브로커 조우형 봐주기 의혹 보도와 관련해 검찰이 지난 6개월간 새롭게 밝혀낸 사실이 단 하나라도 있습니까. 지금까지 언론에 나온 건 제대로 확인조차 안 되는 검찰발 받아쓰기 보도뿐이었습니다. 오히려 지난 1년 6개월 동안 제가 뉴스타파에서 대장동 사건을 파면 팔수록 검찰이 브로커 조우형을 봐주고 풀어준 정황 증거는 계속해서 나오고 있습니다.

반면 지난 대선 당시 동아일보 보도로 시작해서 거의 모든 언론이 그토록 찾아 헤매던 대장동 그분, 천화동인 1호의 그분을 검찰은 찾아냈습니까? 그분 찾기에 실패한 검찰은 대선후보의 자질을 검증한 기자들을 수사하고 압박해서 기자들을 겁먹게 만드는 이른바 '검틀막' 시대를 열었습니다.

해병대원 순직 사건에 핵심 키맨이 이종섭 대사라면, 대장동 사건에 핵심 키맨은 바로 브로커 조우형입니다. 그런데 검찰은 왜 유독 조우형 앞에서만 작아지는 건지 묻고 싶습니다. 조우형은 천화동인 6호 배당금 282억 원을 은닉한 혐의로 지난 1년간 검찰 수사를 받았지만 아직 기소조차 되지 않은 채, 이번 대선개입 여론조작 수사에서 검찰 주장을 뒷받침하는 역할을 하고 있습니다. 마치 이종섭 대사 사건과도 같이 검찰이 조우형을 그토록 감싸는 이유가 무언지 묻고 싶습니다.

윤 대통령은 검사 시절, 수사권으로 보복하면 검사가 아니라 깡패라고 말씀하셨습니다. 그 말씀에 백번 동의합니다. 비판 언론을 수사권으로 겁박하고 괴롭히는 지금의 검찰이 바로 대통령이 말했던 그 깡패 집단의 모습을 하고 있는 건 아닌지 여러분께 묻고 싶습니다.

검찰은 혐의 입증에 자신이 있다면 저에 대한 구속영장을 청구하십시오. 저에게 죄가 있다면 응당한 처벌을 받겠습니다. 하지만 법원이 무죄로 판단한다면 '대선개입 여론조작'이란 타이틀로 검찰 수사를 지시하고, 기획하고, 실행하고, 협조한 사람 모두를 반드시 찾아서 감옥으로 보내야 할 것입니다.

그날 나의 출두 영상을 MBC가 유튜브에 올렸는데 조회수가 100만이 넘었다.

나는 이 사건 수사가 우연히 시작됐다고 생각하지 않는다. 2023년 9월 상황을 돌이켜보면 검찰과 여당, 방통위, 방심위, 문체부까지 5개 조직이 사전에 리허설이라도 한 듯 일사분란하게 움직였다. 이들을 동시에 통제할 수 있는 조직은 용산 대통령실뿐이다. 나는 채 해병 사건과 같이, '대선개입 여론조작' 수사는 윤석열이 직접 개입한 사건이라고 믿는다.

명예훼손 사건은 이른바 '반의사불벌죄'에 해당한다. 윤석열은 기소가 되고 재판이 시작돼도 우리의 처벌 여부에 대한 자신의 뜻을 밝히지 않고 있다. 대통령에게 처벌 의사를 묻지 못하는 검찰도 우습지만, 애초에 수사 자체를 대통령 지시로 시작했다면 굳이 물을 필요가 있겠는가.

훗날 정권이 바뀐다면 반드시 특검을 해서 우리 사건의 숨은 배후를 밝혀내야 한다. 윤석열 정권이 검찰과 국회, 정부 조직을 동원해 언론을 장악하려 한 초유의 사건. 그것이 바로 내가 생각하는 이 사건의 실체다.

불법 압수수색이 걱정된 검찰

내가 보기에 윤석열 명예훼손 수사의 주요 목적 중 하나는 이재명 민주당 대표를 엮는 것이었다. 실제로 2023년 2월 10일, 검찰이 이재명 대표를 대장동 사건으로 조사할 때, 검사는 뉴스타파의 김만배-신학림 녹음파일 보도를 제시했다. 너희가 내통해서 짜고친 것 아니냐는 뉘앙스의 질문이었다. 2023년 2월 21일, 검찰은 유동규를 참고인으로 불러 조사했다. 이날 유동규는 검사에게 "김만배는 2018년 이전부터 이재명을 공산당이라고 거짓말을 하고 다녔는데 그러한 말들이 (김만배-신학림)녹취록에 있는 것으로 보아 다 조작된 것 같습니다"라고 말했다. 이후 검찰은 유동규의 추정적 진술을 증거처럼 떠받들게 된다.

재밌는 건 검찰이 만든 공소장에 '이재명 공산당 프레임'이 수시로 등장한다는 점이다. 원래 이 얘기는 2019년에 화천대유 이성문 대표가 이재명 경기도지사의 공직선거법 위반 재판에 증인으로 나가서 한 말이다. 이재명 성남시장이 마치 공산당처럼 업자들의 이익을 빼앗아갔다는 취지였다. 윤석열 명예훼손 사건 담당 재판장인 허경무 판사는 공판준비기일에 "도대체 이재명 공산당 프레임이 윤석열 명예훼손과 무슨 상관이 있는지 모르겠다"면서 "공소장에서 다 빼라"고 지시했다. 검찰은 중요한 배경 사실이라고 주장했지만 먹히지 않았다.

2024년 3월 28일, 검찰 조사를 받으러 갔더니 담당 검사가 바뀌어있었다. 1월까지만 해도 내 담당 검사는 강일민이었다. 강 검사는 조국 일가 수사 때 명성을 드높인 인물이다. 늦은 나이에 사법시험에 합격했지만 나름 출세 가도를 달리고 있었다. 그런데 검찰은 강일민을 돌연 한국거래소로 파견 보냈다. 그곳은 검사들이 선망하는 파견처다. 그러나 이렇게 큰 사건이 진행되는 와중에 담당 검사를 바꾸는 일은 흔하지 않다. 검찰이 왜 강 검사를 급히 내보냈는지 나는 잘 알고 있다. 이는 검사들의 비리와도 연관된 일이기에 훗날 기사로 자세히 밝힐 계획이다.

강백신 부장검사가 이끄는 반부패수사1부에서 대장동 사건을 가장 잘 아는 인물은 단연 강일민이었다. 그는 2015년 수원지검에 있을 때 이강길과 남욱, 조우형을 직접 수사했다. 남욱과 조우형의 재판에도 강 검사가 직접 들어갔다.

그런데 지금까지 잘 안 알려진 사실이 하나 있다. 그 당시 수원지검은 정영학의 휴대전화 일체를 압수수색으로 확보한 상태였다. 정영학의 휴대전화에는 김만배, 남욱 등과 통화한 녹음파일이 잔뜩 있었다. 세간에 알려진 정영학 녹취록의 원본 파일을 검찰이 이미 2015년에 확보한 것이다.

문   방어 차원이라는 말이 어떠한 의미인가요
답   제가 하지도 않은 일을 뭉아가면서 얘기하는 것에 대해 방어하기 위해서 녹취를 한 것입니다.
문   그렇다면, 2015.부터 2018.경까지 녹취자료가 없는 이유가 무엇인가요
답   2015.초경 수원지검에서 남욱, 이강길의 변호사법위반 사건으로 저희 집에 압수수색이 나와서, 집에 있던 모든 핸드폰을 압수당했습니다. 그래서 그 때부터는 녹취를 해 두면 압수당할 수 있다고 생각해 녹취를 하지 않았습니다.
문   2019.말경부터 녹취를 하기 시작한 경위는 무엇인가요
답   2019. 중반경 제가 김만배에게 50억 원을 빌려줬습니다. 그런데 김만배가 이를 갚지 않으면서, 정재창의 협박 합의금 중 90억 원을 저한테 부담시키고, 대장동 사업 공모 선정과 관련하여 정재창이 상대 컨소시엄의 대출 금리 정보를 빼내와 당선이 된 것에 대해 저더러 수사기관에 가서 자백을 하라고 2019. 상반기경부터 계속 압박을 하면서, 그렇게 하지 않으면 김만배의 동생 김석배를 통해 저를 상대로 명의신탁 소송을 걸어 제가 천화동인5호에서 돈을 가져가지 못하도록 하겠다고 얘기해서, 저한테 책임을 뒤집어씌우는 김만배의 행동을 더 이상 두고 볼 수 없어 녹취하기 시작했습니다.

▶ 정영학 검찰 진술조서.(7회, 2021년 10월 13일) 정영학 녹취록이 4년간(2015~2018년) 존재하지 않는 이유를 검사가 물었다. 정영학은 2015년 수원지검이 자신의 휴대전화를 압수한 전례가 있어서 또 압수당할 우려가 있어 녹음하지 않았다고 답했다.

정영학 녹음파일에는 김만배 기자의 검찰과 경찰에 대한 조직적인 수사 무마 정황이 적나라하게 나온다. 김수남 전 검찰총장, 윤갑근 전 고검장 등의 실명까지 거론된다. 만약 그때 수원지검이 정영학 녹음파일을 기반으로 제대로 수사했다면, 오늘날 이런 일이 벌어지지 않았을 것이다. 정영학 녹음파일을 검찰이 왜 덮었는지는 미스터리인데, 아마 강일민 검사는 답을 알고 있을 것이다.

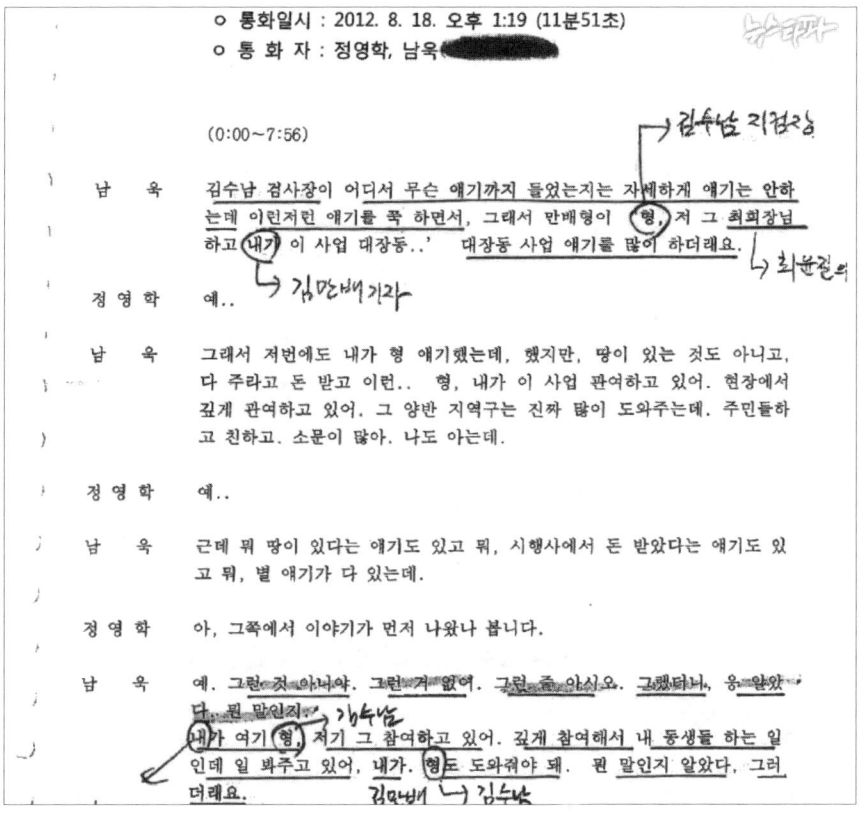

▶ 정영학 녹취록.(2012년 8월 18일 녹음) 김만배가 김수남 수원지검장을 만나 최윤길 내사 사건을 수사하지 말아달라는 청탁을 했다고 남욱이 김만배에게 들은 뒤, 정영학에게 전화로 설명하는 장면.

포토라인에서 기자들에게 한마디 한 뒤, 출입증을 받아 중앙지검 10층 영상녹화조사실로 갔다. 선한 눈매에 누가 봐도 전교 1등 모범생이었을 것 같은 스타일의 검사가 날 기다리고 있었다. 조도준 검사다. 나중에 알았지만, 조 검사는 검찰 내에서 손꼽히는 디지털포렌식 전문가였다. 그래서일까? 그의 첫 질문은 우리 집 압수수색과 관련한 것이었다. 조사 초반, 윤석열 명예훼손과 아무런 관계가 없는 30여 개 질문이 속사포처럼 쏟아졌다.

조 검사의 질문 취지는 "우리 검찰은 불법 압수수색을 한 사실이 없다"는 거였다. 실리콘 골무로 내 휴대전화 잠금을 푼 적도 없고, 영장을 제시하지 않고 현관문을 못 닫게 한 적도 없으며, 초등학생 아이 앞에서 영장을 집행하며 인권을 유린한 사실도 없다는 주장이었다.

재밌는 것은 검찰 수사가 시작된 이후 내가 출연한 CBS 라디오 <박재홍의 한판승부>나 유튜브 <장윤선의 취재편의점> 같은 프로그램을 검찰이 일일이 챙겨봤다는 사실이다. 심지어 몇몇 프로그램은 검찰청 소속 속기사가 녹취록으로 풀기까지 했다. 주로 내가 검찰의 불법 압수수색 사실을 증언하는 내용이다.

자신들의 압수수색에 아무런 문제가 없다면 왜 이렇게까지 했을까. 도둑이 제 발 저린 법이다.

문	검찰은 2023. 9. 14.경 ▇▇▇▇▇▇▇▇▇▇▇▇▇▇▇▇▇▇▇)에 있는 피의자의 집을 압수수색하였는데, 당시 피의자는 영장 원본을 제시받아 확인하고 영장 사본을 교부받았는가요.
답	진술을 거부하겠습니다.
문	검찰은 가급적이면 피의자의 자녀가 등교한 후에 피의자의 집을 압수수색하고자 최대한 노력하였는바, 당시 수사관은 피의자의 집 밖에서 대기하면서 피의자의 자녀가 08:05경 등교하기 위해 집 밖으로 나오는 것을 확인한 후 나머지 자녀도 등교하기를 기다렸으며, 피의자와 나머지 자녀가 08:25경 집 밖으로 같

| | 이 나와 엘리베이터를 기다리자, 피의자가 출근하거나 외출할 경우 압수수색을 할 수 없을 것으로 판단하여 피의자에게 다가가 검찰 수사관 신분증을 제시하면서 압수수색영장 발부 사실을 고지하는 등으로 최대한 배려하였는데, 어떤가요. |
| 답 | 진술을 거부하겠습니다. |

	그 후 피의자는 수사관에게 '휴대폰 잠금을 어떻게 해제하였는지' 물었고, 이에 수사관은 '피의자가 잠금을 해제한 후 휴대폰을 주지 않았느냐. 그렇지 않으면 우리가 비밀번호도 모르는데 잠금을 어떻게 해제할 수 있겠느냐'고 반문하였는데, 피의자는 느닷없이 '실리콘 고무를 사용해서 나의 지문을 본떠 잠금을 강제로 해제한 것 아니냐'며 이의를 제기하였지요.
답	진술을 거부하겠습니다.
문	휴대폰 압수 당시의 상황을 보면, 수사관은 피의자로부터 휴대폰을 건네받아 듀얼 넘버가 맞는지 확인한 후 압수하였는바, 이러한 과정은 수사관과 피의자가 테이블을 사이에 두고 마주보고 앉은 상태에서 이루어진 것으로, 피의자의 눈 앞에서 이루어진 것이지요.
답	진술을 거부하겠습니다.
문	피의자가 주장하는 '수사관이 실리콘 고무를 사용하여 피의자의 지문을 본떴다'는 것은, 피의자가 두 눈 뜨고 보고 있는 와중에 수사관이 실리콘 고무로 피의자의 지문을 본떴다는 것인가요.
답	진술을 거부하겠습니다.

▶ 봉지욱 기자 피의자신문조서 3~4쪽, 2024년 3월 28일

'윤석열 검증' 재판

그렇다면 압수수색영장 내용을 뒷받침하는 증거가 나왔을까. 조사를 받는 입장에서 나도 무척이나 궁금했다. 도대체 검찰이 쓰는 소설의 수준이 어디까지인지 알 길이 없었기 때문이다. 내가 소환 조사를 받은 2024년 3월은 이 사건 수사가 시작된 지 6개월이 넘은 시점이다. 검찰은 압수수색에 더해 통신영장까지 받아 내 통화기록을 모조리 뒤졌다. 그러나 그들이 찾아낸 결탁 증거는 단 하나도 없었다.

나는 검사의 질문을 받아적으며 이때까지 수사가 어느 정도 진행됐는지 가늠할 수 있었다. 검사의 질문은 주로 JTBC 일부 기자의 진술, 혹은 JTBC가 검찰에 제출한 취재 파일에만 의존하고 있었다. JTBC는 나에게 한 차례도 연락하지 않은 채, 봉지욱이 데스크를 속이고 사실상 허위 보도를 했다는 취지로 사과 방송을 하고, 자체 진상조사 중간보고서까지 발표한 사실이 있다. 이 때문에 나로서는 JTBC와 검찰이 사전에 내통했다고 의심할 수밖에 없는 상황이었다. 실제로 검사의 질문 곳곳에서 그런 냄새가 풍겼다.

2023년 9월 14일 있던 검찰의 JTBC 압수수색은 무늬만 강제수사였다. 실상은 회사 차원에서 수사에 협조를 하는 모양새였다고 한다. 나는 이 같은 전언이 사실인지 확인하기 위해 조도준 검사에게 직접 물어봤다. 조 검사는 본인이 직접 JTBC에 갔다고 답했다. 자신이 JTBC 사옥으로 며칠간 출퇴근하며 보도국 서버 압수수색은 물론 증거 선별 작업까지 진행했다고 했다. JTBC가 검사들이 머물 장소까지 마련해줬다는 얘긴데, 언론 역사상 유례가 없는 일이다.

JTBC 중간보고서는 검찰 밖에서도 악용됐다. 류희림 방송통신심의위원장은 김만배-신학림 녹음파일을 인용 보도한 KBS, MBC 등에 과징금 제재를 내리는 전체회의 자리에서 JTBC 중간보고서를 제재 근거랍시고 심의위원에게 나눠줬다. 가족과 지인을 동원한 '청부 민원' 의혹으로 수사를 받고 있는 인물이, 언론사 보도가 진실인지 허위인지 판단한다는 것 자체가 코미디다. 방심위 사상 유례가 없는 '청부 민원', '민원 사주' 의혹을 불러일으킨 류희림을 윤석열은 방심위원장 자리에 연임시켰다.

20대 대선을 앞두고 수많은 언론사가 윤석열 후보의 부산저축은행 비리 사건 무마 의혹을 쏟아냈다. 해당 보도로 검찰 수사 대상이 된 언론사 중 JTBC를 제외하고 뉴스타파와 경향신문, 뉴스버스 등은 부산저축은행 수사 무마 의혹 보도가 허위나 비방 목적이 아니며 언론사가 당연히 해야 할 유력 대선후보 검증 보도라는 입장을 견지하고 있다. 회사 차원에서 검찰 수사에 협조한 매체는 단 한 곳도 없었다.

윤석열 명예훼손 사건 재판부는 "이번 재판에서는 윤석열 주임검사의 수사 무마 의혹이 사실인지 가리는 게 중요하다"고 반복해서 못박았다. 검찰은 권력을 비판하는 언론의 숨통을 죄고 이재명을 겨냥할 목적으로 이 사건 수사를 시작한 것으로 보이는데, 현재는 윤석열 검사의 비리 의혹을 따지는 재판이 되고 말았다. 검찰이 전혀 예측하지 못한 엉뚱한 결과다.

2024년 3월 28일 검찰 조사 때 조도준 검사는 내게 수백 개의 질문을 던졌는데, 중간중간 답변을 하고픈 욕망이 간절했다. 황당한 질문이 많았기 때문이다. 그러나 나는 진술 거부를 묵묵히 유지하면서 검사의 질문을 하나씩 받아적었다. 굳이 받아적을 일도 아니었는데, 앞서 조사받은 한상진 선배가 그렇게 했다고 해서 나도 따라했다.
검찰이 가장 알고 싶어한 것은 내가 어디서 대장동 수사 기록을 입수했는지였다. 범죄 입증은 검사가 해야 하지만, 아무리 찾아도 증거가 없으니 내게 물었을 것이다. 나는 그때 검찰이 한심하다는 생각이 들었다. 6개월 넘게 수사를 했으면 없는 증거라도 만들어냈어야 할 것 아닌가. 그것이 바로 검찰 특수부의 전매특허가 아니던가. 검사는 증거를 조작해도 제대로 된 처벌을 받지 않기 때문에 가능한 일이다.

그날 검찰은 자신들의 불법 압수수색 사실이 밖에 알려지거나, 나중에 재판에서 문제가 될까봐 전전긍긍하는 모습이었다. 이날 조사 말미에도 압수수색 관련 질문이 이어졌다. 대검찰청 포렌식센터에서 곱슬머리 수사관이 내 휴대전화를 캠코더로 촬영한 사실이 있었다. 마침 내가 검찰에 출두한 당일, 한겨레에서 이 문제를 기사로 실었다.

디지털포렌식을 하기 전에 캠코더로 휴대전화 내용을 촬영하는 건 엄연한 불법이다. 그러나 검찰은 나에게 질문을 하면서 캠코더 촬영은 정당한 절차였다는 점을 강조하며 자신들의 불법을 물타기하려 애썼다.

이날 내가 중앙지검에 가자마자 처음 마주한 사람은 조도준 검사가 아니었다. 검찰 수사관이 캠코더 촬영파일이 담긴 SD카드를 들고와 보여주면서, 오늘 바로 삭제해드리겠다고 했다. 왜 이러는 것일까. 이상했다. 그래서 나는 SD카드 폐기를 거부했다. 명백한 불법의 증거를 검찰 스스로 삭제하도록 허락할 이유가 없었다. 이렇게 1시간을 낭비하고 나서야 비로소 조사가 시작됐다.

나는 약 3시간 반 동안 조사를 받고 오후 4시 반쯤 풀려났다. 한밤중에 나올 거라고 여긴 김용진 대표와 한상진 기자는 "어떻게 이런 일이?"라는 반응이었다. 사건 '주범'이 이렇게 빨리 나올 수 있느냐는 것이다. 우리는 그날 저녁 다시 충무로 뒷골목 호프집에 모였다. 호프집 문을 열다 문득 하늘을 바라보았다.

도심에 물든 붉은 석양빛이 애잔하게 느껴졌다. 그렇게 2024년의 봄날이 저물어가고 있었다.

[금일 진행 상황 관련]

문 금일 포렌식 참관실에서 수사관이 피의자와 변호인에게 봉인지에 봉인된 채 기록에 편철되어 있는 메모리카드를 보여주었지요.

답 진술 거부하겠습니다.

문 메모리카드의 봉인지가 뜯긴 흔적이 있었는가요.

답 진술 거부하겠습니다.

문 수사관은 피의자와 변호인에게 기록에 편철된 봉인지를 보여주면서 봉인지 라벨에 어떠한 손상도 없음을 확인시켜주었는데, 어떤가요.

답 진술 거부하겠습니다.

문 수사관이 피의자와 변호인에게 기록에 편철된 메모리카드 봉인지를 보여주면서 절차를 진행하려고 하자, 피의자는 '찍어도 되냐'고 물어봤고, 이에 수사관이 '촬영하면 안된다'는 취지로 얘기했는데, 피의자는 수사관의 '촬영하면 안 된다'는 취지의 말을 듣기 전에 이미 촬영하였지요.

답 진술 거부하겠습니다.

문 봉인지는 수사기록에 편철되어 있었는바, 피의자는 수사기록의 일부를 무단으로 촬영한 것인데, 촬영한 사진을 삭제하겠는가요.

답 진술 거부하겠습니다.

문 수사관이 절차를 진행하기 위해 기록에서 봉인지를 분리한 후 피의자에게 봉인지를 보여주었고, 봉인지 라벨이 뜯겨 있지 않음을 재차 확인시켜 주었는데,

▶ 봉지욱 기자 피의자신문조서 58쪽, 2024년 3월 28일

09

기소

기소

제1회 공판기일 전의 증인신문

2024년 3월, '윤석열 명예훼손' 사건을 수사하는 검찰이 뉴스타파 기자 3명을 상대로 '제1회공판기일전의증인신문'(공판전증인신문)을 신청했고, 법원이 이를 받아들였다. 나는 변호인으로부터 이 소식을 전해들었다. '공판전증인신문'이란 단어를 난생처음 들었다.

사건번호(2024초기465)가 있길래 대법원 홈페이지에 들어가 검색했다. 3월 20일 검찰이 법원에 신청서를 냈고, 성진영 검사가 추송서*를 법원에 냈다고 돼 있었다. 3월 26일 증인 3명과 피고인 3명(김용진, 신학림, 한상진)에게 증인 소환장과 피고인 소환장을 발송했다고 돼있었다. 3명의 증인은 '김만배 녹취록' 기사 보도에 참여한 기자로, 영상취재를 담당한 정OO·신OO 기자와 영상편집을 맡은 윤OO 기자였다.

공판전증인신문은 증인 주거지에 따라 담당 법원이 결정됐다. 정OO 기자는 수원지방법원 성남지원으로, 나머지 2명은 서울서부지법으로 정해졌다.

사건기록에 '피고인'으로 기재돼있는 걸 보고 나는 "검찰이 나를 기소했구나"라고 생각했다. 뉴스타파 변호를 맡은 장종오 변호사에게 전화했더니, 그게 아

---

* 조사기관에서 넘어온 추가 송치 서류

니라며 공판전증인신문이 뭔지 설명해줬다. 전화를 끊고 네이버 지식인에 검색해보니 이렇게 나왔다.

> 범죄수사에 없어서는 아니될 사실을 안다고 명백히 인정되는 자가 출석 또는 진술을 거부하는 경우 검사가 제1회 공판기일 전에 한하여 판사에게 그에 대한 증인신문을 청구할 수 있는 제도를 말한다(형소법 221조의2).
> 판사가 증인신문기일을 정한 때에는 피고인·피의자 또는 변호인에게 이를 통지하여 증인신문에 참여할 수 있도록 하여야 한다(형소법 221조의2).
> 법원은 날짜를 정해 증인에게 출석을 요구한다. 관례상 2~3차례의 출석요구에도 증인이 불응할 경우에는 법원은 구인장을 발부하여 강제할 수 있다.

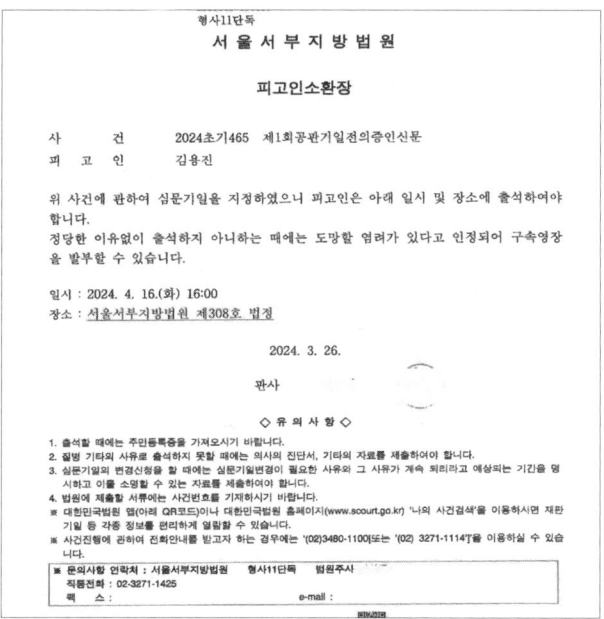

▶ 2024년 3월 26일 서울서부지방법원에서 김용진 대표 집으로 보낸 '제1회공판기일전의증인신문 피고인소환장'. 기소가 안 된 피의자 신분인 김용진 대표를 '피고인'으로 기재했다. 피의자는 반드시 출석할 필요가 없는데도 나오지 않으면 구속영장을 발부할 수 있다고 적혀있다. 통지서만 봐도 '공판기일 전의 증인신문'이라는 제도가 부실하기 짝이 없는 제도라는 걸 알 수 있다.

검사를 위한 제도

한마디로 검사실에서 하는 참고인 조사를 법정에서 한다는 말이다. 참고인을 강제조사할 권리를 검사에게 주는 제도다. 조사받기 싫은 참고인의 권리가 어쩔 수 없이 침해당하는, 피의자에게 불리하고 검사에게 절대 유리한 제도였다. 검찰이 신형 무기를 장착했다 싶었다. 피의자 측에도 증인에 대한 반대신문권이 있는 게 그나마 다행이다 싶었다.

'피고인'이 된 나와 김용진 대표는 곧바로 변호인을 통해 검찰에 수사기록을 요청했다. 검찰이 뭘 수사했는지 알아야 반대신문을 준비할 수 있어서다. 하지만 검찰은 내주지 않았다. "수사가 진행 중이어서 피의자 측에 기록을 내줄 수 없다"고 했다. 아무런 증거나 기록 없이 반대신문을 준비하란 말이었다. 사실상 피의자의 방어권을 포기하라는 말이었다.

과거 기사를 살펴보니, 1996년 이 제도 일부에 위헌 결정이 난 일이 있었다. 원래는 형사소송법 221조 두 개 항에 걸쳐 있었는데 그중 하나가 위헌 결정이 나면서 없어졌다. "(참고인이) 검사나 경찰에게 임의로 진술한 것에 대해서도 공판전증인신문을 청구할 수 있다"는 취지의 조항이 없어졌다. 남아있는 조항도 위헌 논란이 있다고 주장하는 글이 인터넷에 여럿 떠돌았다. '공정한 재판을 받을 권리 침해'가 주된 이유였다.

공판전증인신문이 피의자에게 치명적으로 불리한 이유는 따로 있다. '피의사실 공표' 문제다. 사실상 공개된 법정에서 수사를 진행하는 제도여서다. 마음만 먹으면, 검찰이 합법적으로 피의사실을 얼마든지 공개할 수 있는 장이 될 수 있다. 그리고 실제 뉴스타파를 상대로 한 공판전증인신문에서 우려하던 일이 전방위로 벌어졌다.

합법적 피의사실 공표

2024년 4월 19일, 윤OO·신OO 기자에 대한 공판전증인신문에는 피의자인 나와 신학림, 여러 명의 변호인이 참석했다. 검찰 측에서는 3명의 검사(이주형, 성진영, 허정)가 나왔다. 10명 넘는 기자가 방청석을 채웠다.

공판전증인신문은 여느 공판과 진행 방식이 같았다. 증인이 증인 선서를 하고 곧바로 검찰 측 질문이 시작됐다. 판사가 중간중간 끼어들어 의견을 냈다.

신문이 시작되자마자 검찰은 증인에게 할 질문과 관련된 증거 기록을 법정 모니터에 현출하겠다고 주장했다. 사실상 기자들이 받아쓸 수 있게 하겠다는 말로, 인정할 수 없는 주장이었다. 나를 포함한 피의자 측은 "재판도 아닌 수사 과정이라면서, 피의사실 증거를 대놓고 공개하는 게 말이 되느냐"고 맞섰다. 검찰과 피의자 측이 한참을 대립했다.

재판장은 현명한 결정을 내렸다. "증거 현출은 하지 말고 증인에게만 보여주면서 신문하는 게 좋겠다"고 했다. 버티던 검찰은 결국 재판장 뜻에 따르기로 했다. 하지만 소용없는 일이었다. 검찰은 하루종일 피의사실을 말로 맘껏 공표했다.

두 사람에 대한 공판전증인신문에 앞서, 검찰은 자신들이 증인에게 묻기 위해 준비했다는 질문지를 피고인석에 전달했다. 나와 변호인은 질문지를 받아 빠르게 읽어봤다. A4용지 20쪽 분량에 137개의 질문이 있었다.

그런데 검찰이 준비한 질문 중 상당수가 두 증인이 알 수도, 알 리도 없는 질문이었다. 검찰은 두 증인이 참여하지 않는 뉴스타파 편집회의에서 오간 얘기를 집요하게 물었다. '김만배 녹취록' 보도를 전후해 내가 지인들과 사적으로 나눈 문자메시지, 내가 김용진 대표와 주고받은 문자에 대해서도 반복해 물었다. 두 기자가 알 수 없는 '김만배 녹취록' 입수 과정과 취재·보도 과정에 대해서도 비슷한 질문을 하고 또 했다.

검사는 내가 지인과 주고받은 문자, 내가 김용진 대표와 주고받은 문자와 관련한 질문을 할 때면, 문자 내용을 정확히 또박또박 천천히 읽어내려갔다. 기자들이 받아쓸 시간을 주려고 일부러 그러는 것 같았다.

두 증인이 "잘 모른다"고 하거나 검찰이 원하는 답변을 하지 않으면 검사는 "왜 모르냐", "모른다고 거짓말 하는 것 아니냐"는 식으로 압박했다.

검사의 질문 태도가 못마땅했는지 재판장은 여러 번 검사 질문에 끼어들어 의견을 냈다. "그 질문은 증인이 알 수 없는 질문이지 않나요? 그냥 넘어가시죠", "그 질문에 대해서는 증인이 이미 답을 한 것 같은데요"라고 했다. 그래도 검사는 꿋꿋했다.

증인 윤○○에 대한 검찰 신문사항

[증인의 직업, 경력, 담당업무 등]

1. 증인은 현재 뉴스타파에서 근무하고 있는가요. 언제 입사하였는가요.
2. 증인의 학력과 뉴스타파 입사 전의 사회 경력은 어떤가요.
3. 증인은 현재 어느 부서에서 근무하고 있는가요.
4. 증인은 뉴스타파에 입사한 이래 현재까지 편집팀에서 근무하고 있는가요.
5. 증인은 기자로 근무한 적도 있는가요.
6. 2022. 3.경 및 현재 시점을 기준으로 편집팀의 인적 구성은 어떻게 되는가요.
7. 편집팀은 어떤 일을 하는 부서인가요.
8. 뉴스타파의 보도는 어떤 과정, 내부적으로 어떤 절차를 거쳐 이루어지는가요.
9. 편집팀의 업무 프로세스는 어떻게 되는가요.
10. 증인은 누구의 지시를 받고, 누구에게 보고하는가요.
11. 편집권한은 누구에게 있는가요.
12. 영상취재를 담당하는 영상취재팀이 별도로 있는가요.
13. 영상 편집 과정에 있어 편집팀과 영상취재팀은 어떤 관계인가요.
14. 증인은 '바이라인'이 무엇인지 아는가요.
15. 기사에서의 바이라인은 취재한 기자 또는 보도에 관여한 기자로서 그 기사에 대해 책임이 있는 사람이지요.

▶ 2024년 4월 19일 윤OO 뉴스타파 영상편집기자 공판전증인신문 당시 검찰이 준비한 질문사항.

"한 건 했습니다"

뉴스타파가 2022년 3월 6일 내보낸 '김만배 녹취록' 리포트에는 김만배 씨가 신학림 전 언론노조위원장(전 뉴스타파 자문위원)과 대화하면서 신 전 위원장의 노트에 손으로 쓴 메모가 들어있다. 신학림에게 10여 년간의 대장동 사업 진행 과정을 설명하며 쓴 것이다. 박영수, 남욱, 정영학 같은 대장동 사업 관련자 이름이 적혀있다.

난 이 노트의 존재를 3월 6일 오후 늦게서야 알았다. 김만배가 메모한 노트를 갖고 있다고 신학림이 그때까지 말을 하지 않아서다. 노트의 존재를 안 직후 나는 김용진 대표에게 문자로 보고했다. 이런 문자가 오갔다.

"오늘 신학림 선배가 김만배가 대화를 하는 도중 노트에 적은 내용을 추가로 공개하셨어요. 노트에는 박영수, 화천대유 등 이름과 각종 메모가 적혀있습니다. 아까워서 원고 상단에 짧게 두 문장 추가로 넣어뒀습니다. 한번 보세요. 보시고 수정해 주시면 반영하겠습니다."
"OK. 김만배가 설명하면서 쓴 노트인데 신 선배가 그걸 가지고 있다는 건가?"
"네...가지고 계셨네요. 신 선배 노트에 쓴 거네요. 녹음파일에 보면 김만배가 1,2,3, 해가며 설명하면서 쓰는 내용이 나오는데, 그 노트입니다. 김만배가."
"윤석열 이름은 없나?"
"네, 윤석열 이름은 안 적었네요. 박영수 조우형만"
"아깝네 ㅎㅎ 추가한 부분 다 봤어."
"네, 아까워요."

이 대목은 애초 검찰이 피의자 측에 제공한 사전 질문지에는 없는 것이었다. 검사는 이 문자 내용을 공개하며 증인에게 이렇게 질문했다.

○ 검사: 추가 질문 하겠습니다. 한상진이 김만배가 메모한 신학림의 노트, 그 노트에 대해서 설명하는 과정에서 김용진은 그 노트에 대해서 "윤석열 이름은 없나"라고 물어보니까 한상진이 "네, 윤석열 이름은 안 적었네요. 박영수, 조우형만"이라고 대답을 했고, 그래서 김용진이 "아깝네."라고 하니까 한상진 또한 "네. 아까워요."라고 맞장구친 사실이 있는데 증인 보도 준비 과정에서 김만배가 메모한 그 신학림 노트에 윤석열 이름이 기재돼 있지 않은 사실에 대해서 김용진이나 한상진으로부터 이렇다 저렇다 아깝다 이런 이야기 들은 적 있습니까?
○ 뉴스타파 편집기자: 아니요. 없습니다.

검찰은 이처럼 영상 리포트 편집기자가 전혀 알 수 없는 내용을 물었다. 증인신문을 통해 사실관계를 확인하려는 게 목적이 아님이 드러났다. 목적은 공판 전증인신문 공간, 즉 공개 법정에서 압수수색을 해 확보한 문자 등을 공개하며 기소 전부터 언론플레이를 하기 위함이라고 볼 수밖에 없었다.

검찰은 일관되게 김만배-신학림이 짜고 허위 인터뷰를 해서, 뉴스타파를 통해 윤석열에게 불리한 내용을 보도했다고 주장했다. 거듭 얘기하지만 사전에 그렇게 기획했으면 "윤석열 이름은 없나" 이런 질문을 왜 하겠나? 검찰은 이어 내가 지인과 사적으로 나눈 문자도 문제삼았다. 이건 사전 질문지에 있는 내용이었다.

○ 검사: 44번입니다. 22. 3. 6. 뉴스타파 보도 직후에 한상진은 지인인 OOO로부터 "예쁜짓 했다"라는 메시지를 받고 "윤석열 잡아야지요. 한 건 했습니다."라는 메시지를 보낸 사실이 있는데, 그러면 뉴스타파는 애초부터 윤석열을 낙선시키기 위해서 윤석열에게 불리한 내용을 보도한 것 아닙니까?

나, 김용진 대표, 그리고 뉴스타파가 '윤석열을 비방할 목적'으로 해당 보도를 했다는 게 검찰 질문의 요지였다. 뉴스타파 변호인 신인수 변호사가 결국 참지 못하고 나섰다.

◦ **신인수 변호사**: 두 가지 이의가 있는데, 하나는 첫 번째는 전형적인 유도질문이고요. 두 번째로 메시지를 보냈다라는 건 검찰이 뭘로 확인한 겁니까?

재판장도 나섰다. 검찰 질문 방식에 문제를 제기했다.

◦ **재판장**: 아니, 그 앞부분은 지금 뒷 질문과 상관이 없는 부분인 것 같습니다. 굳이 이 질문에 대해서… 이 메시지를 증인이 알 수도 없고, 이 앞부분은 유도신문으로 보이니까요. 앞부분은 제외하시고 뒷부분만 물어보시는 게 맞는 것 같습니다.

많은 언론이 이 대목을 제목으로 잡아 기사를 쏟아냈다. '김만배 녹취록' 보도 다음 날(2022년 3월 7일), 신학림이 뉴스타파 최승호 PD에게 보낸 문자, "가장 폭발적이고 파괴적인 타이밍이 언제인지 고려한 것"을 제목으로 쓴 언론사도 있었다. 이런 기사다.

> 뉴스타파 기자 "尹 잡아야죠" "아깝네"…검찰, 법정 공개 (연합뉴스)
> 검찰, '김만배 인터뷰' 보도 전후 뉴스타파 기자 문자 공개 (KBS)
> "尹 잡아야죠"…檢, '김만배 인터뷰' 보도 직후 뉴스타파 기자 문자 공개 (동아일보)
> "윤석열 잡아야죠"… '김만배 허위 인터뷰' 뉴스타파 기자 문자엔 (조선일보)

그런데 이날 검찰이 공개한 문자 중 일부는 존재하지 않는, 허위 조작 문자였다. 나는 검찰이 지목한 지인에게 "한 건 했습니다"라는 문자를 보낸 적도 받은 적도 없다.

나는 2023년 9월 14일 집에서 압수당한 휴대폰을 11월 22일 돌려받았다. 그 뒤 수사와 재판에 대비할 생각으로 손도 대지 않고 보관했다. 검찰이 걸어둔 비행기 모드를 풀지 않았다. 휴대폰은 2023년 9월 14일 오전 8시 40분쯤에 멈춰 박제돼있다.

'김만배 녹취록' 보도 직후 내가 지인에게 "한 건 했습니다"라는 문자를 보냈다고 검찰이 처음 주장한 건 검찰 조사 때였다. 질문을 받고 의아했다. 내가 평소 쓰지 않는 표현이고 그런 기억도 없어서였다. 조사가 끝나고 나는 그런 문자가 없음을 정확히 확인했다.

공판전증인신문에서 또다시 허위 문자가 공개되고 언론에 보도되면서 더는 그대로 둬선 안 된다고 생각했다. 나를 위해서건 검찰을 위해서건 바로잡아야겠다고 생각했다. 기사를 준비했고, 여기저기 방송에 나가 떠들었다. 공판전증인신문 4일 뒤 기사*를 냈다.

이 보도가 나가고 내가 여기저기서 떠들면, 검찰이 한 번쯤은 나에게 연락해 사실 확인을 할 줄 알았다. 잘못을 확인하고 사과하고 수정하리라 생각했다. 하지만 검찰은 그러지 않았다. 오히려 더 나갔다. 실수를 만회할 기회를 스스로 걷어찼다. 안타까웠다.

'한 건 했습니다' 문자와 관련해선 재밌는 일도 있다. 2024년 4월 19일 뉴스타파 기자 두 명을 상대로 한 공판전증인신문에서 이 문자를 대단한 증거인 양 반복적으로 현출하던 검찰이, 뉴스타파가 이 문자의 허위성을 지적하는 보도를 한 뒤인 5월 2일 열린, 정OO 뉴스타파 영상취재기자를 상대로 한 공판전증인신문에서는 이 문자와 관련해 단 한마디도 하지 않았다. 검찰이 피의자 측에 준 질문지에도 이 문자 관련 질문은 없었다. "검찰이 허위 문자임을 이제야 알

---

* 〈검찰, '조작 문자'로 법정서 언론플레이〉, 뉴스타파 (2024.4.23.)

았나", "꼬리를 내린 것인가" 하는 생각이 들었다.

내가 사법 시스템 방해?

2024년 7월 8일, 검찰이 나와 김용진 대표를 '윤석열 명예훼손'(정보통신망법상 명예훼손) 혐의로 재판에 넘겼다. 공소장을 받고 7월 31일로 첫 공판준비기일*이 잡혔다. 첫 기일 직후 검찰이 법원에 낸 증거를 받아봤다.

6만 쪽이 넘는 기록을 받자마자, 나는 '한 건 했습니다' 관련 기록부터 뒤졌다. 어쩌다 검찰이 이런 짓을 벌였는지 궁금해 견딜 수가 없었다. 수사보고서 2개를 확인했다. 하나는 내 휴대폰 포렌식이 끝난 직후인 2023년 9월 22일 작성된 것이고, 또 하나는 공판전증인신문 후인 2024년 5월 7일 작성된 것이었다. 포렌식 직후 만들어진 수사보고서부터 문제였다. 거기에 '한 건 했습니다'라는 존재하지 않는 문자에 관한 내용이 있었다. 내용은 이랬다.

> 2022. 3. 6.경 뉴스타파에서 윤석열 후보와 관련된 본건 피의사실과 같은 보도를 하고 'OOO'가 피의자에게 '예쁜 짓 했다'는 메시지를 보내자, 피의자가 위 OOO에게 보낸 메시지("...윤석열 잡아야죠. 한건 했습니다.")는 추출하지 못하고 다만 피의자와 변호인은 '추후 피의자 조사 시 위 메시지 내용을 물어봐주고 조서에 남겨달라'고 하였고...**

---

* 사전적 의미로는 '공판 준비에 걸리는 기일'이다. 통상 공판준비기일에서는 본 재판에 들어가기 전 해당 재판의 쟁점을 정리하고, 공소사실에 대한 검찰과 피고인 측 입장을 듣고, 증인 채택 여부 등을 논의한다. '윤석열 명예훼손' 사건은 3차례 공판준비기일을 가졌다.
** 수사보고 [피의자 한상진의 스마트폰 포렌식 참관 결과 보고], (2023.9.22.)

첫 보고서가 잘못 만들어지면서 모든 일이 꼬인 거였다. 나와 뉴스타파가 공식적으로 문제를 제기한 이후인 2024년 5월 7일 만들어진 수사보고서는 그야말로 가관이었다. 이건웅 검사의 도장이 찍힌 '피의자 한상진의 문자메시지 '윤석열 잡아야죠. 한 건 했습니다' 관련, 한상진의 허위 주장 분석 및 사법 방해 행위 확인'이라는 제목의 수사보고서에는 내가 "허위 주장으로 사법 시스템을 흔들고 공격했다"고 적혀있었다.

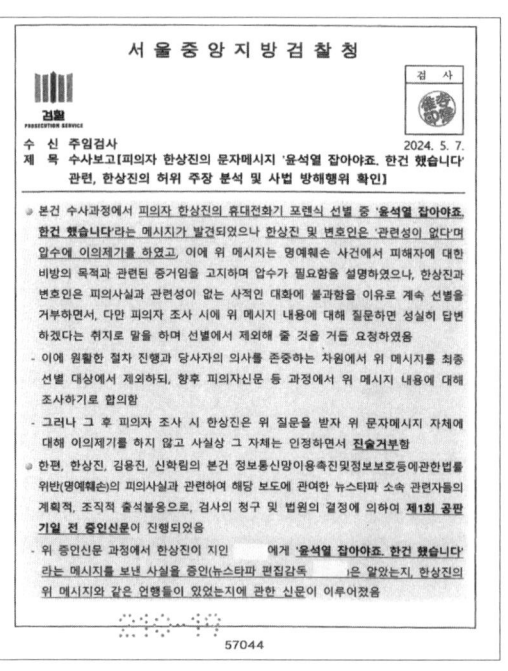

▶ 검찰 수사 보고 [피의자 한상진의 문자메시지 '윤석열 잡아야죠. 한 건 했습니다' 관련, 한상진의 허위 주장 분석 및 사법 방해 행위 확인], 2024년 5월 7일

'한 건 했습니다' 문자의 사실관계를 정리하면 이렇다. 지인인 사업가 OOO은

뉴스타파가 '김만배 녹취록'을 보도(2022년 3월 6일)한 지 1시간 30여 분이 지난 같은 날 밤 11시 11분 나에게 "이렇게 예쁜 짓을~!!"이라는 문자를 보냈다. 나는 7분 뒤인 11시 18분 3줄짜리 답장을 보냈다. 그 안에 "윤석열 잡아야죠"가 있었다. '한 건 했습니다'는 없었다. 나머지 두 문장은 전혀 다른 내용이었다.

뉴스타파가 김만배의 말을 악의적으로 발췌·편집해 윤석열의 명예를 훼손했다고 주장하는 검찰이 '허위 문자' 의혹을 받는 것 자체가 아이러니다. 검찰 최정예 부대가 벌인 수사에서 이런 수준 낮은 논란이 생겼다는 게 비극이다. 어쨌건, 이 문제는 끝내 시시비비를 가릴 수밖에 없는 문제가 됐다. 검찰이 공문서인 수사보고서까지 만들어 일을 키웠으니 사실 확인을 안 할 수 없다. 결과가 나오면 나와 검찰 중 하나는 그에 걸맞은 책임을 져야 할 것이다.

2024년 7월 8일 기소, 그리고 이상한 공소장

나와 김용진 대표에 대한 검찰 공소장의 대전제는 3가지다. ① 2011년 대검 중수부 부산저축은행 수사팀 주임검사(중수2과장)였던 윤석열은 부산저축은행 대출 브로커 조우형을 봐준 사실이 없다. ② 당시 대장동 사업이나 조우형은 대검 중수부 수사 대상이 아니었다. ③ 그래서 윤석열이 조우형을 봐줬다는 뉴스타파 보도는 허위다. 라는 것이다.

뉴스타파 관련 부분만 세부적으로 분석하면, 검찰 주장은 다음과 같이 크게 4가지로 정리된다. ① 김만배-신학림-뉴스타파가 공모해 '허위 인터뷰'를 기획했다. 총 기획자는 김만배. ② 허위 인터뷰 내용을 발췌·편집해 윤석열의 명예를 훼손했다. ③ 뉴스타파는 김만배 발언이 사실이 아니라는 점을 알면서, 혹은 알 수 있음에도 허위 보도를 감행했다. ④ 한상진과 김용진은 애초부터 윤석열을 비방할 목적으로 보도를 준비했다.

검찰은 20대 대선을 앞두고 뉴스타파가 꾸린 대선 취재 TF도 문제삼았다. 나와 김용진 대표의 '구체적 범죄사실' 첫머리에 '신학림이 뉴스타파 대선TF를 통한 보도를 목적으로 김만배와 인터뷰를 진행했다'는 취지로 기재했다. 전혀 사실과 다른 주장이다. 검찰이 '김만배 녹취록'과 뉴스타파 대선TF를 어떻게 엮으려 하는지는 피의자 조사에서 나온 검찰 질문으로도 가늠할 수 있다. 검사는 나를 조사하면서 이런 질문을 했다.

"2021. 9. 15.은 (뉴스타파 대선)T/F가 구성된 날인 동시에 신학림과 김만배가 만나 인터뷰를 진행한 날이기도 합니다. 피의자는 대선T/F 팀장임에도 불구하고 신학림과 김만배의 인터뷰 사실과 그 내용을 전혀 알지 못했고 그와 같은 사실을 김용진에게도 보고한 사실이 없다는 건가요."[*]

분명히 말하지만, 당시 뉴스타파 전문위원 신학림은 뉴스타파 대선TF에 소속돼 일한 사실이 없다. 대선TF에서 어떠한 역할을 한 사실도 없다. 뉴스타파가 '김만배 녹취록'의 존재와 내용을 정확히 알게 된 것은 '김만배 녹취록' 보도 이틀 전인 2022년 3월 4일이었다.

공소장 내용은 검찰이 애초 그린 그림과도 맞지 않는다. 검찰은 뉴스타파를 포함한 여러 언론사가 김만배, 신학림은 물론 민주당, 민주당 대선후보였던 이재명과 공모해 허위 보도를 했다고 주장하며 대대적인 수사에 착수했다. 특수부 검사 10여 명을 투입해 특별수사팀까지 차리고 나섰다. 그런데 막상 공소장에는 민주당-이재명과의 연결고리는 빠지고, 모두 김만배가 기획하고 진행한 사건으로 돼있었다. 용두사미다. 공소장만으로도 이 사건은 이미 실패한 수사였다.

---

[*] 한상진 검찰 진술조서, (2023.12.13.)

2024년 7월 31일, 4명의 피고인(김만배, 신학림, 김용진, 한상진)에 대한 첫 공판준비기일 재판이 열렸다. 준비기일이라 피고인 출석 의무는 없지만 나는 신학림과 함께 재판에 출석했다. 신학림은 베이지색 수의를 입고 법정에 나왔다. 몰라보게 살이 빠져 깜짝 놀랐다. 대장동 업자 김만배와 뉴스타파 김용진 대표는 오지 않았다.

통상 공판준비기일에선 본재판 쟁점을 정리하고, 재판 계획을 짜고, 어떤 증인을 부를지 정한다. 시간이 오래 걸리지 않는다. 하지만 이날은 달랐다. 검찰이 낸 공소장 관련 논란이 장시간 벌어졌다. 공소장이 공소장 같지 않아서였다.

피고인들은 하나같이 "공소사실이 명확히 특정되지 않았다"고 주장했다. 뉴스타파 변호인인 신인수 변호사도 "김만배, 신학림과 뉴스타파가 공모해 허위 보도를 했다는 게 검찰의 핵심 주장인데, 언제 어디서 어떻게 공모했다는 것인지 설명이 없다"고 말했다. 공소사실이 불명확해 어떻게 변론을 해야 할지 모르겠다고 했다.

재판장도 나섰다. "명예훼손 공소장이 아니라 공직선거법 위반 공소장 같다"고 했다. "이재명 공산당 프레임*과 윤석열 명예훼손이 무슨 관계가 있냐"고 검찰에 되물었다. "뉴스타파 보도와 관계없는 타 언론사 보도 경위가 왜 장황하게 들어있는지 모르겠다"고 했다. "공소사실과 아무 관련이 없는 내용이 많아 정리할 필요가 있다"고 했다. 하지만 검찰은 버텼다. 공소사실 전후 사정을 이해하는 데 꼭 필요하다고 했다. 재판장이 역정을 냈다. 실제로 70쪽 넘는 공소장에는 뉴스타파와 관련없는 내용이 상당 부분을 차지했다. 대선 전 '윤석열의 대장동 대출 브로커 조우형 봐주기' 의혹을 보도한 한겨레, 한국일보, 중앙일보, 뉴스버스, 노컷뉴스 등 보도를 싸잡아 문제삼았다. 이들이 모두 "김만배가

---

* 이재명 성남시장이 대장동 일당의 수익을 강제로 빼앗았다는 것으로, 검찰이 '윤석열 명예훼손' 사건 공소장에 써 널리 회자된 표현이다.

허위로 기획한 프레임에 놀아났다"는 식이다. 뉴스타파 보도와 어떤 관계가 있어 '뉴스타파 공소장'에 이런 얘기를 써놓은 것인지는 아무 설명이 없다. 공소장을 읽으며 "이게 나에 대한 공소장이 맞나" 하는 생각이 들었다.

▶ 2024년 7월 31일 '윤석열 명예훼손' 사건 첫 재판을 앞두고 한상진 기자가 입장문을 발표하고 있다.

뒤죽박죽 공소장

첫 공판준비기일이 있던 2024년 7월 31일, 나는 법원 앞에서 이번 재판에 임하는 나의 입장을 밝혔다. 며칠간 고민 끝에 준비한 입장문을 기자들 앞에서 읽었다.

소위 '윤석열 명예훼손' 사건 재판이 오늘부터 시작됩니다. 이 사건에 대한 입장을 말씀드리겠습니다.

저는 이 사건을 일부 정치검사들이 작당해 벌인 정치 수사로 규정합니다. 오로지 검사 출신인 대통령 윤석열의 심기를 경호하고, 검찰 정권을 보위하겠다는 욕망으로 검찰권을 남용한 부조리극으로 평가합니다.

검찰은 유력 대선후보를 검증한 언론 보도 중 대통령 윤석열에게 불리했던 기사만 문제삼아 뉴스타파를 비롯한 여러 전현직 언론인에 대해 수사를 진행했습니다. 검사 10여 명을 투입해 특별수사본부까지 차리고 10개월 넘게 수사했습니다. 명예훼손 사건에 대해서는 수사권이 없음에도 불구하고, 검찰은 불법 수사를 밀어붙였습니다.

이번 수사는 수사 자체의 정당성도 없지만, 수사 과정도 불법투성이였습니다. 검찰은 법원이 발부한 영장 내용을 무시한 채 불법 압수수색을 전방위로 진행했고, 증거를 조작해 법정을 모독하고 언론플레이를 통해 허위사실을 유포했습니다. 이렇게 온갖 불법을 저지른 뒤, 검찰은 상상에다 정치적 의도를 더해 걸레 같은 공소장을 만들어 재판을 청구했습니다.

이 사건은 처음부터 검찰과 대통령실, 여당인 국민의힘이 삼각 편대를 구성해 진행한 희대의 언론탄압입니다. '사형에 처해야 할 반역죄', '희대의 대선 정치 공작', '일급 살인죄에 해당' 같은 차마 입에 담기 어려운 말이 난무했고, 곧바로 검찰 수사에 가이드라인으로 작동했습니다. 이 과정에서 대선후보 검증이라는 언론의 역할과 사명은 쓰레기통에 내던져졌습니다.

최근 검찰은 주가조작, 명품백 수수 등 범죄 혐의가 명백한 대통령 부인 김건희를 수사하는 과정에서 검찰의 존재 이유를 스스로 내던졌습니다. 피의자가 검사를 소환해 벌이는 수사, 피의자가 검사를 무장해제하고 진행한 수사라는 전례 없는 국기문란행위가 벌어졌습니다.

저는 제가 피고인이 된 이 '윤석열 명예훼손' 사건과 피의자 김건희에 대한 황당한 수사로 대한민국 검찰이 파산해야 하는 이유가 명확히 드러났다고 생각합니다. 검찰이 왜 수사권과 기소권을 함께 가지면 안 되는지를 보여준 결정적 장면이라고 생각합니다. 오늘부터 시작되는 '윤석열 명예훼손' 사건 재판은, 대한민국 검찰의 존재 가치가 무너지는 시작점이 될 것입니다.

향후 계획에 대해서도 말씀드립니다. 먼저 저는 오늘부터 진행되는 재판에 적극적으로 임하겠습니다. 검찰의 수사와 기소가 얼마나 허황된 것인지 입증하는 동시에 검찰의 불법 행위와 거짓말, 반헌법적 수사 관행을 고발하는 데 최선을 다하겠습니다.

불법 수사에 가담한 검찰 관계자에 대해 법적 책임을 묻는 절차도 조만간 진행하겠습니다. 제 개인뿐만 아니라 뉴스타파 차원에서도 진행할 예정입니다. 또 수사 대상이 된 뉴스타파의 대선후보 검증 보도와 관련, 사실을 날조하고 왜곡한 정치인과 언론사를 상대로 한 법적 조치 역시 조만간 시작할 예정입니다. 민형사 등 법적 조치 대상자의 명단과 혐의를 공개하는 자리는 따로 마련할 계획입니다.

마지막으로 언론인 여러분께도 한 말씀 드립니다. 그동안 많은 국민이 언론인들, 특히 법조기자들에 대해 많은 비판과 질책을 쏟아냈습니다. 사실을 사실대로 보도하지 않고, 검찰의 주장을 일방적으로 받아쓴다는 지적이었습니다.

하지만 저는 우리 언론인들의 입장과 노력을 이해합니다. 모든 정보를 검찰이 손에 쥐고 있는 상황에서 언론인들이 취재에 한계를 느껴 어쩔 수 없이 발생한 일이 많다고 생각합니다. 따라서 저는 이번 '윤석열 명예훼손' 사건에서만큼은 과거와 같은 일이 벌어지지 않도록 노력할 생각입니다.

검찰 수사와 재판 과정에 대한 언론 취재에 적극적으로 협조할 수 있도록 하겠습니다. 제 개인뿐만 아니라 뉴스타파 차원에서도 가능한 선에서 언론이 필요로 하는 각종 기록을 공개하겠습니다. 최소한 피고인이 취재에 협조하지 않아 검찰발 기사가 일방적으로 쏟아지는 일은 없도록 하겠습니다. 이 사건에 관심있는 언론인들의 많은 관심 부탁드립니다.

입장문을 준비하면서 내가 제일 고심해 쓴 단어는 '걸레 같은 공소장'이다. 1979년 7월 25일 '민권일지사건'*으로 재판을 받던 동아일보 해직 기자 김종철 선생의 항소심 법정 최후진술에서 따온 말이다. 김종철 선생은 "걸레 같은 신문이나 방송을 보면서 지내는 것 자체가 고문이었다"고 말했다. 그분이 겪은 고초에 비할 바는 아니지만, 난 이 말이 '윤석열 명예훼손' 사건에도 딱 어울린다고 생각했다. 그럴 만한 이유가 있다.

검찰이 수사한 대선 3일 전 뉴스타파 보도의 핵심 재료는 '김만배 녹취록'이다. 보도 6개월 전인 2021년 9월 15일 김만배와 신학림이 나눈 사적 대화다. 나는 이걸 시청자가 이해할 수 있게 정리해 보도했다. 김만배 말의 취지를 왜곡하지 않는 선에서 72분짜리 녹음파일을 발췌·편집했다. 72분짜리 음성파일을 다 틀 수는 없었다. 이런 작업은 흔히 하는 일이다.

검찰은 이 사건 수사에 나설 때부터 이것을 중요한 범죄사실로 문제삼았다. 조선일보 등 일부 언론도 맞장구를 쳤다. '내가 녹취록을 발췌·편집해 김만배의 발언 내용을 왜곡하고, 윤석열을 음해했다'는 것이다. 따라서 검찰이 내민 공소장도 그런 취지로 돼있어야 했다. 하지만 공소장은 뒤죽박죽, 엉망진창이었다.

검찰이 법원에 제출한 공소장 46쪽에는 김만배가 신학림에게 한 말의 취지를 검찰이 정리한 내용이 들어있다. "대검 중수부 부장검사였던 윤석열이 박영수 변호사의 부탁을 받고 대장동 대출 브로커 조우형을 봐줬다"는 취지다.

---

* 1979년 동아일보 해직 기자 모임인 동아투위는 언론이 제대로 보도하지 않는 민주화 투쟁 현장 등을 취재하고 필사해서 엮은 '보도되지 않은 민주인권 사건일지(민권일지)'를 펴냈다. 박정희 독재정권과 검찰은 민권일지 발간에 관여한 동아일보 해직 기자 10명을 '긴급조치 9호' 위반 혐의로 구속기소했다. 이 희대의 언론탄압이 '민권일지' 사건이다. 구치소에 갇혀 재판받던 동아일보 해직 기자 10명은 그해 10월 박정희가 사망하면서 모두 풀려났다.

김만배의 그와 같은 설명은 '부산저축은행 사건 수사 당시 김만배가 조우형에게 부산저축은행 사건의 주무과장이던 윤석열과 통할 수 있는 박영수 변호사를 소개했고, 윤석열은 박영수 변호사의 요청에 따라 조우형에 대한 수사를 무마했다'는 취지의 허위사실이었다.

'윤석열 명예훼손' 사건 검찰 최초 공소장 46쪽

그런데 공소장 내용 중 '김만배 녹취록 발췌·편집' 부분에서는 검찰의 주장이 180도 달라진다. "김만배는 '윤석열이 조우형 사건을 봐준 사실이 없다'고 분명히 말했는데, 뉴스타파가 녹음파일을 임의로 발췌·편집하는 과정을 거쳐 '윤석열 수사 무마' 프레임을 만들었다"는 취지로 되어있다.

녹음파일을 임의로 편집, 왜곡하여 마치 윤석열 후보가 검사 재직 당시 부산저축은행 사건을 수사하면서 박영수 변호사 청탁을 받고 조우형을 직접 만나 조우형에 대한 사건을 임의로 종결시켜 사건을 무마하였다는 취지로, 녹음파일의 객관적인 내용과 다른 허위사실을 보도하였다.

'윤석열 명예훼손' 사건 검찰 최초 공소장 56쪽

하나의 공소장에서 핵심 증거인 '김만배 녹취록' 내용의 의미를 서로 다르게 해석해 쓴 것이다. 난 공소장의 이 대목을 읽으며 기가 찼다. 세 번째 공판준비기일이 있던 2024년 9월 2일 변호인 의견서를 통해 이 문제를 지적했다. "검사가 결론을 미리 정해 놓고 수사를 하다보니 벌어진 촌극"이라고 썼다.

검찰이 수사할 수 없는 사건

수사 과정, 뒤죽박죽 공소장도 문제지만, '윤석열 명예훼손' 사건 수사에는 그 전에 반드시 따져봐야 할 치명적인 문제가 여럿 있다. 우선 검찰에게 명예훼손 수사를 할 권한이 있는가 하는 문제다. 현행 검찰청법에 따르면, 검찰은 딱 두 가지 사건에만 수사개시권을 갖는다. 부패범죄와 경제범죄다. 명예훼손 같은 사건에 대한 수사개시권은 경찰에게 있다.

현재 검찰은 김만배와 신학림 간의 억대 금품 거래 등을 이유로 들며 '윤석열 명예훼손이 부패범죄인 대장동 사건과 관련성이 높은 사건'이고, '경제범죄(배임수증재)와 관련된 사건'이어서 검찰에 수사권이 있다고 주장한다. 하지만 김만배-신학림 돈거래와 뉴스타파 사이에 어떤 관계가 있는지는 말하지 못하고 있다. 아무 관계가 없기 때문에 할 말이 없을 것이다. 부패범죄인 대장동 사건과 뉴스타파가 어떤 관계에 있는지도 말하지 못한다. 역시 아무 관계가 없기 때문이다.

'명예훼손'이 피해자가 처벌 의사를 밝혀야 성립이 가능한 '반의사불벌죄'라는 점도 문제다. 피해자가 반대하면 공소를 제기할 수 없다. 수사나 재판 과정에서 피해자의 처벌 의사를 반드시 확인해야 한다. 재판이 끝날 때까지 피해자의 처벌 의사를 확인하지 못하면, 법원은 유·무죄 판단 없이 공소기각 판결을 해야 한다.

하지만 검찰은 1년이나 수사를 하고 재판까지 청구한 지금까지도 '피해자 윤석열'의 처벌 의사를 확인하지 않고 있다. "처벌 의사가 없다고 밝힌 적이 없으니 처벌 의사가 있는 걸로 간주한다"는 식의 주장만 반복한다. 만에 하나 '피해자 윤석열'이 뉴스타파 재판 상황을 보다가 뒤늦게 처벌 불원 의사를 밝히면, 그동안 진행한 재판이 날아가고 세금만 낭비한 꼴이 될 수 있는데도 그렇다. 나를 포함한 많은 사람이 재판이 도중에 날아갈까 걱정하고 있다.

> 성남 등 대장동 개발 관련 민간업자들 및 자신과 친분이 있던 언론인인 뉴스타파 전문위원 신학림, 뉴스버스 대표 이진동 등을 통하여 각종 언론에 퍼뜨려, 대선 과정에서 이재명 후보에게는 유리하고 경쟁 후보인 윤석열에게는 불리한 여론을 조성하는 소위 '언론 작업' 방안을 계획하였다.
>
> (2) 대장동 개발사업의 실제 사실관계와 다른 내용의 허위 인터뷰를 통한 '언론 작업' 과정에서의 이재명 측과의 유착관계 은폐 목적 허위 '공산당 프레임' 유포를 위한 '언론 작업'
>
> 피고인 김만배는 2021. 9.경 화천대유 상무이사인 ___으로 하여금 대장동 개발비리를 다룬 언론보도에 대하여 '대장동 개발 지분을 여러 사람에게 매각하려고 하였으나 매각이 되지 아니하여 천화동인 2~7호까지만 팔고 안 팔리고 남은 지분으로 천화동인 1호 자회사를 만들었다', '주주총회에 가면 우리는 발언 하나도 못 했다. 이사 추천도 못 했다'라는 취지로 대응하라고 지시하였고,

> 성남 등 대장동 개발 관련 민간업자들 및 자신과 친분이 있던 언론인인 뉴스타파 전문위원 신학림, 뉴스버스 대표 이진동 등을 통하여 각종 언론에 퍼뜨려, 대선 과정에서 이재명 후보에게는 유리하고 경쟁 후보인 윤석열에게는 불리한 여론을 조성하는 소위 '언론 작업' 방안을 계획하였다.
>
> ~~(2) 대장동 개발사업의 실제 사실관계와 다른 내용의 허위 인터뷰를 통한 '언론 작업' 과정에서의 이재명 측과의 유착관계 은폐 목적 허위 '공산당 프레임' 유포를 위한 '언론 작업'~~
>
> ~~피고인 김만배는 2021. 9.경 화천대유 상무이사인 ___으로 하여금 대장동 개발비리를 다룬 언론보도에 대하여 '대장동 개발 지분을 여러 사람에게 매각하려고 하였으나 매각이 되지 아니하여 천화동인 2~7호까지만 팔고 안 팔리고 남은 지분으로 천화동인 1호 자회사를 만들었다', '주주총회에 가면 우리는 발언 하나도 못 했다. 이사 추천도 못 했다'라는 취지로 대응하라고 지시하였고,~~

▶ 2024년 9월 2일 세 번째 공판준비기일을 앞두고 검찰은 공소장을 변경했다. 사진은 공소장을 변경하며 검찰이 법원에 낸 문서 중 일부. 좌측이 기존 공소장, 우측에 삭제된 내용이 표시되어 있다. 소위 '이재명 공산당 프레임'이 삭제됐다.

공소장 변경

재판장의 지적과 역정에도 두 번에 걸친 공판준비기일 내내 버티던 검찰이 결국 세 번째 공판준비기일(2024년 9월 2일)을 앞두고 공소장을 변경했다. 재

판부(서울중앙지법 형사21부, 재판장 허경무 부장판사)가 "윤석열 명예훼손과 관련이 없다"고 반복해 지적한 이른바 '이재명 공산당 프레임', 뉴스타파 보도와 관계없는 여러 언론사 보도 관련 내용 등이 상당 부분 삭제됐다. 71쪽에 달하던 공소장 분량도 56쪽으로 줄었다.

재판장은 두 번의 공판준비기일에서 대략 4가지 내용을 변경할 것을 주문했다. ① '윤석열 명예훼손' 사건과 아무 관련이 없는 소위 '이재명 공산당 프레임', ② 뉴스타파와 관련이 없는 타 언론사(한겨레, 중앙일보, 한국일보, CBS 등) 보도 내용, ③ 아직 재판 결과가 나오지 않은 대장동 사건 쟁점에 대한 검찰의 일방적 표현, ④ 윤석열 명예훼손과 상관없는 증거 목록이다.

검찰이 2024년 8월 30일 자로 법원에 낸 공소장 변경 신청서를 보면, 검찰은 재판장이 요구한 내용을 상당 부분 반영한 걸로 보인다. 일단 '윤석열 명예훼손'과 아무 관련이 없다는 지적이 제기된 '이재명 공산당 프레임' 표현이 사라진 것이 눈에 띈다. 대장동 사업 진행 과정을 장황하게 설명한 부분도 상당 부분 삭제됐다. 성남시를 상대로 한 로비 과정에서 이재명 전 성남시장을 언급한 대목도 여럿 사라졌다. "이재명 측과의 유착관계를 기반으로...", "자신(김만배)과 이재명 측의 유착관계가 드러날 것을 우려하여...", "이재명 측과의 유착관계를 은폐하기 위하여...", "이재명을 향한 의혹의 방향 전환을 위한 허위 프레임 창작 및 유포 결심" 같은 문장이 없어졌다. 다른 혐의로 별도의 재판을 받고 있는 김만배 화천대유 회장을 범죄자로 확정해 낙인찍은 듯한 표현도 사라졌다. 최초 공소장은 검찰이 이 사건을 이재명까지 잡을 기회로 삼겠다는 의도를 노골적으로 드러냈으나 재판부의 거듭된 지적으로 해당 부분이 많이 사라졌다.

검찰이 뉴스타파의 '김만배 녹취록' 보도가 허위라며 그 근거로 제시한 내용 중 일부도 삭제됐다. 검찰은 2023년 9월 이 사건 수사에 나선 뒤부터 줄곧 "2021년 9월 15일 김만배가 신학림 전 언론노조위원장에게 한 발언 내용('김만배 녹음파일') 대부분이 사실이 아닌 허위"라고 주장해왔다. 아래 뉴스타파가 보도한 '김만배 녹취록' 내용도 그중 하나다.

"(천화동인이) 처음에 잘 팔렸으면 한 20명한테 팔기로 했었는데. 천화동인 1호부터 18호까지 해서… 그런데 안 팔렸지. 하나도 안 팔렸어. 왜냐하면 성남시가 너무 자기들에게 유리하게 공모 조건을 만들어서… 법조인도 엄청나게 여기에 투자하겠다고 했는데 (성남시에서) 3700억 원 (우)선 배당 받아가겠다니까 법조인들이 '아, 우리는 그러면 안 해' 이렇게 해서 내가 많이 갖게 된 거지. 원래 천화동인은 다 팔 계획이었는데…"*

검찰은 당초 공소장에서 이 대목을 두고 이렇게 주장했다.

> 피고인 김만배는 처음부터 자신이 화천대유의 100% 지분을 가지면서 자신의 가족 명의로 천화동인 1~3호를 소유하고, 남욱 등 민간업자들과 배성준에게 천화동인 4~7호의 지분을 배분하였을 뿐 천화동인 2~7호의 지분을 외부인에게 매각하거나 매각하려고 한 사실이 전혀 없었고
>
> '윤석열 명예훼손' 사건 검찰 최초 공소장

검찰은 공소장을 변경하면서 이 대목도 송두리째 삭제했다. 공소장을 변경하며 오히려 검찰이 내용을 보강, 강화한 대목도 있다. 여전히 수사를 진행하고 있다고 밝힌 경향신문 보도 관련 내용이 대표적이다.

9월 2일 세 번째 공판준비기일에서는 검찰이 제출한 공소장 변경 신청을 두

---

* 〈[김만배 음성파일]"박영수-윤석열 통해 부산저축은행 사건 해결"〉, 뉴스타파 (2022.3.6.)

고 검찰과 피고인 측, 재판장 사이에 의견이 오갔다. 재판장은 "검찰이 공소장을 변경했지만, 여전히 공직선거법상 허위사실 유포 혐의 공소장을 보는 것 같다", "아직 더 정리할 부분이 남아있다"고 말했다. "하지만 판사가 심증을 완벽하게 형성하기 전까지 공소사실은 변경할 수 있기 때문에 이 단계에서 재판부는 멈춘다. 공판준비기일은 미진하지만 오늘로 종결하겠다"고 했다.

"윤석열의 봐주기 수사 여부가 핵심 쟁점"

세 번째 공판준비기일에서 재판장은 "이번 사건의 핵심 쟁점은 윤석열의 대장동 대출 브로커 조우형 수사 무마, 봐주기 수사 여부"라고 못을 박아 말했다. 뉴스타파가 허위사실임을 알고도 보도했는지, 커피를 누가 타줬는지 등은 부수적인 쟁점이라고 했다.

검찰은 재판에서 다뤄야 할 주요 공소사실을 8개 항목으로 나눠 정리해 발표했다. 김 씨가 신 씨와 어떻게 공모해 허위사실을 유포했는지 등을 앞으로 하나하나 입증하겠다고 했다. 뉴스타파 변호인인 신인수 변호사도 검찰 공소사실에 대한 반박 내용을 담은 PPT를 준비해 검찰 주장을 조목조목 비판했다. "2012년 대검 중수부가 대출 브로커 조우형을 참고인으로 조사한 것은 맞지만 입건하지 않은 것이 문제다", "범죄 의혹을 검찰이 알았다면 수사 무마이고 몰랐다면 부실수사다", "대장동 대출 브로커 조우형은 피의자로 입건됐어야 할 사람이다"라고 했다. 2024년 9월 24일, '윤석열 명예훼손' 사건 첫 본재판을 열기로 하고 공판준비기일은 막을 내렸다.

이 희대의 사건은 당초 사형에 처해야 마땅한 '대선개입 여론조작' 사건에서 '윤석열 명예훼손' 사건으로, 이제는 검사 윤석열이 대장동 대출 브로커 조우형을 봐줬는지 여부를 검증하는 사건으로, 본연의 가닥을 잡아가고 있다.

10

드러나는 진실

드러나는 진실

'윤석열 명예훼손' 재판은 서울중앙지법 서관 502호에서 진행됐다(지금은 405호로 변경). 방청석이 30석 정도 딸린 일반법정이다. 방청석에서 판사가 앉는 법대를 바라봤을 때 왼쪽에 검사석, 오른쪽에 피고인석, 가운데 증인석이 있고, 증인석 뒤에 나무 탁자와 의자가 있어 4명쯤 더 앉을 공간이 있었다.

'윤석열 명예훼손' 사건 공동피고인은 4명이다. 대장동 업자 김만배 씨와 신학림 전 언론노조위원장, 김용진 전 뉴스타파 대표와 나다. 피고인들은 저마다 변호인을 선임해 재판에 나왔다. 김만배가 3명, 신학림도 3명, 나와 김용진은 2명이었다. 검사 4명도 매번 재판에 꼬박꼬박 참석했다. 이렇게 피고인 4명과 변호인 8명, 검사 4명이 다닥다닥 붙어앉아 재판을 받다보니 문제가 한둘이 아니었다.

재판 초기에는 너무 더워 문제였다. 나와 김 전 대표는 2024년 7월 8일 기소됐고 그달 31일에 1차 공판준비기일이 열렸다. 법정 어디선가 에어컨이 돌긴 돈 것 같은데, 있으나 마나였다. 재판 내내 온몸에 흘러내리는 땀을 주체할 수 없었다. 이마에서 시작된 땀이 얼굴을 지나 목과 가슴으로 흘렀고, 다리에서 시작된 땀은 종아리를 거쳐 발로 흘러가 양말이 젖을 정도였다. 옆에 앉은 신인수 변호사는 딱해서 못 봐줄 지경이었다. 땀을 닦을 용도로 가져온 손수건은 오전 재판이 끝나기도 전에 흥건하게 젖었다. 쥐어 짜면 물이 떨어질 정도였다. 탁자에 놓아둔 서류가 땀에 젖어 글씨가 흐려졌다.

피고인 측 자리 부족도 문제였다. 피고인석과 증인석 뒷자리까지 채워도 늘 한두 자리가 부족했다. 피고인 중 제일 나이 어린 내가 앞에 책상 없는 자리로 쫓겨 나왔다. 높은 법대에서 내려다보면 머리부터 발끝까지 내 사지가 그대로 보이는 자리였다.

2024년 7월 31일, 첫 공판기일에 사달이 났다. 재판이 시작되고 20여 분이 지났을 때다. 더위와 싸우며 무심코 다리를 꼬고 앉아 검사의 주절거리는 말을 듣고 있는데, 느닷없이 재판장이 나에게 말을 걸었다.

"한상진 피고인, 다리 꼬지 마세요. 구경하러 왔어요?"

화들짝 놀라, 꼬고 있던 다리를 빛의 속도로 풀고 자세를 고쳤다. 방청석 어디선가 웃음이 터져나왔고 나를 쳐다보는 수많은 시선이 느껴졌다. 부끄럽고, 정신이 번쩍 드는 순간이었다. 그리고 잊고 있던 것들이 스쳐 지나갔다.

"아, 여기가 법정이었지."
"내가 대통령의 명예를 훼손한 중범죄 혐의자였지."
"이 재판에서 지면 나는 감옥에 가겠지."

그날 이후 나는 10번이 넘게 진행된 재판에서 단 한 번도 다리를 꼬지 않았다. 종종 졸기도 하고 멍도 때렸지만, 그 어떤 경우에도 다리는 꼬지 않았다. 법정에만 들어가면 이상하게 다리를 꼬고 싶은 욕망이 사라졌다. '다리 꼬고 앉을 자유'의 완벽한 박탈이었다. '언론 자유'에 이은 두 번째 억압이다. '윤석열 검찰'이 만들어낸 또 하나의 폭력이다.

"기자들 들으라고 하는 소린가?"

'윤석열 명예훼손' 사건의 핵심 쟁점은 '뉴스타파가 허위 보도를 했는지'가 아니다. 2011년 대검 중수부 '윤석열 수사팀'이 왜 대장동 불법 대출 사건에 눈을 감았는가, 왜 대장동 대출 브로커 조우형을 수사해 처벌하지 않았는가 하는 점이다. 첫 공판준비기일에서 뉴스타파 변호를 맡은 신인수 변호사가 힘주어 말했다.

"2011년 대검 중수부가 대장동 대출 브로커 조우형을 참고인으로 조사한 것은 사실이다. 하지만 입건하지 않았다. 이게 문제. 범죄 의혹을 알고도 수사하지 않았다면 수사 무마이고, 몰랐다면 부실수사다. 분명한 건 조우형 씨는 피의자로 입건돼야 할 사람이라는 점이다."

9월 24일 열린 '윤석열 명예훼손' 사건 첫 본재판은 시작부터 엉망진창이었다. 재판 시작 18분 만에 재판장이 역정을 내며 재판을 멈춰세웠다. 검사들의 어처구니없는 재판 진행 때문이다.
첫 재판에서 검사는 이 사건 공소사실을 설명하는 방대한 PPT 자료를 들고 왔다. 그냥 두면 몇 시간에 걸쳐 읽을 태세였다. 문제는 거기에 있었다.
재판장 지적에 따라 최초 공소장이 상당 부분 변경·삭제됐는데, 검사가 공소장에서 사라진 것까지 죄다 넣은 PPT 자료를 만들어 공소사실로 읽기 시작한 것이다. 뉴스타파 보도와 아무 관련이 없는 김만배·신학림의 과거 전력, 역시 뉴스타파 보도와 아무 관련이 없는 더불어민주당, 이재명 대표 관련 내용 등이다. 재판장은 이렇게 말했다.

"오늘 (검찰이 준비한 공소사실 요지) PPT를 보고 나서 몇 페이지 넘어가니까 '이건 아닌데...' 생각이 들었습니다...(중략)...앞서 공소장이 변경됐음에도 공소사실 요지가 과거 공소장을 기준으로 작성된 듯한 느낌을 줍니다. 검찰의 발언을 가만히 듣기 어렵습니다. 방청석에 있는 기자들에게 들으라고 하는 소리는 아니지 않습니까."

결국 이날 재판은 재판장의 권유로 검사가 변경된 공소장을 그냥 낭독하고 끝내는 것으로 정리됐다. 검사들이 애써 준비해온 PPT 자료는 무용지물, 쓰레기가 됐다. 나는 다리를 꼬지 않은 채, 1시간이 넘는 검사의 공소장 낭독을 따분하게 지켜봤다.

대장동 업자 남욱의 자백

특수부 검사 10여 명이 달라붙어 수사한 '윤석열 명예훼손' 사건의 수사 대상은, 놀랍게도 뉴스타파 보도 1건[*]이다. 하지만 검찰은 의욕이 차고 넘쳤다. 증인신문 계획이 특히 그랬다. 검찰은 핵심 증인으로만 16명을 법정에 불러 신문하겠다고 했다. 부수 증인까지 108명이라고 했다. 그중 최소 수십 명은 법정에 부를 기세였다. 대단한 호기였다.

10월 22일 공판에서 첫 증인신문이 시작됐다. 검찰 측 증인인 대장동 업자 남욱 변호사다. 남욱은 2009년경부터 초기 대장동 사업을 주도한 사람이다. 김만배에게 사업권을 넘긴 후에도 발을 빼지 않았다. 천문학적인 대장동 수익금을 김만배 다음으로 많이 챙겼다.

남욱은 2011년 대검 중수부의 대장동 브로커 조우형 수사에도 이름이 오르

---

[*] 〈[김만배 음성파일]"박영수-윤석열 통해 부산저축은행 사건 해결"〉, 뉴스타파 (2022.3.6.)

내렸다. 대검 중수부 '윤석열 수사팀'이 부산저축은행을 수사할 당시 대장동 대출 브로커 조우형의 조력자였다. 수사선상에 오른 조우형에게 법조기자 김만배를 붙여준 사람도, 조우형이 대검 중수부를 들락거릴 때마다 동행한 사람도 남욱이다.

검찰이 남욱을 첫 증인으로 내민 이유는 분명해 보였다. 검찰 입맛에 딱 맞는 말을 할 적임자기 때문이다. 검찰은 아래와 같은 3가지 증언을 남욱에게 기대하는 것으로 보였다.

① 2011년 '윤석열 수사팀'은 조우형을 봐준 사실이 없다. 대장동 사업장이나 조우형은 수사대상이 아니었다.
② 김만배는 대장동 사업 관련 범죄를 감추기 위해 언론을 동원했다. 뉴스타파가 보도한 내용도 김만배가 기획한 허위 내용이다.
③ 김만배의 언론 공작 과정을 유일하게 목격한 사람이 남욱이다. 남욱은 김만배의 지시와 부탁을 받아 언론 공작에 같이 나섰다.

남욱은 '윤석열 명예훼손' 재판 검찰 측 주신문(10월 22일)과 피고인 반대신문(10월 29일) 내내 검찰 주장에 맞장구를 쳤다. 눈물이 날 정도로 검찰편을 들었다. 뉴스타파를 포함한 대한민국 모든 언론이 김만배의 작전과 지시에 놀아났다는 식으로 답했다. 대통령 선거가 김만배 손에 좌우지된다는 식으로 말했다. 남욱은 마치 검찰의 계획과 망상에 땔감이 되기로 작정한 사람 같았다. 그런데 문제가 하나 있었다. 남욱이 내뱉은 말이, 2년 전 다른 법정에서 한 말과 180도 달랐던 것이다. 2022년 6월 8일 대장동 사업 관련 50억 원 뇌물수수 혐의로 기소된 곽상도 전 국회의원 재판이었다.

당시 남욱은 "조우형이 2011년 대검 중수부 수사를 받았으나 박영수 변호사를 선임한 이후부터 참고인 수준 조사를 받고 안도했다"고 증언했다. 사실상 대검 중수부 '윤석열 수사팀'이 윤석열과 가까운 박영수 변호사의 부탁으로 조우형을 봐준 게 사실이라는 말이었다. 아래는 2022년 6월 8일 곽상도 재판 때 남욱이 법정에서 검사와 나눈 문답 내용이다.

○ 검사: 피고인 김만배 측 변호인 반대신문 34항 관련하여, 증인이 피고인 김만배가 법조계에 실제 영향력을 가지는 인물이라고 생각하게 된 계기가 소위 조우형 사건이라고 진술을 하였습니다. 그전까지는 긴가민가했는데 이 사실을 보고 나서 '이 사람 뭔가 있구나'라고 생각을 하였다는데, 구체적인 근거가 무엇인가요?
○ 남욱: 저축은행 사건이 일어나서 (대검)중수부에서 그 사건을 수사하는 과정에서 조우형이라는 친구가 피의자가 되어서 수사를 받게 되었는데, 그 과정에서 피고인 김만배를 통해서 박영수 고검장을 선임했고, 첫날은 조우형이 중수부에 가서 수사를 받고 나와서 굉장히 힘들어하고 두려워했는데, 그 이후에 김만배 피고인의 조언, 그다음에 본인이 여러가지를 해놨다는 이야기를 듣고, 그다음에 조우형 씨가 수사를 받으러 갔는데, 처음 수사를 받았을 때와는 분위기가 확연히 다르게 참고인 수준의 수사를 받고 나와서, 조우형 씨가 그날 두 번째 수사를 받고 나와서 굉장히 안도를 했던 기억이 나거든요. 제가 밖에서 기다리고 있었고, 그래서 (김만배가) 대단하다는 생각을 했던 기억이 있습니다.

뉴스타파 변호를 맡은 신인수 변호사가 이 점을 놓칠 리 없었다. 남욱에게 "왜 법정 진술이 바뀐 것인지" 물었다. 남욱은 이렇게 답했다.

○ 뉴스타파 변호인: 재판장님께서 증언 거부권을 고지해 주셨으니까 그건 적절히 증인께서 판단해서 진술을 거부하거나...
○ 남욱: 저는 잘못한 게 있으면 처벌받겠다는 입장이고

○ 뉴스타파 변호인: 그러면 증인의 (이 법정)증언은 허위 증언, 위증이라는 말씀이시네요.

2년 전 곽상도 뇌물 사건 재판에서 한 자신의 발언이 위증이란 말이었다. 위증에 대한 책임을 묻는다면 처벌받겠다는 어처구니없는 말이었다. 이 말 한 마디로 두 번이나 '윤석열 명예훼손' 재판에 나와 떠든 남욱의 말은 모두 의미가 없어졌다. 자신의 과거 법정 증언이 위증이었다고 말하는 사람의 법정 증언을 믿어줄 판사는 세상 어디에도 없기 때문이다. 남욱이 이 말을 할 때, 검사들은 그야말로 넋이 나간 표정이었다.

"뉴스타파 보도 어디가 허위라는 거죠?"

남욱 증인신문의 하이라이트는 따로 있었다. 두 번째 증인신문이 거의 끝나가던, 검사 판사 피고인 기자 들이 모두 지쳐가던 때 벌어진 일이다. 오후 6시 26분이었다. 재판장이 갑자기 끼어들었다.

"갑자기 그런 생각이 드네요."

재판장은 "검찰과 피고인 양측이 모두 동의한다면, 뉴스타파가 2022년 3월 6일 보도한 기사 전문을 남욱 증인에게 읽게 하고 재판부가 증인에게 몇 가지 질문을 하고 싶다"고 했다. 검찰과 피고인 측이 모두 동의했다. 신인수 변호사가 갖고 있던 기사 출력본을 남욱에게 건넸다. 판사는 남욱에게 "기사에 인용된 김만배-신학림 대화 녹취 내용을 끝까지 읽어보라"고 했다. 한동안 정적이 흘렀다. 나무 의자가 삐걱대는 소리, 누군가의 기침 소리만이 잠깐씩 정적을 깼다. 5

분여가 지난 뒤 남욱이 말했다. "네, 다 읽었습니다."

재판장은 남욱에게 질문하기 전 "뉴스타파 측에 한 가지 확인할 것이 있다"고 했다. "뉴스타파 기사에 인용된 김만배-신학림 녹취록에는 2011년 대검 중수부에 불려간 조우형에게 커피를 타준 검사가 박OO 검사로 돼있는데, 보도 후 기사가 수정된 적이 있냐"고 물었다. 신인수 변호사는 "수정하지 않았을 것"이라고 답했다. 재판장은 "(기사로는) 윤석열이 커피를 타준 게 아니라는 취지가 느껴져 딱 캐치(catch)가 돼서, 이게 뭐지, 이런 생각이 들었다"고 했다.

뉴스타파가 여러 차례 밝히고 보도까지 했듯이, 뉴스타파의 2022년 3월 6일자 기사에는 "윤석열이 조우형에게 커피를 타줬다"는 내용이 없다. 국민의힘이나 보수언론에서 뉴스타파를 공격하기 위해 그렇게 떠들던 소위 '윤석열 커피'가 정작 뉴스타파 기사에는 없다는 말이다. 기사에는 김만배가 신학림을 만나서 한 말, 즉 "박OO(검사가 조우형에게) 커피를 주면서 몇 가지를 하더니(물어보더니) 보내 주더래"라는 발언이 인용돼있다. 대장동 대출 브로커 조우형에게 커피를 타준 사람이 윤석열이 아닌 박OO 검사로 되어있다는 말이다. 재판장은 이어 이렇게 말했다.

"그럼 그 기사 자체에서 커피 타준 사람은 박OO 검사로 지금 기사가 나갔다는 거 아니에요? 알겠습니다."

우배석 주심판사가 마이크를 넘겨받았다. 남욱에게 질문을 하겠다고 했다.

"증인(남욱)이 (뉴스타파)기사를 읽었을 때, (뉴스타파 기사 내용 중) 증인의 기억과 다른 허위사실이 적시된 부분이 어디인지 한번 이야기해 보시겠어요?"

뉴스타파 보도 중 어떤 부분이 허위사실, 범죄사실인지 특정해 보라는 말이었다. 다시 정적이 흘렀고, 잠시 후 남욱이 뭐라고 말을 시작했다. 판사가 큰 소리로 다시 물었다.

"평론을 해달라는 게 아니고요. 허위사실이 무엇인지를 한번 지적해 달라고요. 증인이 아는 한도에서…"

남욱은 이렇게 말했다.

"의혹이다, 하고 박스를 치고 여기서 '윤석열이가 니가 조우형이야 이러면서…' 이것도 허위의 사실이고…"

"잠시만요" 우배석 판사가 남욱의 말을 자르고 들어왔다.

"그 부분이 허위라고 지금 증인이 말씀하시는 게, 어떤 취지로 그 부분이 허위라고 말씀하시는 겁니까? 그 부분에 그러한 대화가 없었다는 취지입니까? 아니면 그 말이 거짓말이라고 보십니까?"

쉽게 말해, 김만배-신학림 녹음파일에 없는 내용을 뉴스타파가 허위로 만들어 넣었다는 것인지, 아니면 녹음파일에 있는 내용을 뉴스타파가 제대로 썼지만 그 내용이 허위라는 것인지를 묻는 질문이었다.

남욱은 "이 말(김만배의 말)이 거짓말이라는 취지"라고 답했다. 우배석 판사는 "(뉴스타파가 김만배-신학림 녹취록을) 그대로 인용한 건 사실이지만, 그 내용이 거짓이라는 취지인 거죠?"라고 되물었다. 남욱은 "그렇다"고 했다. 우배석 판사는 허위사실이 또 있는지 물었다. 남욱이 말했다.

"녹취록 안에 있는 내용들이 계속 제가 말씀드렸던 것처럼 대부분의 사실이 김만배 회장님께서 만들어낸 가공의 사실이다…"

우배석 판사가 이번엔 다소 강한 어조로 말했다.

"그거(허위사실)를 찍으라고요."

재판장이 다시 끼어들어 "저희도 답답해서 그럽니다"라고 웃으며 말했다. 남욱이 다시 말했다.

"'지난해 9월 녹음된 김만배의 이 말은, 조우형을 전혀 모르고 봐주기 수사를 한 사실이 없다던 윤석열 후보의 주장과 배치되는 증언이다…' 이 부분도 사실이 아닙니다."

판사가 어떤 취지냐고 묻자, 남욱은 "(조우형을 봐준 사실이 없다는) 윤석열 후보의 얘기가 팩트인데, 주장이 배치된다고 얘기를 했으니까"라고 답했다. 우배석 판사가 다시 말했다.

○ 우배석 판사: 김만배의 말이 윤석열의 증언과 배치된다는 주장이잖아요. 어느 쪽 말이 진실이다가 아니라 윤석열 후보의 말과 김만배의 말이 다르다는 취지의 문장인데 그게 어디가 허위라는 거죠?
○ 남욱: 어. 판사님 말씀이 맞네요. 배치되는… 죄송합니다. '주장과 배치된다' 그 말씀이 맞습니다.

결국 이날 남욱은 뉴스타파 기사 중 허위사실을 단 하나도 특정하지 못했다.

"뉴스타파 기사 중 어느 부분이 허위인가." 사실 이 질문은 재판부가 검찰에도 여러번 했던 질문이다. 그때마다 검찰은 어떤 부분이 허위인지 특정하지 못했다. "전체적으로 평가할 때 허위다"라는 답만 반복했다. "뉴스타파가 기사를 교묘하게 써놔서 특정 부분이 허위라고 콕 집어 말하기는 어렵다"고 했다. 남욱의 말과 비슷한, 황당하기 짝이 없는 주장이다.

조우형과 박영수의 계약서

검찰이 내민 두 번째 증인은 대장동 대출 브로커 조우형이다. 증인신문은 3번에 걸쳐 진행됐다.[*]

쟁점은 크게 두 가지였다. ① 2011년 대검 중수부에서 대장동 사업과 관련된 수사를 받았는지 여부('봐주기 수사' 여부), ② 2011년 대검 중수부에서 누구에게 커피를 얻어먹었는지 여부다.

조우형은 시종일관 "2011년 대검 중수부 부산저축은행 수사팀('윤석열 수사팀')은 대장동 사업(대출) 문제를 수사하지 않았다. 수사대상도 아니었다. 윤석열 검사 이름은 들어보지도 못했다"고 증언했다. 또 "2011년 대검 중수부에 들어가 커피를 한 잔 얻어마시고 온 건 사실"이라고 했다. 다만, 자신에게 커피를 타 준 건 윤석열 주임검사의 부하직원인 박OO 검사였다고 했다. 커피를 얻어먹었다는 시점만 다를 뿐, 사실상 '김만배 녹취록', 뉴스타파 보도 내용과 같은 취지였다. 조우형은 "'대검 중수부에 들어가서 커피 한 잔 마시고 오면 된다'는 말은 김만배가 아닌 박영수 변호사 측이 해준 말"이라고 했다. 또 조우형은 2014년 경기지방경찰청에 출석해 "2011년 대검 중수부에서 대장동 관련 건에 대해

---

[*] 2024년 11월 5일(4차 공판), 11월 12일(5차 공판), 11월 19일(6차 공판).

서도 수사를 받았다"는 취지로 말한 것은 모두 허위진술이었다고 했다. 김만배의 지시와 조언을 받고 허위로 진술했다고 말했다. 남욱과 마찬가지로, 모두 김만배의 작전과 지시에 따른 거라고 했다.

뉴스타파가 법원을 통해 받은 검찰 수사기록에는 2011년 '윤석열 수사팀'이 생산한 수사기록도 일부 들어 있었다. '윤석열 수사팀'이 부산저축은행을 어떻게 수사했는지, 대장동 대출 건이 어떻게 '윤석열 수사팀' 수사망을 빠져 나갔는지, 1000억 원이 넘는 부산저축은행 대출금을 대장동 사업장으로 중개하고, 또 그 대가로 10억 원이 넘는 대출 커미션을 받아챙긴 브로커 조우형이 대체 어떻게 수사를 피할 수 있었는지 확인할 수 있는 단서였다.

그런데 극히 일부에 불과한 수사기록을 봤는데도, 이상한 점이 한둘이 아니었다. "왜 검찰이 이런 자료를 피고인에게 준 걸까", "혹시 검찰에 뉴스타파를 돕는 X맨이 있는 건 아닐까" 하는 생각이 들 정도였다. '조우형-박영수-윤석열'로 이어지는 커넥션이 내가 생각한 것보다 더 심각할 수도 있겠다는 생각까지 들었다.

수사기록에서 가장 먼저 눈에 띈 건 2011년 대검 중수부의 부산저축은행 수사 당시 조우형과 박영수 변호사 측이 맺은 법률자문계약서다. '조우형-박영수-윤석열'로 이어지는 수사 무마 의혹의 단초로 판단됐다. 다른 수사기록과 같이 검토해보니, 계약금액은 무려 1억 5000만 원에 달했다. 대검 중수부가 부산저축은행 수사에 착수하기 직전(2011년 3월 1일) 계약을 맺은 점이 일단 의미 있어 보였다. 참고인에 불과했다는 조우형이 대검 중수부장 출신인 박영수 변호사를 억대 수임료를 주고 선임한 것도 이상했다. 뭔가 큰 건을 해결할 필요가 아니고는 이해되지 않는 일이었다.

그동안 조우형은 여러 차례 "2011년 당시 박영수 변호사와의 관계는 별 것 아니"라는 식으로 주장했다. "자신은 피의자로 수사받은 게 아니었기 때문에 박 변호사에게 큰 도움을 받은 사실이 없고, 거액의 변호사비를 준 사실도 없다"는 취지였다. 2021년 10월 JTBC와의 인터뷰에선 "박영수 변호사를 찾아가긴 했으나 박 변호사가 수임은 하지 않았다"고 했다. 2022년 7월 11일 대장동 사건 관련 검찰 조사에서는 "2011년 대검 중수부 수사 당시 박영수 변호사 측이 한 일은 '전화 상담' 정도였다"고 했다. 박영수 측도 검찰 조사에서 "조우형을 위한 변호인 선임계를 내지 않았고, 검찰과 법원에 제출할 서류 한 장 작성하지 않았다"고 했다.

조우형은 검찰 조사에서 "박영수 측과 맺은 법률 자문액 1억 5000만 원 중 1억 원은 성공보수였다"고 진술했다. 2011년 6월경 박영수 변호사 측 허OO 변호사가 연락해 "불입건 됐으니 성공보수로 1억 원을 달라"고 요구해, 줬다는 것이다. 당연히 궁금증이 생겼다. 성공보수 1억 원이 걸린 '불입건'이 대체 뭘 말하는 것인가 하는 점이다.

박영수 측이 조우형에게 성공보수를 요구했다는 2011년 6월은 대검 중수부 '윤석열 수사팀'이 부산저축은행 1차 수사를 일단락한 직후다. 조우형을 수사 선상에서 빼준 대가로 성공보수를 주고받았다고 볼 수밖에 없다. 조우형과 박영수 변호사가 당초 5000만 원가량의 법률 자문 계약을 맺었다가, 조우형이 대검 중수부 수사에서 빠져나가자, 즉 입건이 되지 않자 박영수 변호사 측 요구로 성공보수 1억 원을 준 걸로 보인다. 당연히 수사책임자이던 윤석열의 도움과 공모 없이는 불가능한 일이다.

"저는 '조우형은 부산'이라고 봤습니다"

2011년 대검 중수부 '윤석열 수사팀'이 이미 부산저축은행과 대장동 대출 브로커 조우형 간의 부적절한 관계를 알고 있었음을 보여주는 기록도 확인됐다. 최초 대장동 사업권자이던 이강길 전 씨세븐 대표의 2011년 4월 18일 자 대검 중수부 진술조서다. 이강길 전 대표는 대검 중수부 조사에서 부산저축은행과 처음 알게 된 과정, 부산저축은행에서 대장동 대출금을 끌어오는 과정에 모두 조우형이 깊이 관여했다고 진술했다. 그리고 이강길은 이렇게 진술했다.

"저는 조우형은 부산(저축은행)이라고 봤습니다."

이강길의 진술조서는 대장동 대출 브로커 조우형 이야기로 시작한다. 이강길은 부산저축은행 김양 부회장 소개로 조우형을 처음 만났다고 했다. 1000억 원이 넘는 대장동 대출금이 실행되는 전 과정에 브로커 조우형이 관여했다고 진술했다. 부산저축은행과 씨세븐 등 대장동 사업체가 맺은 각종 계약서 문구까지 조우형의 요구와 사실상의 지시로 만들어졌다고 했다.

○ 검사: 진술인(이강길)은 이 약정서를 부산저축은행 측과 작성한 사실이 있지요?
○ 이강길: 예, 그렇습니다. 부산, 부산2, 중앙부산, 대전저축은행과 작성한 것으로 기억합니다. 조우형이 '삭제'라는 부분을 빼달라고 해서 다시 작성한 것입니다[*].

심지어 이강길은 부산저축은행에서 돈을 빌리는 과정에서 불법이나 다름없는 '금융자문수수료'를 부산저축은행에 지급한 것과 관련된 질문에 "부산저축은행의 요구를 거절할 수 없었다", "조우형은 (곧) 부산(저축은행)이라고 봤다"

---

[*] 대장동 사업자 이강길 대검 중수부 진술조서 (2011.4.18.)

고 말했다. '조우형이 사실상 부산저축은행 대리인이었다'는 말이다. 또 부산저축은행의 대장동 대출을 성사한 조우형이 대검 중수부 수사를 사실상 방해하라는 식의 요구 혹은 지시를 한 적이 있으며, 조우형과 부산저축은행이 뭔가 부적절한 관계를 맺고 있다고 진술했다.

◦ 이강길: 부산에서 돈을 빌렸고, 앞으로 대출금 연장도 받아야 하기 때문에 부산 측의 요구를 거부할 수 없었습니다. 변경 약정서 작성할 즈음 부산 측 조우형이 저에게 요구하여 작성해준 것입니다. 저는 조우형은 부산이라고 봤습니다...(중략)...조우형이 저에게 검찰 전화번호가 몇 번으로 시작하는지 알아보고 연락이 오면 받지 말라는 등의 얘기를 했는데, 왜 연락이 안 되는지 모르겠습니다. 저는 (조우형이) 이번에 검찰(대검 중수부) 조사를 받은 것으로 알고 있었습니다...(중략)
◦ 검사: 조우형이 부산저축은행과 어떤 관계가 있길래 진술인의 전화를 받지 않고, 진술인에게 걸려온 검찰 전화를 받지 말라고 한 것인가요.
◦ 이강길: 조우형이 벨리트하우스라는 회사를 운영하면서 부산저축은행과 깊숙이 관계되어 있는 것으로 알고 있습니다만 구체적으로 어떻게 연결되어 있는지까지는 모릅니다[*].

조우형을 수사하지 않고는, 도저히 사건을 끝낼 수 없는 진술이었다. 하지만 '윤석열 수사팀'은 달랐다. 수사기록 어디에서도 이강길의 진술을 단서로 조우형을 수사한 흔적은 나오지 않는다. 도저히 불가능해 보이는 일을 '윤석열 수사팀'은 기어이 해냈다. 그야말로 '암장', 사건을 덮은 것이다.

여기서 꼭 짚고 넘어가야 할 게 2가지 있다. ① 1800억 원 쪼개기 불법 대출

---

[*] 대장동 사업자 이강길 대검 중수부 진술조서 (2011.4.18.)

과 ② 100억 원 금융자문수수료다.

　검찰이 법원에 낸 2011년 대검 중수부 수사기록을 보면, 당시 대검 중수부는 대장동 사업권자 이강길이 법인 3개(씨세븐, 대장프로젝트금융투자, 나인하우스)를 동원해 부산저축은행에서 쪼개기 대출을 받아간 사실을 알고 있었다. 쪼개기 대출은 상호저축은행법에 어긋나는 불법 행위다. 불법 대출을 받는 조건으로 이강길은 부산저축은행에 100억 원의 금융자문수수료를 줬다. 금융자문수수료는 부산저축은행이 대출을 받아간 사람(차주)에게 선이자처럼 받아간 돈이다. 사실상 불법이다. 이강길은 대검 중수부 조사에서 "부산저축은행은 대출을 실행하면서 금융자문수수료 명목으로 100억 원을 가져갔다. 그 돈은 저희 회사(대장동 사업체)에 오지도 않고 부산저축은행에서 그대로 가져간 것이다"라는 취지로 진술했다.

　부산저축은행이 대장동 사업에 대출을 실행하면서 선이자처럼 금융자문수수료를 받아갔다는 사실은 '윤석열 수사팀의 조우형 봐주기' 의혹에서 매우 중요한 의미를 갖는다. 2011년 대검 중수부가 부산저축은행의 불법 대출 수사에 나선 배경에 바로 이 금융자문수수료가 있기 때문이다.

　윤석열은 대선후보이던 2021년 10월 관훈클럽 토론회에 나와 부산저축은행 수사 관련 의혹을 해명하면서 "(부산저축은행에서) 압수한 회계자료를 살펴보다 '금융자문수수료'라는 계정을 발견해 조사에 들어갔다"고 말한 바 있다. 부산저축은행이 받아챙긴 금융자문수수료가 수사의 시작이자 핵심이었다는 것이다. 여기서 의문이 생긴다. 그럼 왜 부산저축은행에 100억 원의 금융자문수수료를 지급한 대장동 사업은 '윤석열 수사팀' 수사 대상에서 빠졌는가 하는 점이다.

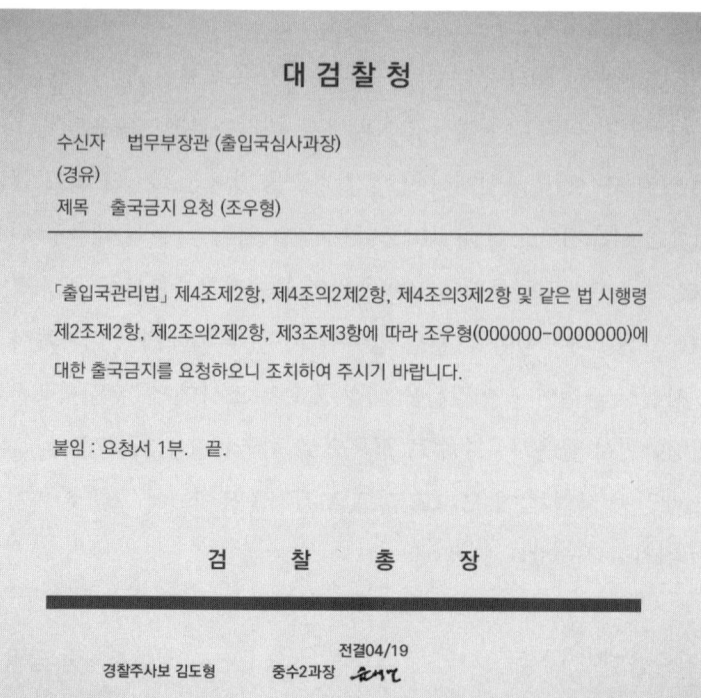

▶ 2011년 4월 19일 윤석열 당시 부산저축은행 수사팀 주임검사가 결제한 조우형 출국금지요청서.(수사 기록을 재구성한 이미지)

윤석열의 조우형 출국금지

봐준 흔적이 역력하지만, '윤석열 수사팀'이 대출 브로커 조우형을 상대로 나름대로 한 일도 있었다. 출국금지다. 2011년 부산저축은행 수사팀장 윤석열이

자기 손으로 직접 조우형을 출국금지한 사실이 기록으로 확인됐다. '윤석열 명예훼손' 사건 3차 공판*에서 이 문제가 쟁점으로 떠올랐다. 신학림 전 언론노조 위원장 측이 서류 한 건을 제시했다. 2011년 대검 중수부가 법무부에 낸 '조우형 출국금지 요청서'다. 그리고 증인 남욱에게 물었다. "출국금지까지 건 검찰이 이후 조우형을 수사하지 않은 건 좀 이상하지 않냐"는 취지였다.

○ 신학림 변호인: 순번 52번 기록 1929쪽 2011년 4월 19일 자 '출국금지 요청 조우형'을 제시합니다. 증인(남욱)은 조우형이 대검 중수부 수사를 받을 무렵에 출국금지되었던 것을 압니까.
○ 남욱: 잘 모르겠습니다.
○ 신학림 변호인: 제시한 수사기록에 보듯이, 윤석열 당시 대검 중수부 중수2과장은 검찰총장의 전결권자로서 작성한 2011년 4월 19일 자 법무부장관에 대한 출국금지요청에 대해서 조우형에 대한 출국금지를 요청하였는데 증인 이거...
○ 남욱: 처음 보는 문서고 피의자나 이런 사람들은 (출국금지되는 경우가) 더러 있고 (그 외에는) 없는 걸로 알고 있습니다**.

'조우형 출국금지 요청서'에는 "출입국관리법에 따라 조우형에 대한 출국금지를 요청한다"고 적혀있다. 결재한 사람은 부산저축은행 수사팀 주임검사이던 윤석열 대검 중수2과장이다. 요청서에는 검찰총장을 대리한 전결권자인 윤석열의 사인이 선명히 남아있다. "조우형이 부산저축은행 수사 당시 단순 참고인에 불과했고, 수사대상자가 아니었다"는 검찰 주장과 달리 '윤석열 수사팀'이 조우형의 범죄 혐의를 잡고 수사에 나섰음을 보여주는 증거다.

검찰이 '윤석열 명예훼손' 사건과 관련해 법원에 낸 조우형 출국금지 요청서

---

* 2024년 10월 29일
** '윤석열 명예훼손' 사건 3차 공판 기록 중 일부 (2024.10.29.)

는 딱 한 장이다. 출국금지 요청 사유가 적힌 별첨자료는 빠져있어 정확한 출국금지 사유는 알 수 없다. 하지만 '조우형 출국금지 요청' 바로 전날 '윤석열 수사팀'이 대장동 최초 사업자 이강길을 통해 확보한 조우형 범죄 혐의도 조우형을 출국금지 요청하는 데 중요한 이유가 됐을 것으로 추정한다. 하지만 수사는 진행되지 않았다.

조우형의 자백

2011년 당시 대검 중수부는 대장동 대출 브로커 조우형을 3번이나 불러 조사한 걸로 확인됐다. 두 번 진술서를 받았고, 한 번 진술조서를 작성했다. 하지만 '윤석열 수사팀'은 대장동 사업과 관련해선 단 하나도 조우형에게 묻지 않았다. '윤석열 수사팀'이 조우형을 의도적으로 봐준 게 아닌지 의문이 드는 이유다. 지난 대선 때 많은 언론사가 윤석열 후보의 부산저축은행 수사 무마 의혹을 보도한 이유이기도 하다.

심지어 2011년 '윤석열 수사팀'은 조우형이 부산저축은행 수사 관련 범죄를 자백했는데도 묵살했다. 조우형이 범죄를 자백한 건 2011년 5월 4일 조사에서다. 이날 조우형은 검찰의 짧은 질문에 본인의 불법 행위를 날짜, 장소, 방법까지 특정했다. 조우형이 자백한 범죄 행위는 모두 4건에 이른다. 대부분 회삿돈을 빼돌렸다는 횡령, 배임 관련 내용이었다.

> 2004. 하반기경 (주)더뮤지엄양지에서 용인시 양지면 소재 양지발트하우스 토지 80억 원 상당을 매입하는 과정에서 매수자인 (주)더뮤지엄양지의 복비를 빼돌려 2억원 상당 현금을 조성하였고...*

---

* 조우형 대검 중수부 '윤석열 수사팀' 진술조서 (2011.5.4.)

2003.경부터 2004.경까지 압구정동에서 인테리어 사무실인 비앤엠디자인팀을 운영하면서, 업체로부터 현금으로 받은 공사비를 모아 수천만 원 정도 현금을 모으게 되었고…(중략)…고급빌라를 6억원 정도에 매입하여 수리 후 8개월 후 11억 원에 매각하면서 다운계약서를 작성하고 현금으로 2억 원을 받아 현금으로 만들었고…

문제는 조우형이 돈을 빼돌렸다고 자백한 회사 중에 부산저축은행의 차명 SPC((주)더뮤지엄양지)가 있다는 점이다. 당시 대검 중수부 '윤석열 수사팀'이 눈에 불을 켜고 찾던 범죄가 바로 부산저축은행 차명 SPC 관련 범죄였다. '윤석열 수사팀'이 조우형의 범죄 자백을 왜 문제삼지 않고 넘어갔는지 의문이 커진다. '의도적인 봐주기'가 아니고는 해석할 길이 없다. 조우형이 범죄를 자백한 자필 진술서에는 주임검사 윤석열의 도장이 선명히 찍혀있다.

윤석열 내란과 '윤석열 명예훼손'

2024년 12월 3일, 대통령 윤석열이 내란을 일으켰다. 반국가 세력을 일거에 척결한다면서 비상계엄을 선포했다. 반헌법적 친위 쿠데타였다. 우여곡절 끝에 윤석열은 대통령직에서 파면됐다.

내란이 벌어지고, 윤석열이 탄핵되고, 결국 대통령직에서 파면됐지만, '윤석열 명예훼손' 사건은 아무렇지 않게 이어지고 있다. 걸레 같은 공소장으로 재판이 계속된다. 기대하고 예상했던 공소기각 결정은 내려지지 않았다. '윤석열 내란' 얼마 뒤 재판부도 바뀌었다. '윤석열 내란' 후 첫 재판이 있던 2024년 12월 10일, 아무 일 없다는 듯 재판이 진행되는 법정에서 나는 한참 동안 일기를 썼다. 첫 문장은 이랬다.

"내가 지금 여기에서 뭘 하고 있는 건지 모르겠다. 가상 세계인가?"

2025년 3월 8일, 법원은 내란 우두머리 혐의자 윤석열이 신청한 구속취소 신청을 받아줬다. 검찰이 '즉시항고'를 포기하면서, 윤 대통령은 다음 날 서울구치소에서 풀려났다. 법원이 '윤석열 구속취소'를 결정한 이유는 크게 2가지였다. 첫째, 검사가 구속기간 만료 시점이 지나 기소했다는 것이다. 기소 만료 시점보다 9시간 45분 늦게 기소했다고 했다. 구속 피의자의 인권 보호를 위해, 구속기간 만료 시점을 '날'이 아닌 '시간'으로 정하는 것이 타당하다고 했다.

둘째, 윤석열을 수사하고 체포한 고위공직자범죄수사처(공수처) 수사에 절차상 문제가 있다는 이유다. 공수처에 '내란죄 수사권'이 있는지를 문제삼았다. 공수처는 검찰과 마찬가지로 "직권남용권리행사방해(직권남용) 관련 범죄로 내란죄를 수사할 권한이 있다"고 주장했는데, 법원은 이것이 문제라고 봤다. '윤석열 구속취소'를 결정하면서 법원이 낸 문서에는 이런 내용이 들어있다.

> 공수처법 등 관련 법령에 (공수처의 내란죄 수사권에 대한)명확한 규정이 없고, 이에 관한 대법원의 해석이나 판단도 없는 상태인 바, 절차의 명확성을 기하고 수사 과정의 적법성에 관한 의문의 여지를 해소하는 것이 바람직하므로 구속취소 결정을 하는 것이 상당함. 만약 이러한 논란을 그대로 두고 형사재판 절차를 진행하는 경우 상급심에서의 파기사유는 물론, 한참 시간이 지난 후에도 재심 사유가 될 수 있음.

'재판부 설명자료'를 쉽게 정리하면 이렇다.

① 법적으로 공수처에 '내란죄 수사권'이 있는지 여부가 명확하지 않다.
② 이에 관한 대법원 판례나 판단도 없다.

③ 공수처 수사 과정의 적법성에 대한 의문이 풀리지 않았으니 일단 풀어주는 게 맞다.
④ '내란죄 수사권' 문제를 해결하지 않으면 본재판에서 공소기각될 수도 있다.

재판부 설명자료를 읽고 또 읽었다. 자연스레 '윤석열 명예훼손' 사건을 떠올렸다. '윤석열 내란' 사건과 똑같이 '수사권 문제'가 제기됐지만, 10개월이 넘도록 법원이 아무 판단도 없이 재판을 하고 있어서다. 수사 초기부터 "검찰에 명예훼손 사건을 수사할 권한이 있냐"는 지적이 나왔다. 윤석열 대통령 취임 바로 전날인 2022년 5월 9일 개정된 검찰청법에 따라 검찰은 '부패범죄', '경제범죄'에 대해서만 수사 개시 권한이 있기 때문이다. '명예훼손' 사건에 대한 법적 수사 권한은 경찰에 있다.

검찰은 시종일관 "뉴스타파 등 언론사를 상대로 한 수사는 단순 명예훼손 사건이 아니라 부패범죄이자 경제범죄인 '대장동 사건' 관련 수사"라고 주장했다. 수사권이 있는 범죄와 관련된 사건이니 직접 수사 대상이 된다고 했다. 아래는 '윤석열 명예훼손' 사건 수사 책임자가 2023년 10~11월경 기자들과 나눈 질의응답 중 일부다.(이해를 돕기 위해 발언 내용을 일부 정리했다)

○ **문: 명예훼손은 검찰의 직접 수사 범위가 아닌데...**
○ 답: 저희(검찰)는 직접수사 개시 범위와 관련, 사람과 증인이 공통되고 범죄사실이 공통되고 합리적 관련성이 있는 경우 직접수사 개시 범위로 판단한다[*].
○ **문: 정보통신망법상 명예훼손은 검찰이 수사할 수 없는 사건인가요?**
○ 답: 지금 그(법률) 구조상으로는 그렇다. 그 단독 건만 있었다면 직접 수사할 수 있는지 케이스 바이 케이스로 따져봐야 된다고 생각한다. 그런데 이 사건(윤석열 명예훼손)은 저희가 계속 수사했던 대장동 관련 사건에서 나왔기 때문에,

---

[*] 서울중앙지검 4차장 티타임 (2023.10.26.)

그와 관련성이 있다고 생각하기 때문에 수사한다고 분명하게 말씀드리겠다*.

뉴스타파는 2024년 8월 법원에 낸 의견서에 이렇게 썼다.

> 검사가 검찰청법을 위반하여 권한 없이 피고인 김용진, 한상진에 대하여 수사를 개시한 것은 위법함을 면할 수 없고, 이러한 위법한 수사 개시에 기한 공소제기는 그 절차가 법률의 규정에 반하여 무효인 때에 해당합니다.**

그럼에도 재판은 계속 이어졌다. 희한하게도 재판부는 매번 검찰 공소장을 '저격'하면서도 재판을 멈춰세우지는 않았다. '윤석열 구속취소' 같은 인권 친화적 위대한 결단은 없었다.

'수사권 논란'이 제기된 두 사건, '윤석열 내란' 사건과 '윤석열 명예훼손' 사건을 비교하는 표를 만들어봤다.

수사권 논란과 법원 판단

	'윤석열 내란' 사건	'윤석열 명예훼손' 사건
피고인	윤석열	언론인(뉴스타파 등)
주요 혐의	내란	명예훼손(정보통신망법)
수사주체	공수처	검찰
법적 수사권	없음	없음
수사 근거	'직권남용' 관련 범죄	'부패범죄·경제범죄' 관련 범죄
법원 판단	윤석열 구속취소	판단 안함
법원 판단 근거	대법원 판례 없음	판단 안함

---

* 서울중앙지검 4차장 티타임 (2023.11.2.)
** '윤석열 명예훼손 사건' 관련 뉴스타파 의견서 (2024.8.)

뉴스타파의 반격

'윤석열 내란' 닷새 전인 2024년 11월 28일, 뉴스타파는 '윤석열 명예훼손' 사건 관련 대한민국 정부(법률상 대표자 법무부장관 박성재)를 상대로 총 6억 원의 국가배상청구소송을 제기했다. 2023년 9월부터 시작된 검찰 수사 과정에서 확인된 각종 불법 행위가 대상이었다. 구체적 사유는 총 4가지다.

① 검찰의 위법한 수사 개시 검찰청법 위반
② 영장 없이 뉴스타파 기자들 휴대전화 전자정보 취득 헌법, 형사소송법 위반
③ 영장 없이 한상진 기자 집에서 노트북 컴퓨터 수색 헌법, 형사소송법 위반
④ 영장 제시 없이 봉지욱 기자 집 수색, 지문 채취 형사소송법 위반

검사들의 위법한 직무 집행의 정도, 단순한 실수로 치부할 수 없는 악의성, 그로 인해 기자들이 개인정보, 사생활의 비밀과 자유 및 주거의 자유를 침해받은 정도, 위법한 압수수색과 그 과정에서 기자들이 받은 심각한 정신적 고통, 헌법상 영장주의 원칙과 언론 자유의 중요성, 다시는 이와 같은 위법 행위가 발생하지 않도록 경계할 필요가 있다는 공익적 관점 등을 고려했다.

2025년 4월 10일, 뉴스타파는 '윤석열 명예훼손 사건' 관련 허위사실을 유포한 정치인과 관료 등 3명을 상대로 형사 고소와 민사 소송을 제기했다. 대상자는 한동훈 전 국민의힘 대표, 이진숙 방송통신위원장, 박정훈 국민의힘 의원이다. 모두 소위 '윤석열 커피' 관련 허위사실을 공표한 혐의다.

이들은 모두 언론을 상대로 "뉴스타파가 '2011년 대검 중수부 부장검사 시절 윤석열 대통령이 대장동 대출 브로커 조우형에게 커피 한 잔 타주고 대장동 관련 사건을 무마했다'고 보도했다"라고 주장한 바 있다. 사실과 다른 주장이

다. 앞서 여러번 언급한 것처럼, 뉴스타파는 2022년 3월 6일 '김만배 음성파일' 보도 당시 대장동 브로커 조우형에게 커피를 타준 사람을 윤석열 중수2과장의 부하이던 박OO 검사라고 보도했다. 뉴스타파는 보도에서 "조 씨를 수사하면서 커피를 준 것으로 언급된 박모 검사(현 변호사)에게 연락해 입장을 물었습니다"라는 문구를 통해 커피를 타준 사람이 윤석열이 아닌 '박OO' 검사 라는 점을 명확히 했다.

그런데도 한동훈은 검찰이 뉴스타파를 상대로 수사에 나선 직후인 2023년 9월 8일, 국회에서 기자들과 만난 자리에서 "거기(뉴스타파 보도) 보면 분명히 '윤석열 후보가 커피 타줬다'라는 말이 있잖아요"라고 말했다. 이진숙은 2024년 7월 4일, 방송통신위원장 지명 기자회견에서 "김만배 신학림의 이른바 '윤석열 검사가 커피 타주더라' 하는 보도는 또 어떻습니까"라며 "모두 이 정부가 출범한 이후에 나온 보도들"이라고 발언했다. 모두 사실과 다른 말이다. 뉴스타파의 해당 보도는 윤석열 정부 출범(2022년 5월 10일) 두 달 전인 2022년 3월 6일에 나왔다.

박정훈은 2024년 7월 2일 국회 과학기술정보방송통신위원회 전체회의와 같은 달 24일 이진숙 방통위원장 후보자 인사청문회에서 "뉴스타파가 '김만배-신학림 대화 녹음 파일'을 왜곡해 '윤석열이 (대장동 브로커)조우형에게 커피를 타주고 사건을 무마했다'라고 허위 보도했다"라는 취지로 말했다. 박정훈은 2024년 7월 2일 과방위 회의에서 노종면 의원 발언으로 뉴스타파가 소위 '윤석열 커피 보도'를 하지 않은 사실을 명확히 알게 됐음에도, 반복해서 허위사실을 공표했다.

국회의원은 헌법에 따라 국회에서 직무상 행한 발언과 표결에 관하여 국회 외에서 책임을 지지 않는 면책특권을 갖는다. 그러나 대법원 판례에 따르면 국회의원이 명백히 허위사실임을 알면서도 허위의 사실을 적시해 타인의 명예를 훼손하는 경우에는 면책특권이 허용되지 않는다.

　대법원은 2007년 1월 12일 선고한 판결(2005다57752)에서 "발언 내용 자체에 의하더라도 직무와는 아무런 관련이 없음이 분명하거나, 명백히 허위임을 알면서도 허위의 사실을 적시하여 타인의 명예를 훼손하는 경우 등까지 면책특권 대상이 된다고 할 수는 없다"고 판시한 바 있다. 현역 국회의원인 박정훈에게 책임을 묻는 이유다.

　나는 한동훈, 이진숙, 박정훈을 민형사 고소하는 기자회견에서 이렇게 말했다.

　"앞으로 뉴스타파는 검찰의 부당한 수사 그리고 재판 과정에서 벌어진 각종 부조리, 그리고 '윤석열 명예훼손' 사건과 관련, 우리 사회에서 벌어진 수많은 잘못된 것들에 대해 필요한 책임을 묻는 절차를 필요한 방식으로 계속 진행해 나갈 생각입니다."

"우리가 책임진다"

　2025년 4월 4일까지 9번의 재판이 진행됐다. 공판준비기일까지 하면 모두 11번이다. 한여름에 시작해 겨울이 지나 봄이 됐다. 곧 재판이 시작된 지 1년이 된다. 2023년 9월 시작된 수사부터 따지면 1년 반이 더 지났다. 돌아보면 어제 일처럼 느껴지는데 벌써 그렇게 됐다.

　생각해보니, 수사와 재판을 받는 내내 나와 뉴스타파에는 아군이 별로 없던 것 같다. 죽이겠다고 달려드는 사람은 많아도 같이 싸우자는 사람은 많지 않았다. 최고 권력자, 최강 권력집단과 싸워야 한다는 중압감, 폭력이나 다름없는 수사와 사람을 지치게 하는 재판도 그랬지만, 아군이 별로 없다는 게 가장 힘든 일이었다. 홀로 하는 싸움은 아무리 시간이 지나도 익숙해지지 않는다.

그렇다고 힘이 되는 순간이 아주 없던 건 아니다. 종종 손을 내밀어주는 이가 있어 버틸 수 있었다. 잊지 못할 장면이 하나 있다. 뉴스타파에 대한 수사가 시작되고 얼마 후 열린 뉴스타파 후원회원 초청 시사회에서의 일이다. 현장에서 보지는 못했지만 촬영된 영상을 봤다. 나를 포함한 뉴스타파 기자들의 구속수사를 걱정하는 후원회원 목소리가 많을 때였다. 한 뉴스타파 회원이 마이크를 들고 말했다.

"한상진, 봉지욱 기자가 구속되면, 후원회원들이 나서서 가족들 생계를 책임지겠다."

그 어떤 말보다 힘이 되는 말이었다. 뉴스타파가 내놓은 각종 보도에도 비슷한 댓글이 수없이 달렸다. 나는 한동안 이 댓글들을 캡처해 휴대폰에 저장해두고 생각날 때마다 읽었다. 머릿속이 복잡해질 때마다 꺼내 읽었다. 그리고 다시 일어설 수 있었다.

윤석열이 파면됐지만, 검사는 여전하다. 여전히 이해할 수 없는 주장과 논리로 법정을 어지럽히고 있다. 최근에는 뉴스타파가 만든 영화 <압수수색: 내란의 시작> 상영을 막아달라는 의견서를 만들어 법정에 내기도 했다. 우리 영화가 '윤석열 명예훼손' 사건을 수사한 검사와 검찰의 명예를 훼손할 소지가 있다는 것이다. 검찰이 내민 의견서를 보면서 이런 생각을 했다.

"검찰을 개혁해야 할 이유가 한 가지 더 늘었다."

▶ 뉴스타파필름에서 만든 다큐멘터리 영화 〈압수수색: 내란의 시작〉 메인 포스터.

11

진짜 국기문란

진짜 국기문란

뉴스타파가 보도한 '명태균 게이트' 보도 목록을 봤다. 지금까지(2025년 4월 14일 현재) 총 109개의 리포트를 보도했다. 탐사보도 매체인 만큼, 각 리포트 길이는 5~10분에 달한다. 만약 똑같은 내용의 보도를 다른 방송사가 했다면 리포트 수가 최소 200개 이상 됐을 것이다.

'명태균 게이트'라는 판도라 상자는 뉴스토마토가 열었지만, 검찰이 봉인하려 던 상자를 절대 닫을 수 없게 아예 문짝을 뜯어낸 건 뉴스타파다.

처음에 명태균 게이트 수사를 맡은 창원지검은 2025년 2월 사건을 서울중앙 지검으로 이첩했다. 언론에서는 사안의 중대성을 감안해 처음부터 서울중앙지 검에서 특별수사팀을 꾸려야 한다고 지적했다. 그러나 검찰은 창원지검을 고집 했다. 결국 수도권의 많은 언론이 취재팀을 창원으로 급파했다. 이로 인해 창원 시 소재 숙박 업소가 때 아닌 호황을 맞았다는 우스갯소리도 들렸다.

그랬던 검찰이 갑자기 사건을 서울로 이첩한 것이다. 12.3 내란 이후 검찰은 이 사건 수사를 거의 멈추다시피 했다. 윤석열 내란보다 더 큰 이슈는 없었기 때문이다. 하지만 나는 '명태균의 시간'이 결국 다시 시작될 것이라고 직감했다. 그럴 만한 이유가 있었다.

뉴스타파는 2025년 1월, 명태균 게이트 사건을 급변침하게 만든 중요한 보도 를 했다. 바로 검찰 수사기록 공개다.

명태균 의혹의 골자는 크게 두 가지다. 첫 번째는 명태균이 지난 대선 기간에 윤석열 부부에게 여론조사를 공짜로 해줬는가다. 강혜경 씨가 작성한 목록을 보면, 대선 기간 명 씨가 실시한 여론조사는 총 81차례다. 금액으로는 3억 7500만 원에 이른다. 이걸 공짜로 해줬다면 '정치자금법 위반'이다. 강 씨는 명태균 측근이자 김영선 전 국민의힘 의원의 회계 책임자로 일한 사람이다.

두 번째는 윤석열과 김건희가 2022년 6월 보궐선거 공천에 개입했는가다. 명태균이 공짜 여론조사 등 선거에 도움을 준 대가로 김영선 전 의원에게 창원시 의창구 지역 공천을 줬다면 이는 공직선거법 위반이다. 정당 공천은 정당에서 할 일이고, 제 아무리 대통령이라 해도 누굴 공천해줘라 마라 할 수는 없다. 처음부터 김영선 공천을 노리고 공짜 여론조사를 해줬다면, 이를 뇌물(수뢰후부정처사)로 볼 수 있다.

뉴스타파는 검찰이 감추고 뭉개온 진실을 검찰 수사기록에서 찾아냈다. 일부 기록은 아예 홈페이지에 전문을 공개했다. 수사기록 공개는 자본과 권력에 휘둘리지 않는 뉴스타파만이 할 수 있는 일이다. 앞서 우리는 대장동 사건의 핵심 증거인 정영학 녹취록 1325쪽 전문도 전부 공개했다. 특종 취재 자료를 갖고 입맛대로 골라 쓰다 보면 그 또한 왜곡 보도가 될 수 있다.

사건을 대충 마무리하려던 검찰은 뉴스타파 보도로 화들짝 놀란 것 같다. 온 국민이 검찰 속셈을 알아챘기 때문에 수사를 덮을 수 없는 지경에 이르렀다.

검찰이 압수했던 '명태균PC'가 최근 뉴스타파로 넘어왔다. 디지털포렌식을 했더니 삭제된 데이터 70기가바이트가 살아났다. 여기엔 윤석열 부부뿐만 아니라 홍준표, 오세훈, 이준석 등 유력 차기 대선 주자로 꼽힌 사람의 범죄 혐의 관련 증거가 담겨있었다. 그래서인지는 알 수 없지만 오세훈 서울시장은 2025년 4월 11일 대선 불출마를 선언했다.

뉴스타파는 2023년 9월 이후 윤석열 대통령실과 국민의힘으로부터 국가반역, 국기문란 사범이라는 마타도어에 시달려왔다. 그러나 '명태균PC'는 진짜 국기문란 사범이 누구였는지 정확하게 가리키고 있다. 단언컨대 '명태균 게이트'는 21대 대선에서 최대 화두로 기록될 것이다.

'화르르' 꺼진 불씨 살린 검찰 수사기록

창원지방검찰청

주임검사

2024. 11. 4.

수 신 : 검사 홍■■

제 목 : 수사보고[피의자 명태균이 윤석열 대통령 및 김건희 여사와 주고받은 대화 내용 캡쳐 사진 검토 - 강혜경 보관 PC]

2024. 9. 30.자 강혜경의 주거지 등 압수수색 시 강혜경 보관 PC에서 확보한 PC 카카오톡 DB 파일 등을 분석한 결과, '메시지' 폴더 내 총 6,892개의 이미지 파일 중 **명태균이 윤석열 대통령 및 김건희 여사와 주고받은 카카오톡 및 텔레그램 대화를 캡쳐한 사진 총 280개가 확인**되었는바, 그 내용을 아래와 같이 정리하여 보고합니다.

□ 확인 사항

○ 파일 경로 : '강혜경 PC 본체_PC카톡(명태균 계정)_최종선별 multimedia' 폴더

○ 대상 파일 개수 : 280개

※ 위 폴더 내 '메시지' 폴더와 '사진' 폴더에 중복으로 캡쳐 사진 저장, 중복된 내역을 제외하고 총 280개 확인

○ 대상 기간 : 2021. 6. 26. ~ 2023. 4.경

○ 대화 상대 : 명태균 ↔ 윤석열 당선인·대통령(이하 '윤석열 대통령'으로 표기), 김건희 여사

▶ 창원지검 수사보고서 표지. 강혜경 씨 주거지에서 압수한 명태균PC 하드디스크를 포렌식해 명태균과 윤석열 부부가 나눈 SNS 대화 이미지 파일 280개를 복원하고 이들의 대화 내용을 심층 분석한 보고서다. 2024년 11월 4일

'명태균 게이트'는 대한민국 최고 권력이 핵심 피의자인 중대 사건이지만, 검찰 수사는 지지부진했다. 내란 이후에는 수사를 하는 둥 마는 둥 했는데, 언론이 관심을 갖지 않은 탓이기도 했다. 사건의 소강 국면에서 뉴스타파는 수사 불씨를 살리는 '휘발유'를 확보했다. 검찰이 법원에 제출한 수사기록 전부를 입수한 것이다.

총 2만 쪽에 달하는 분량의 수사기록을 통해, 우리는 의혹이 더 이상 의혹이 아님을 확신했다. 수사기록의 백미는 검찰이 만든 '수사보고서'였다. 2025년 1월 8일, 뉴스타파는 긴급 생방송을 편성해서 검찰이 감춰온 수사보고서를 공개했다. 보고서 제목은 '수사보고[피의자 명태균이 윤석열 대통령 및 김건희 여사와 주고받은 대화 내용 캡처 사진 검토 - 강혜경 보관 PC]'다.

총 107쪽 분량인 수사보고서에는 명태균이 대선 기간 실시한 미래한국연구소의 여론조사 보고서를 윤석열 부부에게 전달한 정황이 반복해서 나온다. 검찰이 이 보고서를 작성한 시점은 2024년 11월 4일이다. 그러니까 수사 초기에 윤석열 부부의 범죄 혐의를 입증할 증거를 이미 확보한 것이다.

어떻게 된 일일까. 검찰은 2024년 9월 30일, 강혜경 씨 주거지를 압수수색하면서 강 씨가 보관하던 명태균 씨 PC를 압수했다. 명 씨는 선거관리위원회가 김영선 의원의 회계 계좌를 조사하기 시작하자, 강 씨에게 김영선 지역사무실에 있는 자신의 PC를 버려달라고 지시했다. 하지만 강 씨는 이 PC를 버리지 않고 집에 보관했다.

검찰이 '명태균PC' 하드디스크를 포렌식한 결과, 명 씨와 윤석열, 그리고 명

씨와 김건희가 나눈 카카오톡 및 텔레그램 메시지 캡처 파일 280개가 복원됐다. 이들의 SNS 대화 기간은 2021년 6월 26일부터 2023년 4월까지로 확인된다.

윤석열은 2024년 11월 7일 대국민 담화에서 "명태균 씨한테 여론조사를 요청하지 않았다"고 말했다. 그러나 담화 발표 사흘 전에 검찰이 작성한 수사보고서만 봐도 윤석열의 대국민 해명은 100% 거짓말이다.

명태균 선생님께 '충성'한 김건희

윤석열이 검찰총장을 사퇴하고 국민의힘에 입당하기 한 달여 전인 2021년 6월 26일 자 김건희-명태균 카톡 대화를 보자. 이날 명 씨는 '210626-전국정기10차.pdf'라는 제목의 파일을 김건희에게 보냈다. 이어 명 씨는 "내일 27일 일요일 오후 7시에 공표 보도될 머니투데이 대선 여론조사 자료입니다. 그때까지 보안 유지 부탁드립니다"라고 말했다. 그러자 김건희는 "넵"이라고 짧게 답했다.

실제로 다음 날인 6월 27일, 머니투데이에 윤석열 전 검찰총장이 차기 대선 후보 적합도에서 32.7%를 기록하며 1위를 차지했다는 보도가 나왔다. 이 조사는 명 씨가 미래한국연구소 실무자 강혜경 씨에게 지시해서 여론조사업체 PNR이 실시한 언론 공표용 여론조사다. 머니투데이는 이름만 빌려줬을 뿐, 조사 비용은 지불하지 않았다.

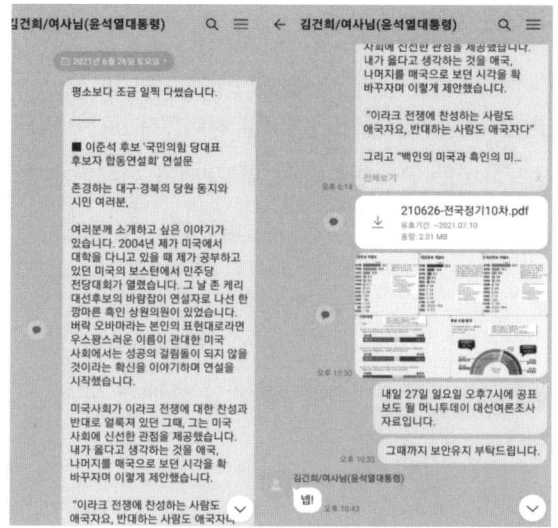

▶ 검찰 수사보고서 2쪽에 실린 김건희-명태균 카카오톡 대화 캡처, 2021년 6월 26일

    2021년 7월 3일, 명 씨는 이날도 김건희에게 "내일 오후에 공표될 여론조사 자료입니다. 보안 유지 부탁드립니다"라며 보고서 파일을 건넸다. 이에 김건희는 "넵 충성!"이라고 답하는데, 이는 윤석열이 대선후보가 되기 전부터도 이들이 여론조사를 매개로 긴밀하게 연결된 정황을 말해준다.

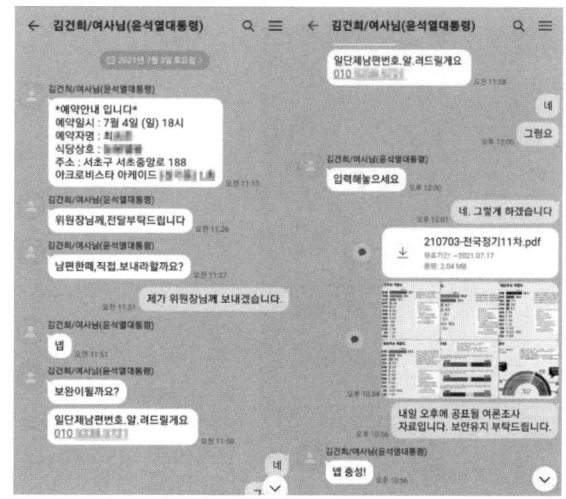

▶ 검찰 수사보고서 11쪽에 실린 김건희-명태균 카카오톡 대화 캡처, 2021년 7월 3일

결과 조작한 '비공표 여론조사'도 윤 부부에게 전달

국민의힘 대선후보 경선이 한창이던 2021년 10월 20일 저녁 7시 58분. 명태균 씨는 자신이 실질적으로 운영한 미래한국연구소 직원 강혜경 씨에게 전화해 "윤 쪽", 즉 윤석열 캠프에서 의뢰한 것으로 추정되는 비공표용 여론조사를 지시했다.

> 명태균: 그 내일은 윤 쪽에서 조사할 건데... 데이터를 내일 쫙 한번 돌려 봐야 되는데.
>
> 명태균-강혜경 전화통화, 2021년 10월 20일

명 씨 지시대로, 미래한국연구소는 다음 날인 10월 21일 여론조사를 진행했다. 그리고 이날 저녁, 윤석열이 명태균과 텔레그램으로 대화를 나눈다. 대화는 윤석열과 명 씨, 둘만의 1대 1 대화방에서 이뤄졌다.

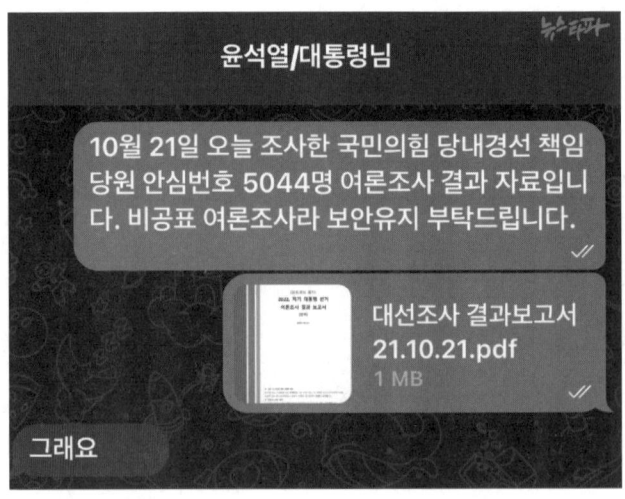

▶ 윤석열-명태균 텔레그램 대화, 2021년 10월 21일 (이미지 출처: 명태균 PC)

저녁 7시 53분. 명태균 씨는 윤석열에게 "10월 21일 오늘 조사한 국민의힘 당내 경선 당원 5044명의 여론조사 결과 자료"라며, "비공표 여론조사라 보안 유지를 부탁드린다"는 메시지를 보냈고, 1분 뒤에는 pdf 파일을 건넸다. '윤 쪽' 의뢰로 진행된 여론조사 결과 보고서였다. 메시지와 파일을 수신한 윤석열은 "그래요"라고 답했다.

국민의힘 대선후보 경선 기간 동안 윤석열-김건희 부부가 메신저를 통해 명태균 씨로부터 받은 비공표 여론조사는 윤석열 2건, 김건희 2건 등 최소 4건으로 확인된다. 대통령 부부의 범죄 혐의를 입증하는 물증이 뉴스타파 보도로 처음 세상에 나온 것이다.

'남편 1등' 만들어 달란 김건희…결괏값 조작 지시했나

"명태균이 일방적으로 보낸 파일이다."

윤석열 부부가 이 사건 수사를 받게 된다면 아마 검사에게 이렇게 둘러댈 것 같다. 나는 원하지 않았는데, 선거를 돕고자 하는 분이 보낸 것이라 예의상 답변을 했다는 취지로 말이다. 그러나 카톡 대화 내용을 보면, 이들은 단순한 수혜자가 아니었다.

2021년 국민의힘 대선 경선 당시, 윤석열뿐 아니라 김건희도 홍준표 후보에게 밀리는 상황을 걱정했다. 명 씨는 김건희와 카카오톡 대화를 나눴는데, 김건희가 명 씨에게 "큰일이네요", "이러다 홍한테 뺏기는 게 아닐까요ㅠ", "홍이 1등은 안 되나요?" 등 당시 홍준표 후보에 경선 승리를 내줄까 우려하는 메시지를 잇따라 보냈다. 이에 명 씨는 "네 (홍이 1등하는 건) 어렵습니다. 내일 자체 조사를 해보겠습니다"라고 답한다.

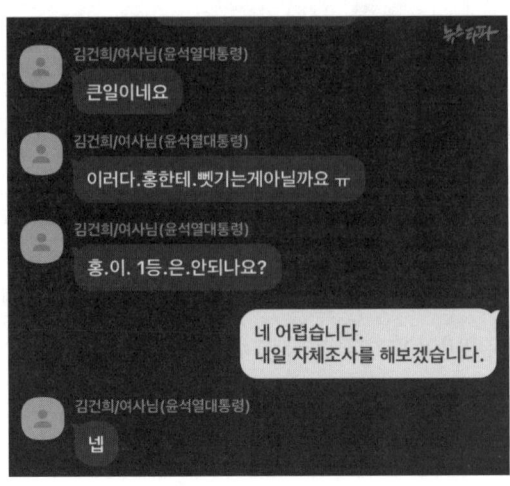

▶ 김건희-명태균 카카오톡 대화, 2021년 10월 5일 (이미지 출처: 명태균PC)

윤석열과 명 씨는 여론조사 결과 보고서 파일을 주고받은 뒤에도 대화를 이어갔다.

2021년 10월 21일 자 텔레그램에서 명 씨는 "(여론조사 결과) 이재명을 선택한 11%는 이중 당적자로 추정됩니다. 최소 6만 명 정도"라며, 자신이 건넨 여론조사 결과 분석 내용을 윤석열에게 보고했다. 그러자 윤석열은 "이놈들이 홍으로 가는 거 아냐?" 하고 물었다.

이날 대화의 의미를 설명하면 이렇다. 2021년 10월 21일 '명태균 여론조사'는 국민의힘 당원만을 대상으로 진행됐고, '이재명-윤석열 양자 대결' 문항에서 이재명 후보를 선택한 응답자가 약 10%로 나왔다. 명 씨는 이들을 국민의힘 당원으로 위장한 민주당 당원, 즉, '이중 당적자'로 봤다.

국민의힘 전체 당원이 약 56만 명이니까 이 중 10%인 약 6만 명이 이중 당적자로 추정된다고 명 씨가 보고하자, 윤석열이 이 사람들은 국민의힘 경선에서 홍준표 후보를 찍는 것 아니냐고 물은 것이다. 윤석열의 이 같은 질문에 명 씨는 "네, 맞습니다"라고 답했다.

명 씨가 일방적으로 보고서를 전달했다면 나올 수 없는 질문이다. 윤석열 또한 여론조사 결과를 꼼꼼히 봤고, 이에 대한 대책까지 주문했다고 풀이되는 대목이다.

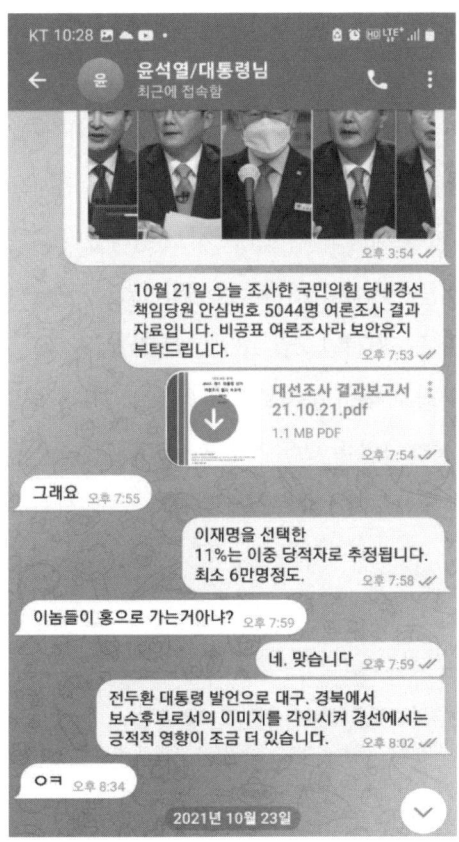

▶ 윤석열-명태균 텔레그램 대화, 2021년 10월 21일
(이미지 출처: 명태균PC)

김건희 통신조회로 22대 총선 개입도 확인한 검찰

검찰은 김건희가 2021년 6월 보궐선거뿐만 아니라 22대 총선에도 개입한 정황을 파악한 상태였다. 검찰은 2024년 총선 공천을 앞두고 김건희와 김영선 당시 의원(창원시 의창구)이 최소 11차례 이상 연락한 사실을 통신 내역으로 확인했다. 이는 2022년 재보궐 국회의원 선거뿐만 아니라, 22대 공천에도 김건희가 개입한 사실을 뒷받침한다. 특히 검찰은 김영선 전 의원이 컷오프를 미리 알고 경남 김해로 출마 지역을 바꾸는 과정에도 김건희가 개입했다고 봤다.

검찰은 2024년 11월 10일, 이 같은 내용을 <피의자 명태균의 제22대 총선 공천 개입 정황 확인>이란 제목의 수사보고서로 정리했다. 제목에는 '명태균'이라 써놨지만, 보고서 내용은 '김건희'의 총선 개입이었다. 분량은 총 12쪽이다.

검찰 수사보고서에는 2024년 2월 18일부터 3월 1일까지 12일 동안, 김건희-김영선 두 사람이 전화로 4번, 문자로 7번 등 총 11차례 연락을 주고받은 사실이 담겨있다. 이 중 통화 4번은 모두 김건희가 먼저 전화를 걸었는데, 발신 기지국 위치정보는 서울 용산구 한남동 관저 앞 빌딩, 통신사는 SK텔레콤으로 확인된다.

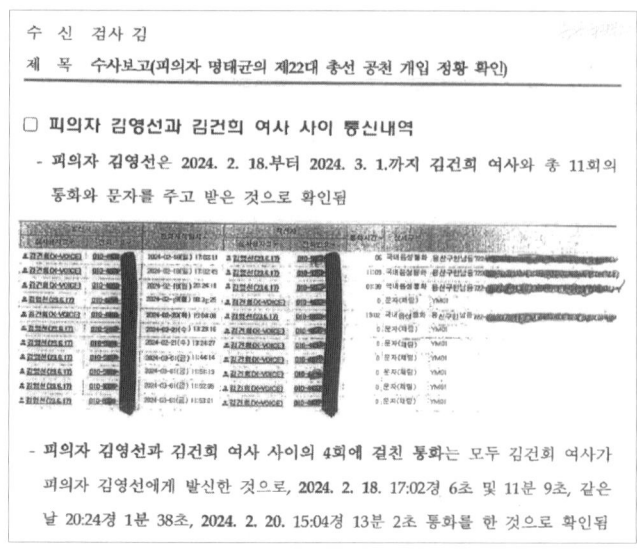

▶ 검찰 수사보고서 〈피의자 명태균의 제22대 총선 공천 개입 정황 확인〉 1쪽, 2024년 11월 10일 작성

검찰 수사보고서로 드러난 사실을 시간 순서대로 나열하면 다음과 같다. 명 씨가 김건희에게 "김영선 의원에게 제가 경선하란 말은 못 하겠다"면서 직접 김 의원에게 전화를 해달라고 텔레그램으로 말한 건 2024년 2월 18일 오후 3시 30분경. 이 메시지 약 1시간 30분 뒤인 2월 18일 오후 5시 2분경 김건희가 두 번에 걸쳐 총 11분가량 김영선 의원에게 전화를 건다. 같은 날 저녁 8시 24분에도 두 사람은 1분 38초간 통화했다.

검찰은 김영선 전 의원의 통신영장을 발부받아 통화 내역을 살폈고, 김건희 소유의 전화번호가 맞는지 통신조회까지 했다.

검찰 수사보고서 제목은 피의자 명태균으로 시작하지만, 정작 보고서 내용은 김건희가 주인공이다. 검찰은 수사보고서 마지막에 '김영선 컷오프가 예상되자, 김건희 조언에 따라 지역구를 김해갑으로 옮겨 급히 언론에 발표하고, 그 발표 기사를 다시 김건희에게 전달하여 김해갑 공천에도 개입하려고 시도한 정황이 확인됐다'는 결론을 내렸다.

〈피의자 명태균의 제22대 총선 공천 개입 정황 확인〉 검찰 수사보고서에는 22대 총선을 한 달여 앞둔 2024년 2월에 명태균과 김건희, 두 사람이 김영선 공천과 관련해 나눈 텔레그램 대화가 담겨있다.

2024년 2월 18일 오후 3시 30분경 텔레그램에서 명 씨는 김건희에게 김영선 단수 공천을 부탁했다. 하지만 김건희는 김영선 의원이 경선에 나가야 한다고 말했다. 아무런 권한이 없는 김건희가 "경선에 나가라"고 말한 것 자체가 논란이다. 김영선 의원이 컷오프 대상자란 사실도 김건희가 미리 알려준 것으로 보인다.

명 씨는 이날 김건희에게 "여사님 말씀대로 김해갑 경선에도 참여하겠다고

기사를 낸다"고 말했는데, 검찰이 확인한 결과 실제로 관련 기사가 나왔다. 검찰은 이 기사를 찾아 보고서에 첨부했다.

디지털 판도라 상자 '명태균PC' 입수

▶ 뉴스타파가 최초·단독 입수한 '명태균PC'

윤석열 파면 선고 하루 전인 2025년 4월 3일, 뉴스타파는 윤석열 내란의 결정적 마중물이 된 사건, '명태균 게이트'의 핵심 증거물을 유튜브 생방송으로 공개했다. 명 씨가 2년 가까이 직접 사용한 데스크톱 PC 본체다. 여기에는 윤석열 부부의 공천 개입 증거, 그리고 명 씨가 윤석열 부부와 소통하며 국정농단을 도모한 정황 증거가 빼곡히 담겼다.

검찰이 압수한 디지털 판도라 상자, '명태균PC'가 뉴스타파로 온 과정은 다음과 같다.

2023년 12월 13일, 선거관리위원회는 김영선 전 의원과 명태균 씨를 정치자금법 위반 혐의로 검찰에 수사 의뢰했다. 이 사실을 알게 된 명 씨는 과거에 함께 일한 강혜경 씨에게 전화를 걸었다. 다음은 통화 내용이다.

○강혜경: 네, 본부장님.
○명태균: 그 다른 게 아니고 내 자리에 있던 컴퓨터 그 하드디스크 교체했어요, 그때?
○강혜경: 어, 아니요. 컴퓨터 치워버릴게요.
○명태균: 그 하드디스크, 본인 집에도 압수(수색) 들어올지도 모르니까 하드디스크 해갖고 버려. 폐기 처분해. 내 자리 거기는 큰일 나.

명태균-강혜경 전화통화, 2024년 1월 3일

명 씨 지시를 받은 강혜경 씨는 '명태균PC'를 집으로 가져갔다. 그러나 폐기하지는 않고 그대로 보관했다. 2024년 9월 30일, 검찰이 강혜경 씨 집을 압수수색했다. 검찰은 이날 강 씨 휴대전화 및 각종 전자기록장치를 압수했다. 압수물 목록에는 '명태균PC'도 포함됐다. 이로부터 한 달여 뒤, 검찰은 압수한 휴대전화와 전자기록장치를 강혜경 씨에게 돌려줬다. 그런데 무슨 이유에선지 '명태균PC'만은 돌려주지 않았다.

강 씨는 2024년 12월 2일, '명태균PC'를 돌려달라는 '압수물 가환부 청구서'를 창원지방검찰청에 제출했다. 검찰은 묵묵부답으로 일관하다가 청구 석 달여 만인 2025년 3월 26일에 강 씨에게 '명태균PC'를 돌려줬다.

검찰이 피의자에게 압수물을 언제 돌려줘야 하는지는 명확한 규정이 없다. 오로지 검사 마음이다. 뉴스타파 김용진 기자의 경우는, 2023년 12월에 압수한 휴대전화를 1심 재판이 진행 중인 지금까지도 돌려주지 않고 있다. 이를 통해 검찰이 김 기자를 매우 싫어한다는 사실을 추론할 수 있다.

어쨌든 검찰은 PC 소유권이 강혜경 씨에게 있다고 봤다. 압수물 목록에도 PC 소유자는 강 씨로 기재됐다. 더구나 명 씨가 폐기를 직접 지시한 녹음파일까지 존재하기 때문에 소유권에는 이견이 없다. 강혜경 씨는 가환부 당일에 명태균PC를 뉴스타파에 제공했다. 강 씨는 "뉴스타파가 이 사건을 끈질기게 추적 보도해온 사실을 높게 평가한다"면서 "이번에도 믿는다"고 말했다.

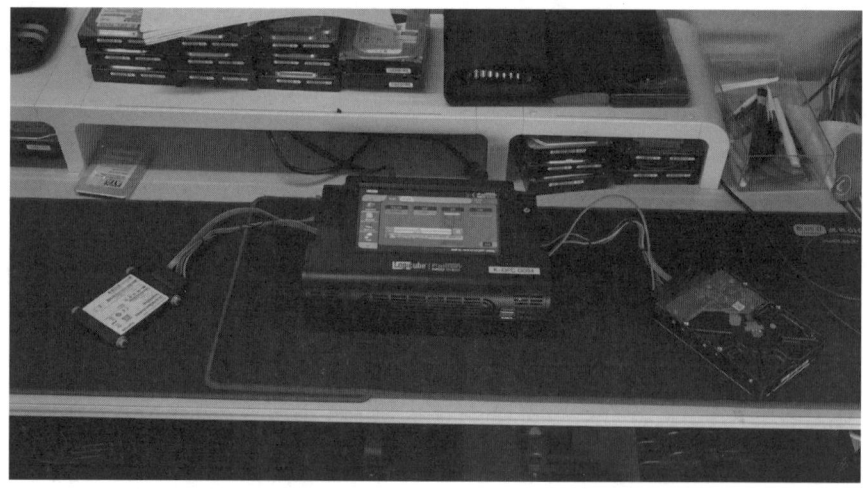

▶ '명태균PC' 디지털포렌식 작업 모습.

뉴스타파 취재진은 창원에 가서 이 PC를 받아 서울에 있는 디지털포렌식 전문업체(한국디지털포렌식센터)에 복원을 맡겼다. 자료 오염 가능성을 원천 차단하기 위해, 검찰이 PC에 붙여놓은 봉인지도 떼지 않은 채 포렌식을 의뢰했다. 결과물이 나중에 법정에서 증거로 쓰일 가능성도 있기 때문에 뉴스타파는 봉인지 해제 및 PC 하드디스크 분리 과정 일체를 촬영했다.

분해한 '명태균PC'에는 128기가바이트 용량의 하드디스크(SSD)가 들어있었다. 포렌식 작업은 꼬박 이틀이 걸렸다. 포렌식 결과, 삭제됐던 명 씨의 카카오톡과 텔레그램 등 메신저 대화 내역, 그리고 명 씨에게 전달·보고된 각종 문서 파일과 사진 파일 등 약 70기가바이트 분량의 자료가 되살아났다.

자료 복원에 성공한 명태균 게이트 취재팀은 검찰 수사기록을 처음 마주했을 때처럼 설렜다. 여기서 또 무엇이 튀어나올까 하는 기대와 동시에, 또 며칠은 잠을 제대로 못 자겠구나 하는 걱정이 뒤섞였다.

'명태균PC'로 시작된 '창원산단' 국정농단 게이트

뉴스타파가 입수한 '명태균PC' 속 자료를 통해, 명 씨가 창원 제2국가산업단지 지정을 앞두고 산단 지정의 필요성을 담은 글을 윤석열에게 직접 보고한 정황을 최초로 확인했다. 민간인 명 씨가 국정에 개입했다는 의혹은 그간에도 제기돼왔지만 이를 뒷받침하는 구체적인 단서가 드러난 건 처음이다.

윤석열 정부의 창원산단 지정이 '명태균 직보'에 따른 것이라면, 이는 최순실 사건처럼 민간인이 개입한 '국정농단' 게이트로 확대될 수 있다. 앞서 뉴스타파는 명 씨가 창원산단 지정을 위해 방산 대기업을 접촉하고, 국회 예산 배정 특혜를 준 의혹을 보도했다. 특정 기업에 혜택을 주는 대가로 창원산단 투자를 약속받고, 이를 토대로 창원산단 지정 신청을 한 것이다.

그러나 이 모든 걸 민간인 명 씨 혼자 해낼 수는 없다. 산단 지정은 정부 고유 업무인 만큼, 여당 국회의원 한두 명이 해낼 수 있는 일도 아니다. 명태균의 보고 및 청탁→대통령의 승낙 및 지시 순으로 전개됐을 가능성이 유력하다.

창원산단 의혹의 핵심은 명 씨가 윤석열이나 김건희를 통해 창원산단 지정을 성사시켰는가다. 이때까지 이를 뒷받침할 증거나 단서는 나오지 않았다. 그런데 뉴스타파가 입수한 '명태균PC'에 의혹을 풀 단서가 있었다. 창원산단 지정 68일 전인 2023년 1월 6일 명 씨가 김영선 의원에게 보낸 카카오톡 메시지다. 명 씨 자신이 대통령에게 보낸 900자 메시지를 김 의원에게 카톡으로 전달한 것이다. 첫 문장은 이렇게 시작한다.

> 대통령님, 외람되게 말씀을 올리겠습니다. **창원국가산단 지정은 대한민국 국익을 위해 꼭 지정되어야 합니다.**

장문의 메시지에서 명 씨는 국익과 박정희 전 대통령을 거론하며 창원산단 지정 필요성을 조목조목 설명했다. 명 씨는 또 창원 소재 방산 대기업들의 애로사항을 구체적으로 파악하고 있었다. 그가 한화에어로스페이스, 현대로템 등과 수시로 접촉한 이유가 추정되는 대목이다. 메시지는 이렇게 마무리된다.

> 창원은 박정희 대통령님께서 자주국방의 큰 뜻으로 만들어 50년을 달려왔습니다. 이제 창원은 윤석열 대통령님께서 방산·원전 수출 강대국의 문을 활짝 여시어 윤석열 대통령님의 도시로 50년을 달려갈 겁니다. 창원 제2 국가산업단지 예정지는 교통평가, 환경평가 등 모든 준비가 되어있습니다. 감사합니다.

만약 명 씨가 윤석열에게 창원산단 관련 내용을 '직보' 혹은 '청탁'한 것 때문에 산단 지정이 이뤄졌다면, 청와대와 대기업을 동원한 최순실 사건과 같은 초유의 '국정농단' 사건으로 성격이 바뀔 수밖에 없다. 대통령의 정당 '공천 개입' 문제는 상대적으로 작은 사건이 돼버릴 것이다.

문제는 검찰이다. 창원지방검찰청은 2024년 10~11월 압수한 명태균PC를 포렌식해 여러 수사보고서를 만들었다. 그러나 명 씨가 '직보'한 정황이 담긴 카카오톡은 수사보고서에 담지 않았다. 명태균 게이트 수사 대부분은 현재 서울중앙지검으로 넘어갔고, 창원산단 관련 수사만 창원지검이 계속 한다. 그러나 검찰 수사는 윤석열 부부 앞에서 완전히 멈춘 후, 엉뚱한 방향으로 가고 있다.

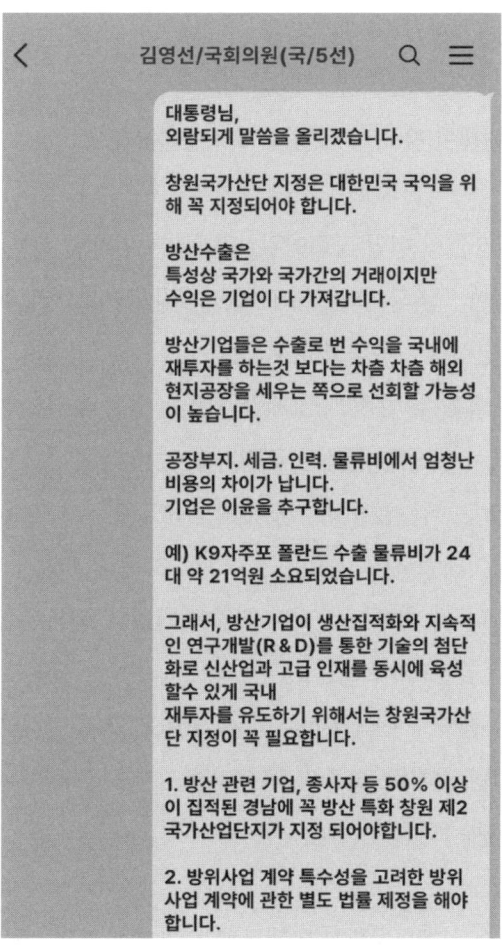

▶ 명태균-김영선 카카오톡, 2023년 1월 6일 (이미지 출처: 명태균PC)

이태원 참사 책임 '면피 법안'에 김건희 "감사합니다"

2022년 10월 29일, 서울 도심 한복판에서 159명이 숨졌다. 10·29 이태원 참사다. 참사 다음 날 명태균 씨는 김영선 의원에게 아래와 같은 카카오톡 메시지를 보냈다.

이태원 할로윈데이 사고 방지 법령 개정 준비하세요.

당시 김영선은 '5선'의 현역 국회의원, 명태균은 민간인 신분이었다. 민간인이 당 대표까지 역임한 5선 국회의원에게 법안 개정 준비를 명령한 것이다. 실제로 김 의원은 명 씨 명령대로 움직였다. 2022년 11월 4일, 김 의원은 재난관리법 개정안을 국회에 제출했다. 법률 개정 제안 이유는 다음과 같았다.
"최근 이태원에서 발생한 참사는 주최자가 없는 경우에도 안전 관리가 필요하나 관련 규정 또는 메뉴얼이 미비하여 발생하였음."
김 의원은 또 "이태원 사고 원인 중 하나로 지목되는 입법 미비는 정치권이 크게 반성해야 한다"는 내용으로 기자 회견을 열었다. 언론은 별다른 비판 없이 이 소식을 뉴스로 만들어 퍼트렸다.
명 씨는 이태원 참사가 윤석열 정부의 부실 대응 탓이 아니라 관련 법률에 구멍이 있어서 일어난 것처럼, 일종의 '프레임'을 기획하고 실행한 것으로 보인다. 민주당의 공격을 예측하고 선제 대응한 것이다.

2025년 1월 뉴스타파가 공개한 명태균과 윤석열 부부의 SNS 대화에는 명 씨가 '언론플레이' 중요성을 강조하거나 직접 실행하는 장면이 나온다. 예컨대 명 씨가 보수 유튜버로 하여금 윤석열 후보자의 '도리도리' 습관이 의학적으로 '부동시' 질병의 후유증인 것처럼 사실을 왜곡하는 방송을 하도록 사주하는 일이 지난 대선 기간에 실제로 일어났다.

'명태균PC'에는 2022년 11월 4일, 명 씨가 김영선 의원에게 재난관리법 개정안 발의를 지시한 이유를 누군가에게 설명하는 텔레그램이 저장됐다.

여사님! 민주당의 공격을 미리 방지하려고 김영선 의원이 선제적으로 법안을 발의하였습니다.

명 씨가 "여사님"이라 부른 사람은 바로 김건희다. 민주당의 공격을 방지하는 선제적 발의라는 명 씨 설명에 김건희는 화답했다.

감사합니다.

같은 날, 명 씨는 윤석열에게도 김 의원의 재난관리법 개정안 발의 사실을 직접 보고했다. 정리하면 명태균 씨와 김영선 의원은 법안 개정이라는 국회의원의 헌법적 권한을, 윤석열 정부의 책임을 회피하는 면피 수단으로 악용했다. 김건희는 이 같은 사실을 알면서도 '감사'를 표했다.

명 씨는 김영선 의원에게 자신이 김건희와 나눈 텔레그램 대화를 캡처해 전달했다. 김 의원은 하트 이모티콘으로 화답했다. 이들에게 이태원 참사 희생자를 향한 안타까움이나 죄책감은 찾아볼 수 없었다.

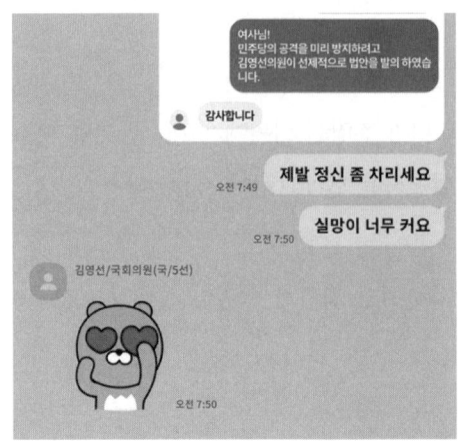

▶ 명태균-김영선 카카오톡, 2022년 11월 5일
(이미지 출처: 명태균PC)

참사 한 달 뒤인 2022년 11월 24일, 국회는 본회의를 열고 이태원 참사 진상 규명을 위한 국정조사계획서를 통과시켰다. 이날은 김건희가 먼저 명 씨에게 텔레그램을 보냈다. 이번에도 이태원 참사 책임 추궁을 면할 방법을 주고받았다. 아무런 법적 권한이 없는 김건희와 민간인 명 씨가 다름 아닌 국정을 논의한 구체적인 물증이 추가로 나온 것이다.

김건희는 2022년 11월 10일, 이태원 참사로 뇌사에 빠진 군 장병 가족을 찾아가서 돌연 눈물을 흘렸다. 윤석열은 2025년 2월 25일, 탄핵 심판 최후변론에서 이태원 참사에 대한 마땅한 진상 규명 요구가 북한 지령에 따른 것이라고 주장했다.

'명태균PC' 속 SNS 대화 내용은 윤석열 부부가 실제로 어떤 인간인지 가늠할 수 있는 중요한 단서다.

12.3 내란 결심의 마지막 한 방울은 '명태균 게이트'

윤석열은 ① 지난 대선 기간, 명 씨로부터 공짜 여론조사를 받아챙겼고 ② 그 대가로 당선 이후 명 씨에게 국회의원 공천권을 줬다. ① 정치자금법 ② 공직선거법 위반 등의 범죄 혐의가 제기된다.

이에 더해 뉴스타파는 윤석열 부부가 창원산단 지정 비리, 방위산업 대기업 특혜 비리에 배후 역할을 했을 가능성을 계속 추적했다. 윤석열의 범죄 혐의를 한가운데에 놓고 '명태균 게이트' 진행 경과를 따라가면, 뚜렷하게 보이는 것이 있다. 앞서 살펴본 검찰 수사보고서에 검찰은 2024년 11월 4일에 이미 윤석열 부부의 혐의를 입증할 SNS 증거 280개를 정리해놨다. 검찰이 물증을 확보한 사실은 창원지검→대검찰청→대통령실 순으로 보고됐을 가능성이 높다.

2024.4.	녹음파일 4,295개 확보
2024.9.30.	검찰, 명태균↔윤석열 부부 메신저 대화 내용 확보
2024.10.10.	검찰, 명태균 공직선거법 위반 혐의없음 처분
2024.10.31.	민주당, 윤석열 공천 개입 육성 녹음파일 공개
2024.11.	검찰, 윤석열 범죄 혐의 증거 문건 내부 보고
2024.11.8.	검찰, 명태균 소환 조사
2024.11.15.	검찰, 명태균 구속
2024.12.2.	명태균, '황금폰' 공개 의향

사흘 뒤인 11월 7일에, 뜬금없이 윤석열이 대국민 담화를 열어 명태균과 우리 부부는 관계가 없다는 '거짓말'을 한 이유도 바로 이 수사보고서로 설명된다. 이 당시 검찰은 계속해서 윤석열 부부의 범죄 혐의를 입증할 수사보고서를 정리하고 있었다.

특히 명태균 씨가 말로만 떠들던 '황금폰' 속 통화 녹음파일의 존재도 이때 검찰이 확인했다. '명태균PC' 포렌식을 해보니, 명 씨가 통화 녹음파일을 재생한 기록이 나온 것이다. 이 또한 수사보고서로 정리가 됐다. 명 씨가 '뻥카'를 날리지 않았다는 걸 검찰은 이때 알았던 것이다.

그럼에도 검찰은 윤석열 부부 소환조사를 검토조차 하지 않았다. 살아있는 권력 앞에서 검찰이 노상 보여온 모습이다. 윤석열은 대국민 거짓말로 위기를 모면해보려 했지만, 2024년 12월 2일 중대한 사건이 발생한다. 구속 중인 명 씨가 변호인을 통해 '황금폰'을 민주당에 제공하겠다고 밝힌 것이다.

통화 녹음파일이 공개되면 윤석열의 국정 운영은 불가능해진다. 자신이 살고 또 부인이 살기 위해선 이 모든 걸 덮을 만한 강력한 도구가 필요했을 것이다. 그래서 윤석열은 명태균이 재판에 넘겨진 2024년 12월 3일, 그간 만지작거리기만 하던 계엄을 전격 실행하기에 이른다.

'부정선거'는 내란 정당화와 폭동 유도용 '트릭'

일각에선 윤석열이 '부정선거'를 조사하기 위해 비상계엄을 실시하고 선거관리위원회에 군인을 보냈다고 말한다. 윤석열 본인도 내란 직후 대국민 담화에서, 또 헌법재판소에서 이와 같이 진술했다. 뉴스타파도 처음엔 윤석열의 '부정선거' 인식이 심각하다고 보고 관련한 여러 기사를 썼다. 부정선거론자들은 한국산 개표기가 수출돼 해외에서도 여러 부정선거가 있었다고 주장한다. 12.3 내란 당일 공교롭게도 윤석열은 키르기스스탄 대통령과 정상회담을 열었다. 까마귀 날자 배 떨어진다고 그때는 솔직히 누가 봐도 이상한 일이었다.

그래서 뉴스타파는 '부정선거' 팩트체크에 들어갔다. 키르기스스탄이 2015년부터 한국산 개표기를 선거에 도입한 것은 사실이지만, 부정선거와는 아무런 관련이 없었다. 그럼에도 일부 한국 언론은 이를 '한국산 전자개표기' 문제인 것처럼 조작해서 보도했다. 극우 유튜버들은 조작된 기사를 내세우며 부정선거론을 주장하기 시작했고, 전현직 유력 정치인들은 유튜버 주장을 아무 검증 없이 받아들였다.

뉴스타파는 키르기스스탄 현지 탐사보도 매체와 함께 '한국산 전자개표기' 선거 조작이 사실인지 팩트체크했다. 그 결과, 키르기스스탄 부정선거 사례는 해킹으로 인한 선거인명부 유출과 돈을 주고 표를 사는 '매표' 행위였음이 드러났다.

뉴스타파는 키르기스스탄 부정선거를 최초 고발한 현지 독립 언론 클룹(Kloop) 소속 리낫 투밧신(Rinat Tuhvatshin) 기자와 화상 인터뷰를 했다. 리낫 기자는 2015년 한국산 전자개표기 도입으로 오히려 키르기스스탄에서는 선거 결과를 조작하기가 매우 어려워졌다고 말했다. 그는 "한국 선거 장비는 우리의 구원"이라는 표현을 했다.

한국과 키르기스스탄은 개표 방식이 동일하다. 수 개표와 전자 개표를 동시에 진행함으로써 한 쪽에서 일어날 수 있는 개표 오류를 바로잡을 수 있다. 조작을 하려면 실물 투표지까지 모두 바꿔야 하는데, 현실적으로 불가능한 일이다.

2024년 내란 직후만 해도, 뉴스타파 또한 윤석열의 부정선거 신봉이 내란 동기라고 보도했다. 그러나 '명태균 게이트' 검찰 수사기록 일체와 '명태균PC' 자료 일체를 확보한 지금은 생각이 많이 달라졌다.

'부정선거'는 윤석열이 자신이 일으킨 내란의 진짜 동기를 숨기려 만든 일종의 '허수아비'다. 국회를 강제로 해산하고, 비상계엄 해제 의결을 못하도록 의원들을 체포하는 것이 '위헌'이란 사실을 검찰총장 출신 윤석열이 모를 리 없다. 전시나 사변에 준하지 않는 평온한 상태에서 비상계엄을 선포할 명분이 필요했고, 그것이 바로 '부정선거'인 것이다.

윤석열은 2023년 국가정보원까지 동원해 선거관리위원회 서버를 탈탈 털었지만, 보안 점검 결과는 '외부 해킹 흔적은 찾을 수 없다'는 허무한 결말이었다. 그런데 이때 윤석열이 아무런 문제가 없는 결론을 마치 문제가 있는 것처럼 포장해서 발표하도록 뒤에서 사주한 의혹도 언론에서 제기됐다.

윤석열이 계엄군을 선관위로 먼저 보낸 것도 그럴싸한 내란의 '명분'을 만들고자 한 의도다. 선관위 서버에 해킹 흔적을 심어서 지난 22대 총선이 부정선거였다고 발표하면, 위헌적인 내란을 정당화할 충분한 근거가 되리라는 망상에 빠졌던 것 같다.

실제로 내란 직후 윤석열이 대국민 담화를 열고 '부정선거' 열변을 토하자, 대다수 언론은 부정선거 발언을 검증 없이 퍼나르기 시작했다. 이런 받아쓰기 기사는 일부 국민이 윤석열의 부정선거론이 진실이라고 믿게 만드는 밑거름이 됐다. 일부 과격 세력은 태극기를 들고 나와 법원 폭동까지 일으키는 만행을 저질렀다. 우리는 이 같은 일련의 과정이 거짓에 매우 능숙한 윤석열이 사전에 기획한 '공작 시나리오'였다고 생각한다.

그렇다면 12.3 내란의 실체는 무엇일까. 앞서 자세히 살펴봤듯이 12.3 내란은 윤석열과 김건희가 '명태균 게이트' 진실이 세상에 알려질까 두려워서 일으킨 친위 쿠데타이자 '셀프 정변'이라고 보는 것이 합당하다.

애초부터 국민의 안위나 안전 따위는 윤석열의 머릿속에 없었다. 자신의 범죄를 덮기 위해, 자신의 부인이 저지른 수많은 범죄를 무마하기 위해, 더 큰 범죄인 내란을 일으켜서 기존의 모든 범죄를 덮고자 한 것이 바로 12.3 내란의 본질이다.

　그렇다면 이런 윤석열을 검증 보도한 기자들을 사형에 처해야 할 국가반역 국기문란 사범으로 몰던 자들, 윤석열 부부를 포함한 그들이야말로 '진짜 국기문란 사범'이 아닌가.

에필로그

개정판 에필로그

2025년 4월 4일 대통령 윤석열 탄핵심판 선고가 있던 날, 김용진과 한상진은 서울지방법원 405호 법정 피고인석에 앉았다. 윤석열 명예훼손혐의로 재판을 받기 위해서다. 2024년 7월부터 공판준비기일을 포함해 12번째 공판이다. 12.3 불법계엄 이후 세상은 격랑에 휘말렸으나 법정은 아무 일 없었다는 듯 굴러간다. 관성의 법칙이 완벽하게 적용된다.

이날은 재판부 변경 뒤 처음 열린 공판이다. 그래서 '공판갱신절차'를 검사나 변호인 측 모두 진지하게 얘기했다. 이어 다음 공판을 5월 23일로 잡았다. 오전 10시에 시작한 공판은 20여 분 만에 끝났다. 재판부, 검사, 피고인 측 그 누구도 계엄이나 내란이나 윤석열 얘기는 꺼내지 않았다. 윤석열 명예훼손 사건 재판인데도 말이다. 한 시간 뒤 헌법재판소는 윤석열을 파면했다.

이에 앞서 3월 31일, 역시 서울지법 405호 법정에서는 김용진, 한상진보다 한 달 뒤에 기소된 봉지욱의 첫 공판준비기일이 열렸다. 기소 8개월 만이다. 물론 봉 기자도 윤석열 명예훼손 혐의로 재판에 넘겨졌다. 담당 재판부도 김용진, 한상진 사건과 같다.

그리고 4월 14일, 열흘 전 대통령 자리에서 쫓겨난 윤석열이 서울지방법원

417호 법정에서 첫 형사재판을 받았다. 무려 대통령의 "명예를 훼손한" 세 기자, 그들에게 "명예를 훼손당하고" 내란을 일으켜버린 대통령, 이처럼 기막히게 얽힌 세 기자와 전직 대통령이 서울중앙지법 서관 같은 층 법정에서 재판을 받는 운명에 처했다.

이 책 1장 '7년전쟁'에서 우리는 윤석열 파면과 퇴거로 그와 뉴스타파 사이의 7년전쟁 1막을 내렸다고 말했다. 그리고 서울중앙지법 4층에서 뉴스타파와 윤석열 사이에 새로운 막이 올랐다. 우리는 첫 재판에서 윤석열 명예훼손 사건을 '뉴스타파 v. 윤석열' 사건으로 이름 붙였다. 또 이 재판을 통해 정치검찰이 정치적 목적으로 언론을 탄압하는 행태를 끝장내겠다고 다짐한 바 있다. 미국의 '뉴욕타임스 v. 설리반' 사건처럼 우리나라에서도 언론이 공인을 다루는 보도와 관련해 획기적 판례를 남겨보겠다고 했다.

이와는 별도로 윤석열 내란 사건 형사재판 취재로 윤석열 김건희 부부가 내란에 이른 과정을 철저하게 해부하려고 한다. 김건희 주가조작 사건과 명태균을 매개로 한 윤석열 김건희 국정농단 사건 취재는 아직 끝나지 않았다.

윤석열 내란 사건 재판이 시작될 때에 맞춰 이 책 압수수색을 기반으로 뉴스타파필름이 제작한 다큐멘터리 영화 <압수수색: 내란의 시작>이 개봉했다. 이 영화에는 우리 저자 3명이 주인공으로 나온다. 개봉 전 열린 VIP 시사회에서 몇몇 관객이 영화를 본 뒤 우리에게 속편을 꼭 만들어 달라고 했다. 속편은 '내란의 종결'이라는 이름을 붙여달라고도 했다.

영화를 흥미있게 봤다는 덕담이었다. 그러나 내란은 아직 끝나지 않았고, 그래서 내란이 끝장나는 걸 꼭 보고 싶다는 바람을 간절하게 담은 말이기도 했다. 내란을 완전 진압할 때까지 우리도 최선을 다하려고 한다. 그날이 언제 올지는 알 수 없다. 그래도 반드시 올 수밖에 없다고 믿는다. 그때는 '뉴스타파와 윤석열의 7년전쟁'이 '8년 전쟁', '9년 전쟁'으로 늘어나 있겠지. 그리고 뉴스타파필름이 새 다큐멘터리 영화 <압수수색: 내란의 종결> 크랭크인에 들어갈지도 모른다. 어쩌면 이 책의 새로운 개정판 요구가 빗발칠지도.

그때는 아마 우리가 영화 <압수수색: 내란의 시작> 수록곡 '아름다운 강산'을 가사 의미 그대로 신나게 부를 수 있을 것이다.

하늘은 파랗게 구름은 하얗게
실바람도 불어와 부푸는 내 마음
나뭇잎 푸르게 강물도 푸르게
아름다운 이곳에 내가 있고 네가 있네

손잡고 가보자 달려보자 저 광야로
우리들 모여서 말해보자 새 희망을
하늘은 파랗게 구름은 하얗게
실바람도 불어와 부푸는 내 마음

우리는 이 땅 위에 우리는 태어나고
아름다운 이곳에 자랑스런 이곳에 살리라

찬란하게 빛나는 붉은 태양이 비추고
하얀 물결 넘치는 저 바다와 함께 있네
그 얼마나 좋은가 우리 사는 이곳에
사랑하는 그대와 노래하리

아름다운 강산, 신중현

프롤로그인 **에필로그**

2024년 9월 24일 윤석열 명예훼손 사건 첫 본재판이 열렸다. 한국탐사저널리즘센터-뉴스타파 사무실과 한상진, 봉지욱 기자가 검찰 압수수색을 당한 지 1년하고도 10일째 되는 날이다.

법원으로 향하면서 1년 전 검찰이 쳐들어온 직후인 2023년 9월 22일, 뉴스타파와 친구 조직인 'OCCRP' 설립자 폴 라두가 한 인터뷰가 떠올랐다.

> 나는 'OCCRP(조직범죄와 부패 추적 보도 프로젝트)' 공동설립자 폴 라두입니다.
> 우리 OCCRP는 뉴스타파와 8년 넘게 협업을 해왔습니다. 나는 뉴스타파 설립자 김용진 대표와 저널리스트의 헌신을 잘 압니다. OCCRP와 뉴스타파는 여러 국제협업 취재를 해왔고 최근에도 피지 은혜로교회 비리 추적 프로젝트를 함께 진행했습니다. 뉴스타파는 '월드 클래스' 언론사입니다. 뉴스타파는 언론계에서 가장 높은 보도 수준을 보여주고 있습니다. 내가 이것을 아는 이유는 직접 뉴스타파 기자들과 협업해봤기 때문입니다. 우리 OCCRP가 뉴스타파와 같이 일했기 때문에 뉴스타파의 탐사보도를 향한 진실성과 헌신을 보증할 수 있습니다.

최근 일어난 뉴스타파 탄압은 끔찍한 일입니다. 있을 수도 없고, 일어나서는 안 되는 일이죠. 뉴스타파 탄생 배경을 돌아보면, 설립 당시 한국에서 강력한 탐사보도를 할 수 있는 독립언론이 필요했기 때문이었죠. 뉴스타파 설립 당시, 주류언론에서 일하던 기자들은 한국 사회 최고위층을 건드릴 때마다 받은 탄압이 너무 컸기 때문에 그곳에서 더 이상 탐사보도를 할 수 없다고 느꼈습니다. 그래서 당시 뉴스타파 설립이 필요했고, 또 지금도 뉴스타파는 여전히 필요한 존재죠.

그런데 또 악순환이 벌어졌습니다. 공익을 위해 독립적이고 자유로운 저널리즘을 실천하려고 한 저널리스트들이 탄압받았고, 그 때문에 뉴스타파가 만들어졌는데 말이죠. 뉴스타파는 지난 10년 동안 저널리즘 책무를 가장 높은 수준으로 수행해왔습니다. 그런데 지금 뉴스타파의 훌륭한 활동에 새로운 탄압이 몰아치네요. 이것은 옳지 않습니다.

세계 탐사보도 기자들은 힘을 합쳐 뉴스타파가 직면한 모든 유형의 위협에 함께 맞설 것입니다. 우리 OCCRP도 현재 60건이 넘는 소송에 맞서고 있습니다. OCCRP 기자와 세계 곳곳에 있는 파트너 매체에게도 다양한 압박이 가해지고 있습니다. 뉴스타파 같은 탐사보도 매체가 진실을 보도하는데, 권력자들은 이러한 진실이 괴롭기 때문입니다. 그게 탄압의 진짜 이유죠.

또 하나의 요인이 있습니다. 뉴스타파와 같은 탐사보도 매체들은 오랜 시간 동안 방대한 양의 정보를 축적해왔습니다. 따라서 부정과 비리에 연루된 권력자들은 뉴스타파가 과거에 한 보도나 현재 하는 보도만 겁내는 것이 아니라 앞으로 할 보도도 두려워하는 겁니다. 권력을 가진 자들이 뉴스타파와 같은 조직을 무너뜨리려고 하는 이유입니다. 과거와 현재 기사뿐만 아니라 앞으로 뉴스타파가 하고자 하는 일이 전부 눈엣가시이기 때문이죠.

여러분은 권력자들이 아무런 견제가 없다면 거리낌 없이 행할 범법행위를 막고 있습니다. 권력자에겐 골치 아픈 일이죠. 그래서 뉴스타파가 꼭 존재해야만 해요. 권력을 감시하고 현재와 앞으로 일어날 일까지 전망해 샅샅이 뜯어보고, 탐사보도를 할 수 있어야 합니다.
우리는 뉴스타파와 함께할 겁니다. 우리가 협조할 일이 있다면 뭐든지요. 탐사보도를 하는 많은 이가 힘을 모아야 한다고 생각합니다.

또 다른 친구, 일본 독립탐사매체 '탄사'의 와타나베 대표가 1년 전 뉴스타파에 보내온 기고문 대목도 떠올랐다.

현직 대통령의 명예를 훼손했다는 이유로 검찰이 언론사를 압수수색하는 것은 비정상이다. 대통령은 최고 권력자이고, 그 권력을 언론이 항상 감시하는 것은 민주주의 국가의 기본이기 때문이다. 명예훼손을 이유로 강제수사를 하는 것은 마치 독재국가와 같다.

나는 윤 대통령이 두려워하고 있다고 생각한다. 뉴스타파는 그동안 검찰의 수사 방식과 윤 대통령의 스캔들을 추적해왔다. 일본과 마찬가지로 한국에서도 매스미디어의 검찰 비판은 약했고, 탐사보도로 검찰을 몰아붙여온 뉴스타파의 존재감은 두드러졌다.

국가가 권력을 남용해 언론사를 무너뜨리려 할 때 한 발짝도 물러서서는 안 된다. 조직을 지키기 위해서가 아니라 민주주의 사회를 지키기 위한 책무다.

이들의 말과 글이 떠오른 이유가 뭘까. 우리보다 뉴스타파의 역할을 더 잘 알고 이해하고 있다는 느낌이 들어서인지도 모른다.

윤석열 정권의 전면 공격이 시작된 지 1년, 우리는 전국에서, 해외에서 우리를 지지하고 성원하는 수많은 '진실의 수호자', 뉴스타파 후원회원을 보며 힘든 순간을 버텨냈다. 그 사이 뉴스타파 후원회원은 1만 명 가까이 늘었다. 폴 라두나 와타나베 같은 해외 친구가 보내온 격려와 동지애도 우리가 탐사보도 소명을 잊지 않게 만든 원천이 됐다.

이렇게 1년이 지나고, 이제 시간은 우리 편이다. 9월 24일 본재판이 시작됐고, 우리는 2022년 3월 6일 내보낸 윤석열 후보 검증 보도를 이번 재판을 통해 다시 이어나간다. 이 법정 싸움이 언제까지 계속될지는 알 수 없다. 그러나 자의 반 타의 반으로 절호의 기회를 잡은 건 분명하다. '윤석열 명예훼손' 사건 재판, 즉 <뉴스타파 v. 윤석열> 케이스는 전 세계에 한국 탐사보도, 한국 사법 시스템, 그리고 한국이라는 나라에서 정의와 불의의 쟁투가 어떻게 귀결할지 보여주는 창이 되리라는 것도 분명하다.

그래서 이 에필로그는 우리가 다음에 쓸 새로운 장의 프롤로그이기도 하다.

특별부록

특별부록　**압수수색 대응 매뉴얼**

설마 내가? 아니다 당신이 맞다. 설마가 사람 잡는 법이다. 무도한 검찰이 설치는 시대에 우리는 누구나 피의자가 될 수 있다. 검찰의 사냥감이 된 즉시 압수수색이 펼쳐질 것이다. 대다수 언론은 검사가 흘려준 정보를 검증 없이 받아쓰고, 재판이 시작되기도 전에 당신의 '유죄'는 확정될 것이다. 이것이 바로 검찰 방식의 사회적 살인(Social Murder)이다.

윤석열 집권 3년차, 각자도생의 시대가 도래했다. 우리의 권리는 우리가 스스로 지켜야 한다.

그러자면, 무엇보다 검찰의 불법 압수수색이 어떤 식으로 이뤄지는지 미리 알아야 한다. 이 책을 집필한 김용진, 한상진, 봉지욱이 '윤석열 명예훼손' 사건 수사를 통해 온몸으로 취재한 사실을 간략한 질문과 답변으로 정리했다.

단, 우리의 답변을 '절대반지'처럼 신봉해선 안 된다. 법과 기술은 끊임없이 변하기 때문에, 당신이 압수수색을 당할 때는 이 내용이 더 이상 유효하지 않을 수 있다.

▶ 검찰의 봉지욱 기자 집 압수수색 영장 1쪽이다. 압색 집행 전날 발부됐다. 판사가 압수 대상 및 방법을 제한하는 방식으로 검사가 청구한 영장 일부를 기각했다. 유효기간은 14일이고, 야간 압수수색이 가능하다는 도장이 찍혀있다. 압수수색 당일, 검사는 피의자에게 영장 사본을 반드시 교부해야 한다.

Q. 압수수색영장은 누가 만드나요?

A. 압수수색검증영장(이하 압색영장)은 검사가 법원에 '청구'합니다. 사전에 법원 허가를 받아야 합니다. 영장 전담 판사는 검사가 청구한 영장을 검토해서 허가를 결정합니다. 판사가 불허하면 언론은 이를 '영장이 기각됐다'고 표현합니다. 경찰이 압수수색검증을 원할 경우에는 검찰에 영장을 '신청'해야 합니다. 검사는 경찰이 신청한 영장을 검토해서 기각하거나, 필요성을 인정하고 법원에 '청구'해줄 수 있습니다. 그래서 용어가 다릅니다. 경찰은 '신청'하고, 검찰은' 청구'한다고 합니다. 영장 '청구' 주체는 오직 '검찰'뿐입니다.

Q. 압색영장에서 무엇을 확인해야 하나요?

A. 일단 영장에 적힌 혐의 내용, 수색 장소, 압수 물건 목록, 영장 유효기간 등을 반드시 확인해야 합니다. 영장에는 판사가 직접 기재한 취소선(삭선)이 존재합니다. 영장에 취소선이 그어진 부분은 검사가 수색하거나 압수할 수 없습니다. 이 사실을 반드시 기억해야 합니다. 통상 압수수색은 오전에 이뤄지지만 때로 야밤에도 할 수 있습니다. 그러려면 판사가 압색영장 첫 페이지에 야간 압수수색을 할 수 있다는 '도장'을 찍어줘야 합니다. 이 도장이 영장에 찍혀있지 않다면, 일몰 후부터 일출 전까지는 압수수색을 할 수 없습니다.

Q. 압색영장에도 유효기간이 있나요?

A. 판사는 압색영장을 발부하면서 유효기간을 지정합니다. 통상 2주일 정도이고, 검사는 이 기간 안에 영장을 집행해야 합니다. 기한 내 집행을 하지 못할 경우, 검사는 다시 영장을 발부받아야 합니다. 때로 유효기간이 지난 영장을 들고 압수수색을 하는 사례도 있으니 영장 첫 페이지에 기재된 '유효기간'을 반드시 확인해야 합니다.

▶ 검찰의 봉지욱 기자 집 압수수색영장 7쪽. 판사가 영장 내용 일부에 취소선을 그었다. 취소선에 포함된 사항은 수색하거나 압수할 수 없다. 왼쪽에 판사가 자필로 '주거지' '신체' 제외 부분 삭제 라고 적었는데, 봉지욱의 주거지와 신체는 압수수색을 해도 좋다는 뜻이다.

Q. 검사가 적어낸 압수수색 범위를 판사가 모두 허가하나요?

A. 아닙니다. 통상 압색영장에는 판사가 직접 자로 대고 그은 가로선과 대각선이 존재합니다. 이러한 취소선(삭선)이 그어진 부분은 검사가 수색하거나 압수할 수 없습니다. 영장 안에는 판사가 직접 적은 글자도 있습니다. 예를 들어 판사가 '피의자 신체는 가능'이라고 적었으면, 피의자 신체를 검사가 뒤져서 관련 증거를 압수할 수 있다는 의미입니다.

Q. 압수수색 집행 전에 수사관이 아파트에 방문했습니다.

A. 압수수색을 집행하기 전에 피의자 동선을 미리 파악하는 경우도 있습니다. 피의자의 평소 출퇴근 시각을 특정하기 위해, 수사관이 관리사무소에 방문해 차량 출입 시각, 엘리베이터 CCTV 등을 확인할 때가 있습니다. 이런 행위 또한 영장이 반드시 필요하지만, 대부분 영장 없이 관행적으로 이뤄집니다.

따라서 아파트에 거주하는 피의자가 압수수색이 예상되는 상황이라면, 미리 관리사무소에 방문해 본인 사정을 설명해둘 필요가 있습니다. 만일 수사관이 영장을 제시하지 않고 관리사무소에 나와 관련된 정보 열람이나 복사를 요청할 경우 반드시 거절해야 한다고 말입니다.

Q. 검찰 압수수색 전에 내 휴대전화와 노트북을 바꾸려고 하는데 괜찮나요?

A. 피의자 본인이 자신의 증거를 인멸하는 것은 법적인 문제가 없습니다. 즉, 수사가 예상되거나 진행 중인 상황에서 휴대전화나 노트북을 스스로 교체 혹은 파기하는 것은 괜찮습니다. 다만, 이 같은 행위를 직접 하지 않고 타인에게 부탁한다면 '증거인멸교사' 혐의가 추가될 수 있습니다. 또 합리적인 이유 없이 자신의 휴대전화를 버리거나 교체한 사실이 있다면 법원 구속영장실질심사에서 불리하게 작용할 가능성이 높습니다. 법원이 구속영장을 발부하는 기준은 증거인멸 및 도주 우려가 있을 때입니다.

Q. 안티(Anti) 포렌식 애플리케이션을 설치하면 효과가 있을까요?

A. 사건과 관계없는 자신의 정보가 털릴 것을 우려해 구글플레이 등에서 안티포렌식 애플리케이션을 구매해 휴대전화에 설치하는 경우가 있습니다. 이 앱을 구동하면 내 휴대전화 저장장치에 임의 이미지나 정보를 삽입해서, 검찰이 내가 삭제한 정보를 복원할 수 없게 막아준다고 알려졌습니다. 하지만 상당수 안티포렌식 앱이 검찰의 디지털포렌식을 막지 못하는 것으로 확인됩니다. 무늬만 안티포렌식일 뿐, 아무런 기능을 못 하는 엉터리 앱이 존재하는 겁니다. 검찰 디지털포렌식이 성공하면, 피의자가 안티포렌식 앱을 언제 설치했는지, 몇 번을 구동했는지까지 나옵니다. 안티포렌식을 설치했다는 흔적이 발견될 경우 검찰이 되레 증거인멸 우려가 크다고 구속영장을 청구할 수 있고, 구속영장실질심사에서 피의자에게 불리하게 작용할 수 있으므로 주의해야 합니다.

Q. 갤럭시 휴대전화를 아이폰으로 바꾸면 안전한가요?

A. 아이폰이라고 해서 디지털포렌식을 완벽하게 막을 수는 없습니다. 아이폰이라도 잠금 비밀번호를 숫자 4자리로 할 경우에는 뚫릴 수 있습니다. 이는 갤럭시 휴대전화도 마찬가지입니다. 2023년 10월 기준으로 갤럭시 S22 이상 최신 모델의 경우에는 사용자가 비밀번호를 영문 대문자와 소문자, 특수기호 등을 섞어 20자리 이상으로 설정하면 검찰의 디지털포렌식 이미징(복제)이 쉽지 않은 것으로 확인됩니다. 그러나 방심은 금물입니다. 검찰 디지털포렌식 프로그램은 계속 업데이트됩니다. 수사 과정에서는 이미징(복제)에 실패했지만 재판을 진행하는 도중에 이미징이 되는 경우도 있습니다.

Q. 검찰이 휴대전화를 디지털포렌식하면 삭제한 정보가 나오나요?

A. 휴대전화에서 내가 삭제한 사진이나 음성파일, 영상파일 등은 검찰이 디지털포렌식으로 복원할 수 있습니다. 그렇다고 100% 복원되는 건 아닙니다. 그리고 단순 삭제가 아닌 공장초기화를 했다면 복원 자체가 쉽지 않은 것으로 확인됩니다.

2024년 5월 기준으로 갤럭시 S22 이상 버전의 휴대전화는 사용자가 공장초기화를 하면 휴대전화 정보를 거의 완벽하게 삭제해, 포렌식을 통한 복원이 불가능한 것으로 확인됩니다. 아이폰이든 갤럭시든 최신형 휴대전화는 공장초기화를 하면 복원되는 정보가 거의 없다는 게 포렌식 업계 전문가들의 견해입니다. 윈도우10 이상의 운영체제를 설치한 노트북도 공장초기화를 하면 삭제한 정보를 대부분 살릴 수 없다는 게 중론입니다. 다만, 이런 경우 검찰은 피의자가 언제 휴대전화 공장초기화, 노트북 윈도우 재설치를 했는지 파악합니다. 이 정보는 얼마든지 확인이 가능하고 구속영장실질심사에서 피의자에게 불리하게 작용할 수 있습니다.

Q. 압수수색을 당하면 집안이 난장판이 되나요?

A. 난장판은 영화에서나 나오는 장면입니다. 검찰 수사관이 집안을 샅샅이 뒤지지만, 집안이 난장판이 되지는 않습니다. 통상 여러 명의 수사관이 안방과 거실, 서재를 동시에 수색하는데, 이때 피의자와 가족이 이를 지켜보고 문제점을 발견하면 현장에서 즉시 항의할 수 있습니다. 만약 여성용품과 같이 예민한 물건을 수색할 경우에는 여자 수사관에게 집행을 부탁하는 방법도 있습니다.

Q. 압수수색영장을 보여주지 않는데 어떡하나요?

A. 압수수색을 집행하려면 사전에 반드시 압색영장을 제시하고 영장 사본을 교부해야 합니다. 피의자에게 영장을 보여주지 않고 집안을 뒤지거나 물건을 압수했다면, 이는 불법 증거이므로 재판에서 범행 증거로 쓰일 수 없습니다. 따라서 피의자는 현장에서 압색영장을 제시받지 못했단 사실을 가능한 모든 방법을 동원해서 기록으로 남길 필요가 있습니다.

Q. 수사관이 제 휴대전화를 압수하더니 비밀번호를 알려달라고 합니다.

A. 압색영장 속 압수할 물건에 '피의자의 휴대전화 비밀번호'가 표기돼있지 않다면, 피의자가 휴대전화 비밀번호를 알려줄 필요가 없습니다. 때로 수사관이 마지막 통화 일시나 휴대전화 개통 시기 등을 확인해야 한다면서 피의자에게 휴대전화 잠금을 풀라고 요청하는 경우가 있는데, 이에 응할 이유는 전혀 없습니다. 오히려 이 과정에서 휴대전화 비밀번호나 잠금 패턴이 노출되기도 하니, 가급적 요청에 응하지 말고 휴대전화를 잠그거나 끈 상태로 제출하면 됩니다.

Q. 수사관이 압수한 제 휴대전화를 계속 들여다보고 있습니다.

A. 압수한 휴대전화는 즉시 압수물 봉인 봉투에 담겨야 하지만, 간혹 수사관이 압수한 휴대전화를 봉인하지 않고 압수 현장에서 통화기록이나 문자메시지

를 살펴보는 경우가 있습니다. 이럴 때 피의자는 압수한 휴대전화가 수사관 손에 오염될 가능성을 언급하면서 임의로 열람하지 말고 즉시 봉인할 것을 요청해야 합니다. 수사관이 이에 응하지 않는다면, 압색 당시 현장에서 이런 사실이 있었다고 기록을 남겼다가 향후 재판에서 다퉈볼 필요가 있습니다.

Q. 압수수색 현장을 영상으로 찍거나 녹음할 수 있나요?

A. 요즘 수사관은 압수수색 현장에서 벌어질 시비, 예를 들어 공무집행방해를 대비해 자신의 몸에 바디캠을 달곤 합니다. 이에 반해 피압수자는 압수수색 현장을 촬영할 수 없는 경우가 대부분입니다. 하지만 피압수자의 촬영을 금지할 수 있는 법적 근거는 어디에도 없습니다. 수사기관이 촬영 불가 근거로 내세운 형사소송법 119조에는 촬영과 관련된 내용이 등장하지 않습니다. 형사소송법 119조에는 다음 두 항목만 있습니다. ① 압수·수색영장의 집행 중에는 타인의 출입을 금지할 수 있다. ② 전항의 규정에 위배한 자에게는 퇴거하게 하거나 집행종료시까지 간수자를 붙일 수 있다. 검찰이 바디캠 영상을 피압수자에게 제공할 리는 만무하므로, 가능하다면 영상이나 음성으로 최대한 기록을 남기는 게 좋습니다. 다만, 형사소송법 119조에 따라 퇴거조치 당할 수 있는 타인이 촬영할 수는 없습니다. 피압수자 본인이 촬영하거나 동거인의 도움을 얻는 방법을 고려하십시오.

Q. 내 휴대전화를 검사에게 반드시 줘야 하나요?

A. 휴대전화를 가져가지 말고, 바로 현장에서 관련 정보만 추출해가라고 요구할 수 있습니다. 법원은 '전자정보 압수의 제1원칙이 선별 압수'라는 점을 강조하고 있습니다. 법원이 발부한 압색영장 별지를 보면 '혐의사실과 관련된 전자정보만을 범위를 정해 문서로 출력하거나, 휴대용 저장매체에 복사하는 방법으로 (전자정보를) 압수할 수 있다'고 적시돼있습니다. 따라서 피압수자는 당당

히 수사기관에 디지털포렌식 장비 등으로 현장에서 혐의 관련 증거만 골라서 압수하라고 요구할 수 있습니다. 다만, 이 경우에는 피압수자가 휴대전화 비밀번호를 자발적으로 제공해야 하는 점, 선별 작업에 많은 시간이 소요된다는 점을 기억해야 합니다.

Q. 변호사가 아직 도착하지 않았는데 수사관이 문을 강제로 열려고 합니다.
A. 형사소송법 121조에 따라 변호인은 압수수색영장 집행에 참여할 수 있습니다. 검찰이 피압수자에게 전달하는 압수수색 절차 안내문에도 '변호인은 압수수색영장이 집행되는 모든 과정에 참여할 수 있다'고 나옵니다. 그럼에도 불구하고 검찰은 피압수자가 증거인멸을 할 수 있다는 우려 때문에 변호사 입회 때까지 기다리지 않고 강제로 문을 부수고 들어가기도 합니다. 따라서 변호사를 미리 선임한 상태라면 인터폰 등을 통해 수사관에게 내가 선임한 변호사가 누구인지, 언제 도착할지를 미리 공유하는 것이 좋습니다. 검사나 수사관이 변호사와 직접 통화할 수 있게 전화번호를 알려주는 것도 좋은 방법입니다.

Q. 집에 아이가 있는데 압수수색이 들어왔습니다.
A. 인권보호수사규칙 제30조에 따르면 수사관은 압수·수색 과정에서 사생활의 비밀, 주거 평온을 최대한 보장하고, 피의자 및 현장에 있는 가족 등 지인의 인격과 명예를 침해하지 않도록 유의해야 합니다. 따라서 무작정 문을 안 열어주며 버티지 말고, 집에 어린 아이가 있으니 다른 보호자가 올 때까지 압수수색영장 집행을 늦춰달라고 양해를 구하십시오. 이 같은 양해를 구하는 과정을 음성이나 영상으로 최대한 기록해두는 것이 좋습니다.

Q. 압수수색이 곧 끝날 것 같습니다. 무엇을 챙겨야 하나요?
A. 우선 압색영장 사본을 잘 챙겨두십시오. 그다음 압수 목록을 잘 확인하십

시오. 압수수색이 끝나면 수사관이 압수 목록을 작성하는데, 어떤 물건을 압수했는지 일일이 확인한 뒤 목록과 대조하는 게 좋습니다. 본인 소유의 물건이 아니거나 모르는 물건이 포함돼있다면 추후 불리한 증거로 활용될 수 있기 때문입니다. 따라서 압수 목록 사본을 요청해서 받아야 합니다. 그리고 압수물이 봉인된 봉투 등은 가능하다면 사진으로 찍어놓는 것이 좋습니다.

만약 압수수색 과정에서 부당한 일을 겪었다면 '전자정보의 관련성에 관한 의견진술서'에 자신의 의견을 상세히 쓰겠다는 의사를 밝히면 됩니다. 이 진술서는 재판 과정에서 압색의 부당함을 주장할 때 유리하게 활용할 수 있습니다. 덧붙여 본격적인 재판에 들어서면 시간이 오래 지나 압수수색 당시 받은 문서를 찾기 어려울 수 있습니다. 받은 문서를 그때그때 촬영해 보관하는 것을 추천합니다.

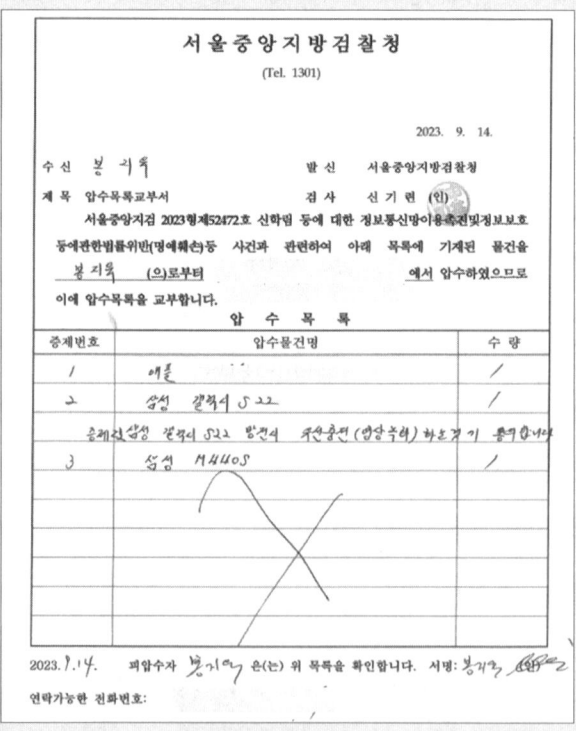

▶ 검찰이 압수수색 종료 후 봉지욱 기자에게 제공한 압수목록교부서. 검찰은 봉 기자가 사용 중인 휴대전화 1대와 집에 보관 중인 미사용 휴대전화 2대 등 총 3대를 압수하고 목록에 적었다.

Q. 압수당한 휴대전화는 언제 돌려받을 수 있을까요?

A. 법원이 발부한 영장에 붙어있는 별지 '압수 대상 및 방법의 제한' 문서에 따르면, 검찰은 특별한 사정이 없는 한 휴대전화를 가져간 날짜로부터 열흘 안에 주인에게 돌려줘야 합니다. 압수한 휴대전화를 신속하게 반환해 피압수자가 불필요한 불편을 겪지 않도록 하기 위한 장치입니다. 그러나 현실에서는 이 규정을 제대로 지키지 않습니다. 현재로선 원칙을 강조하며 수사기관에 빨리 휴대전화를 반환해달라고 반복해서 요구할 수밖에 없습니다.

검사가 꿈쩍도 하지 않는다면 법원을 통하는 방법도 있습니다. 피의자는 법원에 '수사기관의 압수물 환부에 관한 처분 취소·변경을 구하는 내용의 준항고'를 제기할 수 있습니다.

▶ 검찰의 봉지욱 기자 집 압수수색영장 17쪽. 문서 및 전자정보 압수 방법을 자세하게 설명하고 있다. 최근 발부하는 모든 압수수색영장 후반부에 첨부하는 내용이다.

355

Q. 디지털포렌식이 끝나면 혐의와 관계없는 내 정보는 삭제해주나요?

　A. 디지털포렌식이 끝나면 검찰은 내 혐의와 관련 있는 전자정보만 증거로 가져가고, 나머지는 모두 삭제 폐기해야 합니다. 삭제를 한 뒤에 피의자에게 '전자정보 삭제·폐기 또는 반환 확인서(이하 확인서)'를 교부해야 하지만, 실제로 이 확인서를 받은 피의자는 거의 없는 것으로 파악합니다. 확인서를 받지 못하면 포렌식 과정에서 어떤 정보가 생성됐고, 어떤 정보가 삭제됐는지 알 수가 없어 방어권에도 지장이 생깁니다. 따라서 검찰이 휴대전화를 돌려줄 때, 확인서를 달라고 적극 요청해야 합니다.

　이와 별개로 검찰은 내 휴대전화 전체 정보를 디지털 수사망인 디넷(D-Net)에 임의로 저장하기도 합니다. 일명 '디지털 캐비닛'에 내 휴대전화를 보관하고 있다가, 다른 수사를 할 때 꺼내 쓸 수도 있습니다. 따라서 검찰이 압수한 휴대전화를 돌려줄 때, 내 정보를 디넷에 저장한 건 아닌지 물을 필요가 있습니다. 검찰 내에서 벌어지는 과정 전체를 녹음해놔도 좋습니다.

Q. 디지털 정보 보안을 높이려면 평소 PC와 휴대전화를 어떻게 사용해야 할까요?

　A. 자료를 PC나 휴대전화 등에 직접 저장하기 보다 클라우드 서비스를 이용하는 게 좋습니다. 데이터 비용은 들지만, 수사기관이 디지털포렌식을 하더라도 클라우드 자료에는 접근할 수 없기 때문입니다. 하지만 국내 클라우드 서비스를 사용하면 해당 기관에 영장을 청구해 자료를 압수수색할 수 있으니, 구글이나 애플 클라우드 서비스 사용을 권장합니다. 주기적으로 포맷하는 것도 방법입니다. 최신 버전 PC나 휴대전화의 경우 포맷을 여러번 하면 포렌식 복원이 매우 힘듭니다.